SALLY HUBAND

Die Strandsammlerin

Aus dem Englischen von
Heike Schlatterer

1. Auflage 2024

© Sally Huband 2023

© 2024 für die deutschsprachige Ausgabe: Dumont Reiseverlag, Ostfildern
Alle Angaben ohne Gewähr. Alle Rechte vorbehalten.

Die englische Originalausgabe ist 2023 unter dem Titel »Sea Bean« bei
Hutchinson Heinemann, Penguin Random House, London, erschienen
Lektorat: Regina Carstensen
Gestaltung und Satz: Anja Linda Dicke, Berlin
Illustrationen und Karten Umschlag und Innenteil: Sally Huband
Umschlaggestaltung: Birgit Kohlhaas unter Verwendung von Illustrationen von Sally Huband
Foto Umschlagklappe hinten: May Graham

Printed in Poland

ISBN 978-3-616-03281-8

www.dumontreise.de

Für T, H und D

Inhalt

Nordwärts 8
Die Seebohne 36
Alamootie – der Sturmwellenläufer 64
Flaschenpost 95
Die Eikapsel 120
Rippenquallen, Flohkrebse und Salpen 142
Die Insel Foula 160
Maalie – der arktische Eissturmvogel 187
Ein Etikett mit der Aufschrift »Netukulimk« 203
Strandjutter – Strandgutsammler 219
Neesick – der Gewöhnliche Schweinswal 240
Meerglas 258
Haaf Fish – die Kegelrobbe 283
Hexen 302
Epilog 329

Dank 334
Anmerkung der Autorin zu Shaetlan 343
Glossar 345
Zitatnachweise 347

Nordwärts

2011 zogen wir nach Shetland. Wir nahmen die Nachtfähre von Aberdeen – mein Mann und ich zusammen mit unserem kleinen Sohn. Es war Ende Juli und wir hatten uns keinerlei Gedanken über das Wetter gemacht. Im ummauerten Hafenbecken war das Meer noch ruhig. Wir standen an Deck und warteten auf das Auslaufen der Fähre, ohne zu ahnen, dass ein starker Sturm aus Norden das Meer aufwühlte und für starken Seegang sorgte.

Das Dröhnen der Schiffsmotoren wurde lauter, Taue wurden eingeholt und die Fähre löste sich langsam vom Kai, glitt vorbei an Schiffen, die die Öl- und Gasplattformen in der Nordsee versorgen, und einem blauen Tanker namens *New Venture*. Nach wochenlangem Packen war es eine Erleichterung, endlich Richtung Norden aufzubrechen. Jenseits der Hafenmolen breitete sich das schlammige Wasser des Flusses Dee fächerförmig aus, bevor es sich im Blaugrau des Meeres verlor. Die weiße Kielwasserspur der Fähre wurde immer länger, und der matte Beton und der silbrige Granit von Aberdeen verschwanden in der Ferne.

Die ersten schweren Wellen trafen die Fähre, als das Land noch in Sichtweite war. Wir machten uns auf den Weg zu unserer Kabine, die winzig und ohne Fenster war und nach Dieselabgasen stank. Mein Mann und ich mussten uns abwechselnd übergeben und legten dem anderen dann schnell unseren kleinen Sohn in die Arme.

Irgendwie schafften wir es, ihn zu füttern, ihm die Windeln zu wechseln und ihn in sein Bettchen zu legen, das zwischen den beiden unteren Kojen festgeklemmt war.

Er kam mit der ungewohnten Situation gut zurecht und schlief schon bald ein. Wir ließen uns komplett bekleidet in unsere Kojen fallen, viel zu seekrank, um auch nur daran zu denken, uns auszuziehen.

Die Kabine befand sich im vorderen Teil der Fähre. Wie bei einer nicht enden wollenden albtraumhaften Achterbahnfahrt hob sich der Bug und fiel donnernd herab, und bei jedem Aufprall wackelten unsere Betten. Der Lärm war ohrenbetäubend. Ich lag wach und behielt meinen Sohn im Auge, der so klein und verletzlich wirkte. Ich versuchte, die aufsteigende Angst zu unterdrücken. Die Überfahrt sollte vierzehn Stunden dauern, und ich fühlte mich jetzt schon hundeelend.

Ich bin in Bristol geboren und hatte daher schon als Kind das Meer vor Augen. Wir wohnten in Portishead, wo man hinter den Schloten und Schornsteinen des Kohlekraftwerks und der Chemiewerke das schlammbraune Wasser des Bristol Channel sehen konnte.

Mir wurde eingeschärft, mich vor Treibsand und den schnell wechselnden Gezeiten in Acht zu nehmen, daher betrachtete ich das Meer und die Küste mit Argwohn. An einem Strand gab es ein verfallenes Gezeitenschwimmbecken mit bröckelnden Wänden, gefüllt mit einer Schlammschicht, die tief genug war, ein kleines Kind zu verschlingen. Wenn ich auf dem Grand Pier in Weston-super-Mare durch die Lücken des Holzdecks auf das Meer blickte, stockte mir der Atem.

Als ich sechs war, zogen wir ins Landesinnere. Erst dann konnte ich dem Meer etwas mehr abgewinnen. Noch heute steht ein Schraubglas mit blassgelben Strandschneckenhäusern, die ich als Kind in den Ferien in Cornwall gesammelt hatte, bei mir daheim im Regal. Nach der Schule studierte ich Umweltwissenschaften in Zentralschottland. An der Universität trat ich dem Wander- und Bergsteigerclub bei. Die Umwelt, mit der wir uns im Studium befassten, beschränkte sich immer nur aufs Festland. Gelegentlich wagten meine Wanderfreunde und ich uns im tiefsten Winter zum Schwimmen ins Meer, doch dabei blieb es. Das Meer war ein Ort, den ich fürchtete und lieber aus der Ferne bewunderte.

Etwa auf halber Strecke legte die Fähre in Kirkwall an, dem Hauptort der Orkney-Inseln, was uns eine kurze Atempause von Wellengang und Lärm verschaffte. Ich beneidete die Bewohner und die Touristen, die von Bord gingen: Ihnen blieb die Weiterfahrt auf dem aufgepeitschten Meer erspart. Eigentlich hatte ich mich darauf gefreut, die Fair Isle zu passieren, eine kleine Insel, die zwischen beiden Archipelen liegt, doch als es so weit war, hatte ich jegliches Interesse daran verloren. Die Überfahrt mit der Fähre kam mir wie eine Prüfung vor, bei der ich gleich zu Beginn versagte.

Am nächsten Morgen verließen wir die übel riechende Kabine und sahen durch die salzverschmierten Fenster zum ersten Mal Shetland. Das Land wirkte trostlos und dem Zorn der sturmgepeitschten See ausgesetzt. Der Wellengang ließ nach, als die Fähre durch den geschützten Bressay Sound auf Lerwick zusteuerte. Unter dem bedeckten Himmel schien die Stadt genauso grau und fahl wie unsere Gesichter, im Hafen hingegen leuchteten die bunten Fischerboote und Schiffe, die dort Zuflucht vor dem Wetter gesucht hatten und nun dicht an dicht vertäut waren. Elegante Segelschiffe mit ihren Masten und Takelagen wurden von den schlanken Schiffen der Ölindustrie überragt. Flaggen und Wimpel flatterten im Wind. Die Segelschiffe nahmen an einer Regatta teil, die in Waterford in Irland begonnen hatte und im schwedischen Halmstad enden sollte, doch wegen des Sturms war die Fahrt über die Nordsee nach Stavanger in Norwegen verschoben worden.

Wir rollten von der Fähre und fuhren durch die Stadt, bis wir schließlich Zuflucht in der Vertrautheit eines Supermarkts suchten. Ich goss Milch für meinen Sohn in sein Fläschchen und versuchte, sie an meinem Körper zu wärmen. Wir hatten ein Haus gemietet und mussten die Schlüssel beim Makler abholen, doch so früh am Morgen war das Büro noch nicht geöffnet. Der Wind war immer noch eiskalt, also blieben wir im Auto sitzen.

Unser Sohn spielte mit dem Lenkrad, während mein Mann und ich schweigend aus dem Fenster sahen.

Bei unserem Umzug nach Shetland hatte ich aufgrund der Geburt unseres Sohnes beruflich bereits alle Seile gekappt. Davor war ich im Naturschutz tätig gewesen. In der Abteilung des Forschungsinstituts, in der ich gearbeitet hatte, fühlte sich meine Schwangerschaft wie das Eingeständnis mangelnder Ambitionen an. Ich hatte mich für Kinder und nicht für die Karriere entschieden, zumindest war das mein Eindruck, obwohl ich ursprünglich gehofft hatte, beides zu haben, wie die Männer, mit denen ich zusammenarbeitete.

Mein Mann ist Hubschrauberpilot und fliegt zu den Bohrinseln in der Nordsee und im Nordostatlantik. Er arbeitet in einer Branche, die keine Rücksicht auf familiäre Verpflichtungen nimmt. Ich wusste, dass ich den Großteil der Betreuung unseres Sohnes übernehmen musste, was zulasten meiner Karriere gehen würde, denn in der Forschung hatte man ein Produktivitätsniveau vorzuweisen, das nur mit Überstunden erreicht werden konnte. In den ersten Tagen nach der Geburt unseres Kindes fühlte ich mich manchmal, als müsste ich gegen eine gewaltige Windböe ankämpfen, während ich gleichzeitig einen Regenbogen am Horizont sah.

Wir lebten im ländlichen Aberdeenshire zur Miete in einem heruntergekommenen Cottage, das kalt, feucht und voller Schimmel war, doch der Garten, auch wenn er eher einer Waldlichtung glich, bereitete mir große Freude. Eine stattliche Kiefer bewachte das Cottage auf der einen Seite, und ein Dickicht aus Haselnussbüschen, Moorbirke und Eberesche schützte uns vor dem Nordwind. In den Sommermonaten schwammen Molche in einem kleinen Teich und über die Wiese tanzten Schmetterlinge, vor allem der Braune Waldvogel. Abdrücke im hohen Gras verrieten, wo Rehe gelegen hatten. Oft musste ich eine Zecke von meinen Beinen entfernen.

Unser Sohn kam im Herbst zur Welt, als die Zweige der Eberesche schwer von roten Früchten waren. Die Aussicht, den ganzen Winter in einem feuchten, schimmeligen Haus für ein Neugeborenes zu sorgen, war entmutigend, weshalb wir nach einer anderen, möglichst warmen und trockenen Wohnung suchten. Allerdings hatten wir nur ein begrenztes Budget. Mein Mann hatte erst vor Kurzem seinen Pilotenschein gemacht und musste noch den Kredit für die Ausbildung zurückzahlen, und ich erhielt nur das gesetzlich vorgeschriebene Mutterschaftsgeld. Wir sahen uns ein paar andere Häuser an, aber alle waren ähnlich heruntergekommen wie unseres, also blieben wir, wo wir waren, weil uns der Garten ans Herz gewachsen war, genauso wie die Wühlmaus, die sich abends manchmal durch einen Spalt in der Hintertür schob und Krümel vom Küchenboden naschte.

Der erste Winter mit dem Baby war bitterkalt. Monatelang bedeckte eine dicke Schneeschicht den Garten, und alle Zaunkönige starben. Mein Sohn und ich machten nur kurze Ausflüge nach draußen. Mit dem Kinderwagen war im Schnee kein Durchkommen, und für das Auto war die abschüssige Zufahrt zu vereist. Mein Mann parkte den Wagen oben an der Straße und ging den restlichen Weg zum Haus zu Fuß. Ich fing an, ihn um seine Freiheit zu beneiden. Seine Welt reichte über unseren Garten hinaus. Über den Fenstern hingen lange Eiszapfen. Zuerst waren sie schön, aber schon bald erschienen sie mir wie Gitterstäbe. Die Ölheizung ging kaputt, und die Kälte draußen und im Haus war nur schwer auszuhalten. Es war so anstrengend, mich und meinen Sohn warm zu halten, dass ich das seltsame Verhalten meines Körpers nach der Geburt weitgehend ignorierte. Ich trug meinen Sohn in den Armbeugen, weil meine steifen, schmerzgeplagten Hände sein Gewicht nicht halten konnten. Meine Wirbelsäule war beinahe starr. Doch dann, als der Schnee zu schmelzen begann, taute auch mein Körper wieder auf und ich dachte kaum noch an diese merkwürdige Episode.

Im März, als Schnee und Eis immer noch nicht ganz weggetaut waren, kam mein Mann eines Tages von der Arbeit und erzählte, dass seine Firma einige Hubschrauber samt Piloten von Aberdeen nach Shetland verlegen wollte. Die Shetland-Inseln liegen in einiger Entfernung vom schottischen Festland und dienen als Stützpunkt, um Arbeiter zu den Bohrplattformen in der nördlichen Nordsee zu bringen.

Wir brauchten nicht lange, um uns für den Umzug nach Shetland zu entscheiden. Mein Antrag, in Teilzeit wieder in meinen alten Beruf einzusteigen, war abgelehnt worden. Also kündigte ich und hoffte, dass ich auf Shetland einen Job mit flexiblen Arbeitszeiten finden würde. Im Internet stieß ich auf eine Annonce für ein Haus, dessen Miete wir uns leisten konnten. Auf den Fotos wirkte es gepflegt; ein warmes, schimmelfreies Heim für uns. Es hatte sogar ein Kinderzimmer für unseren Sohn.

Ich freute mich darauf, die eisigen Winter in Aberdeenshire hinter mir zu lassen, auch wenn meine Begeisterung schwand, als ich auf der Immobilien-Website Fotos vom Garten unseres zukünftigen Heims sah. Niedrige struppige Weiden am Rand einer kleinen Rasenfläche, die im Hintergrund in ein sumpfiges Moor überzugehen schien. Ich hatte noch nie in einer so offenen Landschaft gelebt, in der Bäume aufgrund der starken Winde und salzhaltigen Luft nur mit Mühe überleben.

Wenn ich zwischen dem Packen der Umzugskisten und der Betreuung meines Sohnes Zeit fand, las ich alles, was ich im Internet über Shetland finden konnte. Vorher dorthin zu reisen konnten wir uns nicht leisten. Die Natur Shetlands erschien mir wie eine Verheißung, zumindest konnte ich, wenn ich mich nicht gerade um das Baby kümmerte oder einen Job suchte, Otter und Meeresvögel beobachten. Außerdem bestand immer die Möglichkeit, Wale zu sehen. Es war ein aufregender Gedanke, an einem Ort zu wohnen, der von Norwegen und den Färöer-Inseln genauso weit entfernt ist wie zum schottischen Festland, auf einer Insel mit einer eigenen Identität und Sprache, die erst seit dem 15. Jahrhundert zu Schottland gehört.

Ich würde neue Vogelnamen lernen wie zum Beispiel *shalder*, abgeleitet vom Altnordischen *tjaldr* für Austernfischer.

Begeistert zoomte ich mich auf den Satellitenkarten näher ran und wieder weg. Der Archipel wirkte so schutzlos – eine zerklüftete Ansammlung dicht beieinanderliegender Inseln in der blauen Weite des Nordatlantiks. Beim Packen ließ ich meinen Laptop aufgeklappt und sah mir jeden Tag die Aufnahmen der Live-Webcam an. Im weichen Licht des Frühsommers sah alles so schön aus. Das Meer glänzte, und im Gras leuchteten bunte Wildblumen, die sich im Wind wiegten. Auf den hohen Klippen von Sumburgh Head wimmelte es von Seevögeln. Schwarz-weiße Trottellummen drängten sich auf den mit Guano bedeckten Felsen, und über ihnen kurvten Papageientaucher in schwirrendem Flug. In erster Linie sah ich mir jedoch die Bilder einer Webcam an, die auf eine Straße in Lerwick gerichtet war. Ich betrachtete die Menschen, die zwischen den Geschäften unterwegs waren, und fragte mich, wie es wohl war, auf einer Insel zu leben.

In den Wochen vor unserem Umzug träumte ich immer wieder, wie ich an hohen Klippen aus schwarzem Gestein entlangging. Es war so dämmrig, dass ich kaum erkennen konnte, wohin ich trat. In meinem Traum fühlte ich eine ständige Angst und Anspannung, ähnlich wie das Gefühl, dass man die Kinder im Auge behalten muss, weil Gefahr drohen könnte. Doch als wir bei unserem neuen Zuhause anlangten, verblasste dieser Traum. Das Haus war aus Holz und im typisch nordischen Stil rot gestrichen. Es schmiegte sich in ein grünes Tal zwischen heidebewachsenen Hügeln, weit weg von irgendwelchen Klippen. Die Siedlung, bestehend aus Wohnhäusern, einem Gemeindezentrum und einer Schule, lag in der Nähe von Lerwick. Eine Straße verlief am Ufer eines moorigen Sees, in dem das Modell eines Wikingerschiffs vertäut war. Das grasbewachsene Ufer war kurz gemäht, was dem Ganzen, zusammen mit den zwei Höckerschwänen, die durchs Wasser glitten, einen Hauch von vornehmem Vorort verlieh.

Wir schlossen die Tür des roten Holzhauses auf und setzten unseren Sohn auf den Boden, damit er herumkrabbeln konnte, nachdem er so lange im Kindersitz im Auto und im Bettchen auf der Fähre festgeschnallt gewesen war. Mein Mann und ich legten uns im leeren Wohnzimmer auf den Teppichboden, zu erschöpft, um uns auch nur eine Tasse Tee zu machen. Der Boden schien immer noch zu schwanken. Es dauerte drei Tage, bis wir uns wieder an den festen Boden unter unseren Füßen gewöhnt hatten.

Nach unserer Ankunft legte sich erst einmal dichter Nebel über die Insel. Shetland blieb vor uns verborgen. Mein Mann musste sofort arbeiten, also brach ich allein zu einem ersten Erkundungsgang auf. Um mir Orientierung zu verschaffen, wickelte ich meinen Sohn in eine Decke und schob ihn im Kinderwagen über die schmalen Straßen. Möwen und Seeschwalben flogen wie Geister durch den stumpfen grauen Nebel vom Meer, der hier *haar* genannt wird, und Wiesenpieper und Steinschmätzer huschten die Straße entlang, als ob sie mich auffordern wollten, immer weiterzugehen.

Ich bewegte mich im Nebel wie durch einen leeren Raum, der sich jedoch rasch mit Zweifeln füllte. Ich befürchtete, dass es eine übereilte Entscheidung gewesen war, so weit wegzuziehen, fern von unserer Familie und unseren Freunden und deren Unterstützung. Wir kannten niemanden auf Shetland, und mir war klar, dass wir im engen Kreis der Inselgemeinschaft Eindringlinge waren. Ich wusste nicht, ob ich so einfach eine Stelle finden würde, mit der sich eine Kinderbetreuung rechnete. Und obwohl ich nicht mehr von furchteinflößenden Klippen träumte, steckte mir die Fährüberfahrt immer noch in den Knochen. Ich hatte mir geschworen, nur noch zu fliegen, nach Aberdeen dauerte es gerade mal eine Stunde. Andererseits hatte ich gelesen, dass die Flüge wegen des Nebels häufig verschoben werden mussten und dass die Landung auf Shetland wegen der starken Winde ziemlich nervenaufreibend sein konnte. Ich fragte mich, ob ich nicht irgendwann das Gefühl haben würde, hier festzusitzen – womöglich ging es mir jetzt schon so.

Doch als zum ersten Mal die Sonne schien, lösten sich meine Befürchtungen genauso wie der Nebel in Luft auf. Die Nähe zum Meer schien gar nicht so bedrohlich: Es lag ruhig da, die Oberfläche von Licht durchzogen. Ich schnallte meinen Sohn in seinen Autositz und fuhr mit ihm zu einem Strand mit hellem Muschelsand, der das Meer türkis leuchten ließ. Ein einzelner Sterntaucher, den Kopf hoch erhoben und den Schnabel gen Himmel gereckt, schwamm hinter der Brandung auf der glatten Wasserfläche; näher am Strand stießen Seeschwalben auf der Jagd nach Fischen herab, und schwangen sich wieder elegant in die Luft. Mein Sohn war ganz still und bestaunte die Wellen. Der Strand wirkte völlig unberührt.

Damals wusste ich noch nicht, dass sich in den Winterstürmen Unmengen von Meeresmüll an der zerklüfteten Küste Shetlands ansammeln. Als ich nach den ersten Herbststürmen an denselben Strandabschnitt zurückkehrte, war der Spülsaum – die Ablagerungen an der Grenze zwischen nassem und trockenem Strand, wo sich nach der Flut Seetang, Muscheln und Meeresmüll sammeln – voller Plastik. Aber bei meinem ersten Besuch an jenem sonnigen Augusttag hatte die Flut nur ein schmales, gewundenes Band aus winzigen Muscheln und Muschelbruchstücken zurückgelassen.

Als ich mit meinem Sohn auf dem Arm am Wasser entlanglief, verspürte ich mit einem Mal die überwältigende Gewissheit, dass ich mich auf Shetland bald heimisch fühlen würde.

Dann kam der Herbst, und ich lernte mit den ersten Stürmen der Tagundnachtgleiche, wie schwach der Mensch im Vergleich zur Natur doch ist. Die Tür unseres roten Hauses öffnete sich nach außen, und eine Böe genügte, um mir den Türgriff aus der Hand zu reißen. Sie schwang gefährlich hin und her, während ich auf eine Flaute wartete, um sie wieder zu fassen zu kriegen. Ähnlich verwandelten sich Autotüren an windigen Tagen in Waffen. Ich versuchte dann, meinen Sohn mit meinem Körper abzuschirmen. Beim Spazierengehen band ich den Kinderwagen an meinem Handgelenk fest, trotzdem versuchte der Wind, ihn mir zu entreißen.

An Weihnachten, unserem ersten auf Shetland, wurden wir von einem Kollegen meines Mannes zum Mittagessen eingeladen. Er und seine Frau waren sehr herzlich und ich fühlte mich äußerst wohl bei ihnen, erkannte dadurch aber auch, wie einsam ich mich seit der Geburt unseres Sohnes gefühlt hatte. Trotz allem konnten wir uns nicht richtig entspannen, denn ein gewaltiger Sturm war angekündigt, und während wir aßen, schleuderte der Wind mit beunruhigender Wucht Hagel gegen die Fenster. Nach dem Essen hielten wir uns nicht lange bei unseren Gastgebern auf, sondern dankten ihnen und machten uns eilig auf den Heimweg. An der Stelle, an der die Straße an der Küste entlangführt, schlugen die Wellen aufs Land und über die Fahrbahn. Auf höher gelegenem Gelände schleuderten Windböen das Auto immer wieder auf die Gegenfahrbahn. Vertrocknete Grasbüschel wurden aus dem Boden gerissen und flogen durch die Luft.

DIE STRANDSAMMLERIN

Als wir zurück in unserem roten Haus waren, wollten wir das Licht anschalten, doch es blieb dunkel. Ohne Strom funktionierte auch die Zentralheizung nicht, das Haus war kalt. Die Sonne war schon um drei Uhr untergegangen, und so saßen wir in unseren Mänteln im Wohnzimmer, spielten im Schein der Taschenlampe mit unserem Sohn und versuchten, das Brüllen des Sturms zu ignorieren. Wir gingen früh schlafen, doch der Lärm hielt meinen Mann und mich wach. Ich lag im Bett, mein ganzer Körper war angespannt, aus Angst, der Sturm könnte jeden Moment das Haus einreißen. Bei Tagesanbruch stellte ich mich auf einen Schemel im Bad und schaute durch das Dachfenster aufs Meer hinaus. Es war unter einer dichten weißen Gischt verschwunden, die aussah, als könnte man darin ersticken. Der Rasen war aufgerissen und im Boden klaffte ein Loch wie eine Wunde, aber was auch immer dies verursacht hatte, war vom Wind weitergetragen worden. Wir waren sehr erleichtert, als wir wieder Strom hatten.

Nach und nach lernten wir, mit den Stürmen umzugehen und sie zu verstehen. Das Haus vibrierte bei anhaltend starkem Wind und zitterte bei jeder Böe – so sehr, dass das Bett wackelte, in dem wir zu schlafen versuchten. Unser kleiner Sohn hingegen schlief tief und fest. Das tut er immer noch, aber unsere Tochter, die auf Shetland geboren wurde, kommt bei Sturm stets voller Angst in unser Zimmer. Ich versuche, ihr zu zeigen, dass ich keine Angst habe. Früher dachte ich, dass wir uns nie an die schlimmen Stürme gewöhnen würden, weil wir Neuankömmlinge waren, doch mit der Zeit wurde mir klar, dass auch die alteingesessenen Inselbewohner die Stürme fürchten.

Ich lernte, mich auf die ruhigen Tage zu freuen – *days atween wadders* –, die die Reihe heftiger Stürme unterbrechen. An diesen Tagen steht die Luft so still, dass man kaum glauben mag, dass es überhaupt so etwas wie Wind gibt. Nach dem Lärm eines Sturms ist es eine Wohltat, die tiefe Ruhe zu erleben, das schwache Sonnenlicht auf der Haut zu spüren und den Körper zu entspannen. Die Oberfläche des Meeres ist straff und spiegelglatt, nur an einigen Stellen unterbrochen von Seevögeln, die nach Fischen tauchen, oder von Meeressäugern, die kurz Luft holen.

Im ersten Jahr nach unserem Umzug fand ich keinen Job und hatte zwei Fehlgeburten. Mein Blick richtete sich in erster Linie nach innen. Es ging darum, jeden einzelnen Tag zu überstehen. Ich habe mein ganzes Leben lang gern Vögel beobachtet, doch jetzt hatten sie viel von ihrer Faszination verloren.

Dann wurde ich wieder schwanger, und dieses Mal behielt ich das Kind und brachte eine Tochter zur Welt. Es war eine glückliche Zeit. Es machte mir nichts aus, mitten in der Nacht aufzustehen und mich um sie zu kümmern, es war die magische Zeit des *simmer dim*, der hellen Sommernächte im Norden. Beim Stillen saß ich am Fenster und sah den Schnepfen zu, die ihre Kreise hoch oben an einem Himmel drehten, der nie richtig dunkel wurde. Die Sonne ging schon vor vier Uhr auf und versprach einen Tag voller Möglichkeiten, so müde ich mich auch fühlte.

Bald nach unserem Umzug begann ich, alle sieben Bände des Wanderführers *Walking the Coastline of Scotland* zusammenzutragen, die der mittlerweile verstorbene Peter Guy verfasst hatte.

DIE STRANDSAMMLERIN

Auf Shetland gibt es relativ wenig Berge, der höchste, der Ronas Hill, erreicht gerade einmal 450 Meter über dem Meeresspiegel. Doch die Küstenlinie des Archipels misst über 2700 Kilometer, an ihr entlangzuwandern ist durchaus anspruchsvoll. An manchen Stellen springt die Küste weit zurück, sodass lange, fingerartige *voes* – geschützte Meeresbuchten – entstehen, an anderen Stellen ragt sie weit ins Meer hinein und bildet Landzungen, die im Osten die Wucht der Nordsee abbekommen und im Westen auf die enorme Weite des Atlantiks stoßen. Entlang der Klippen muss man viele *geos* umrunden – tiefe Einschnitte, wo das Land plötzlich abfällt.

Als meine Tochter ein paar Monate alt war, war meine Sammlung von Wanderführern komplett, eine Mischung aus zerfledderten Fundstücken aus dem Charity Shop und glänzenden Neuauflagen mit unversehrten Buchrücken. Die Shetlands bilden einen Archipel mit mehr als hundert Inseln, von denen nur noch sechzehn bewohnt sind. Ich studierte die Landkarten und blieb immer wieder bei den äußeren Inseln hängen. So langsam war ich wieder bereit, mich mit dem Leben jenseits der Mutterschaft zu beschäftigen und meinen eigenen Interessen nachzugehen, daher beschloss ich, die Küste der Shetlands Stück für Stück zu Fuß zu erkunden. Ich hatte vor, meine Wanderung auf den bewohnten Inseln zu beginnen, weil sie leichter zu erreichen sind. Später, so überlegte ich, könnte ich vielleicht um Mitfahrgelegenheiten per Boot zu den unbewohnten Inseln bitten, die nur selten besucht werden.

Während ich mich um meine neugeborene Tochter und meinen kleinen Sohn kümmerte, plante ich meine Wanderungen. Ich hatte keinen Zweifel, dass ich bald meine Wanderschuhe schnüren würde. Ich sehnte mich nach dem beschwingten Gefühl, das sich am Beginn einer Wanderung einstellt, nach der angenehmen Müdigkeit in den Muskeln am Ende und nach all den Eindrücken, die man dazwischen sammelt. Damit wollte ich mich in den anstrengenden Jahren über Wasser halten, in denen ich mich um meine beiden kleinen Kinder kümmerte.

Ich konnte es kaum erwarten – ich ahnte ja nicht, dass ich bald gar nicht mehr in der Lage sein würde, lange Strecken zu bewältigen. Dass ich mir etwas anderes suchen musste, um mich über Wasser zu halten, etwas, das mich durch schwere Zeiten bringen würde.

Als ich mit meiner Tochter schwanger war, konnte ich nicht weit laufen. Wenn ich es versuchte, hatte ich unerträgliche Schmerzen in den Gelenken zwischen dem Becken und der unteren Wirbelsäule. Ich führte das darauf zurück, dass sich die Bänder in Vorbereitung auf die Geburt lockerten. Und natürlich ging ich davon aus, dass sie sich wieder straffen würden, wenn sich mein Körper von der Geburt erholt hatte. Doch die Schmerzen wurden nach der Geburt immer schlimmer, sodass ich mich kaum noch rühren konnte.

Mehrere Monate lang versuchte eine Physiotherapeutin, meine geplagten Gelenke zu stabilisieren, doch als mein Körper nicht auf die Behandlung reagierte, schickte sie mich zum Röntgen. Kurz nach dem ersten Geburtstag meiner Tochter bekam ich die Ergebnisse: Meine Gelenke waren irreparabel geschädigt. Es war ein Schock für mich. Ich würde nie wieder in der Lage sein, weite Strecken zu laufen oder mit dem Rad zu fahren.

Mir wurde Schwimmen empfohlen. Also ließ ich meine Tochter und meinen Sohn in der Kinderkrippe des Freizeitzentrums und zog im Becken meine Bahnen, ruderte mit den Armen und ließ die Beine hinter mir durchs Wasser gleiten. Aber selbst das wurde immer schwieriger. Meine Hände waren seltsam schwach, was mir bekannt vorkam. Die Schwäche erinnerte mich an den bitterkalten Winter, als mein Sohn ein Baby war und ich ihn in den Armbeugen getragen hatte, aus Angst, ich würde ihn fallen lassen, weil meine Hände ihn nicht halten konnten. Ich wartete darauf, dass sich meine Hände wieder erholen, doch als meine Tochter achtzehn Monate alt war, hatte sich ihr Zustand sogar verschlimmert und sie waren noch empfindlicher geworden.

Ich wusste es damals noch nicht, doch die beiden Schwangerschaften hatten eine entzündliche Arthritis ausgelöst, bei der mein Immunsystem in einer Autoimmunreaktion meine eigenen Gelenke angreift.

Es war schwer, aus dem Loch, in das ich fiel, wieder herauszukommen. Die Mutterschaft, die in einer patriarchalischen Gesellschaft sehr einengend sein kann, hatte mich bereits den Teil meiner Identität gekostet, der mit meiner Arbeit zusammenhing. Nun sollte mein Körper erneut meine Identität verändern. Meine Wanderführer für die Küste der Shetlands standen im Bücherregal und setzten Staub an, und mein geliebtes Rennrad rostete in der feuchten Luft im Schuppen vor sich hin. An manchen Tagen wollte ich die Grenzen, die mir mein Körper neuerdings auferlegte, einfach nicht akzeptieren, und ich versuchte, weiter zu gehen, als ich eigentlich konnte, aber danach wurden die Schmerzen nur noch schlimmer und meine Mobilität war anschließend noch stärker eingeschränkt. Traurig dachte ich zurück an die Zeiten, als ich einfach zu einer langen Wanderung in den Hügeln aufbrechen oder mit dem Fahrrad eine anspruchsvolle Tour machen konnte.

Es war schon ein Kampf, mich um zwei kleine Kinder zu kümmern, wenn mein Mann arbeiten war. Ich fragte mich, wie ich das körperlich schaffen sollte, wenn ich wieder eine Stelle finden würde. Ich wusste nicht mehr, wer ich eigentlich war.

Die Geschichte, wie ich doch meinen Weg fand und wieder nach vorne blicken konnte, beginnt mit toten Meeresvögeln. Meine Tochter war damals neun Monate alt, es war unser dritter Winter auf Shetland. Wenn mein Mann nicht arbeiten musste, fuhren wir an einen Strand und machten einen kurzen Spaziergang. Zwischen dem vielen Plastikmüll im Spülsaum fielen mir zerrupfte tote Meeresvögel auf – vor allem Trottellummen und Eissturmvögel. Ich fand sie interessant. Ich hatte Wildvögel noch nie so genau aus der Nähe betrachtet, geschweige denn Meeresvögel, die den Großteil ihres Lebens auf hoher See verbringen. Und ich wollte wissen, woran die Vögel gestorben waren. Waren sie in einen Sturm geraten? Oder waren sie durch Schadstoffe geschwächt? Es ist vermutlich kein Zufall, dass ich in einer Zeit, in der ich Mühe hatte, die Veränderungen in meinem eigenen Körper zu verstehen, herausfinden wollte, was mit diesen Vögeln passiert war.

Als ich dann erfuhr, dass bestimmte Strandabschnitte auf Shetland jeden Monat nach toten Meeresvögeln abgesucht werden und dass diese Aufgabe hauptsächlich von Ehrenamtlichen übernommen wird, war für mich klar, dass ich das auch machen wollte. Da ich nicht wusste, an wen ich mich wenden musste, schickte ich eine E-Mail an Helen Moncrieff von der RSPB Shetland, der Royal Society for the Protection of Birds. Sie stellte netterweise den Kontakt mit dem Ökologen und Meeresvogelexperten Martin Heubeck her, der damals die Registrierung der gestrandeten toten Vögel auf Shetland koordinierte. An einem kalten Februarmorgen im Jahr 2014 traf ich Martin an einem nahe gelegenen Strand, wo er mir meine Aufgabe erklärte. Wir gingen am Spülsaum entlang und blieben bei jedem toten Meeresvogel stehen. Martin zeigte mir, wie man nach Ölverklebungen im Gefieder schaut und nach einer Beringung an den Beinen, die von Ornithologen angebracht wird, um die Flugrouten der Vögel nachzuvollziehen. Wenn alles geklärt war, zogen wir weiter. Martin ist sehr groß, ich hatte Mühe, am Strand mit ihm Schritt zu halten. Er ging zügig über lose Kiesel und glitschigen Tang, und ich immer hinterher, mit Blick auf seine zerschlissene Jeans und seine abgeschabte Warnweste.

Damals hatte ich Schwierigkeiten, die verschiedenen Möwen auseinanderzuhalten, und wusste nicht, wie man Alkenvögel – Trottellumme, Gryllteiste, Papageientaucher und Tordalk – nur am Körper erkennt, wenn ihnen der Kopf fehlt. Martin sagte mir, ich solle mir keine Gedanken machen, ich könnte ihm immer ein Foto schicken, wenn ich allein unterwegs wäre und einen toten Vogel fände, der mir Rätsel aufgab. Für den Maßstab solle ich beim Fotografieren meinen Fuß im Gummistiefel (Größe 5) danebenstellen.

Am Spülsaum lagen verstreut mehrere tote Trottellummen und einige Tordalke. An vielen hatten Möwen und Rabenvögel herumgepickt. Selbst Schafe knabbern manchmal an den Beinen toter Meeresvögel, wie ich zu meiner Überraschung erfuhr, und sie fressen sogar die Küken.

Anfang des Monats war Martin mit dem Boot auf dem Meer unterwegs gewesen, um Meeresvögel zu zählen, und hatte dabei viele halb tote Alkvögel gesehen. In den Wochen davor hatten starke Südoststürme getobt, die die Vögel von der Nahrungssuche abhielten. Martin erklärte mir, dass eine Anhäufung toter Meeresvögel *wreck* (»Wrack«, »Strandgut«) genannt wird und dass die Erfassung gestrandeter toter Meeresvögel dazu beiträgt, die Ursachen dafür herauszufinden.

Ein Ende des Strandes war mit einer dicken Schicht von angespültem Plastikmüll bedeckt. Ich fand das abstoßend, aber Martin marschierte direkt auf den Müll zu und bückte sich, um einen gebogenen Plastikstreifen aufzuheben, auf den ein Code gedruckt war – damit wurden Hummerfallen aus Neufundland oder Labrador gekennzeichnet, wie er mir erklärte. Er schärfte mir ein, besonders auf tote Eissturmvögel zu achten, die ein bisschen wie Möwen aussehen und die mehr Plastik verschlucken als jeder andere Meeresvogel im Nordatlantik. Wenn der Körper eines Eissturmvogels noch intakt war, sollte ich ihn aufheben. Er würde dann eingefroren und in die Niederlande geschickt, wo man das Plastik aus seinem Magen analysierte. Auf dem Heimweg hatte ich das Gefühl, als habe sich eine Tür geöffnet: Ich hatte einen Weg gefunden, Shetland besser kennenzulernen – indem ich am Strand nach toten Meeresvögeln suchte.

DIE STRANDSAMMLERIN

Von da an kontrollierte ich jeden Monat regelmäßig zwei Strände und notierte die angespülten toten Meeresvögel. Ich konnte ganz in der Nähe parken und dann langsam am Strand entlanggehen. Ich mochte es, wenn es knifflig wurde und ich die Vögel anhand weniger Überreste bestimmen musste. Jeder Kontrollbesuch am Strand bot mir die Möglichkeit, einem Alltag zu entfliehen, der geprägt war von der Betreuung zweier Kleinkinder und einem ständig schmerzenden Körper.

Die Suche nach toten Meeresvögeln war der erste Schritt auf meinem Weg zur begeisterten Strandgutsammlerin. Beim Beachcombing hält man nach kuriosen oder nützlichen Dingen Ausschau, die das Meer angespült hat. Als ich erfuhr, dass sich mein Körper vermutlich nie wieder vollständig erholen würde, war ich bereits so begeistert vom Strandgutsammeln, dass mir meine neue Leidenschaft über die Diagnose hinweghalf. Ich befragte die Einheimischen, die sich mit dem Beachcombing auskannten, und war fasziniert von der Vorstellung, etwas zu finden, das einen langen Weg im Meer zurückgelegt hatte. Dass jede Flut neue Möglichkeiten barg, war ein aufregender Gedanke. Anstatt die Stürme zu fürchten, wartete ich nun auf sie. Wenn ein Sturm kam, lag ich nachts wach und lauschte dem Wind. Doch ich lauschte nicht nur, sondern hörte ihm wirklich zu, und der Wind sagte mir, an welchen Strand ich am nächsten Morgen gehen sollte. Schon bald trug ich in meiner Jackentasche den halben Strand mit mir herum. Auch heute noch, Jahre später, bin ich angespannt, wenn ich länger nicht am Strand war, um den Spülsaum abzusuchen. In gewisser Weise ist Beachcombing für mich unverzichtbar; zwar nicht in dem Sinn, dass ich nach etwas suche, das man essen oder verkaufen kann, aber doch so, dass es mehr als nur ein Hobby ist. Es ist ein innerer Drang, zu dem, wie ich zugeben muss, durchaus auch Gefühle gehören wie Gier und der Wunsch, etwas zu besitzen.

∾

Nach vier Wintern im roten Haus hatten wir genug gespart, um einen Kredit zu bekommen und ein Haus zu kaufen. Wir zogen in eine kleine Siedlung, die sich an einem dem Inland zugewandten Teil der Küste entlangzieht. Ich machte mir Sorgen, ob mir die Intimität einer kleinen Gemeinde, in der jeder jeden kennt und man so gut wie alles über die anderen weiß, unangenehm sein könnte. Doch wir wurden sehr herzlich aufgenommen.

Hier in unserer Siedlung verfolgt man aufmerksam die jahreszeitlichen Züge der Vögel. Wenn Mitte Februar die ersten *shalders* eintreffen, spricht sich das schnell herum, weil die Austernfischer ein Zeichen dafür sind, dass der Klammergriff des Winters endlich nachlässt. Mit unseren nächsten Nachbarn besteht eine Art Wettstreit, wer im Mai die erste Küstenseeschwalbe, *tirrick*, sieht, die in der Südpolarregion überwintert und dann die weite Strecke bis zu uns fliegt. In den dunklen Wintermonaten bekommen wir manchmal eine Nachricht von den Nachbarn, dass wir vors Haus gehen sollen, weil gerade Polarlichter am Himmel leuchten. Und das ganze Jahr über kann das Telefon klingeln, weil jemand anruft und berichtet, dass Wale in den *voe* geschwommen sind. Dann rennen wir alle in die Küche, um vom Fenster aus die schmale Bucht nach ihren Rückenflossen abzusuchen.

Als wir einzogen, hatte ich mir Gedanken darüber gemacht, ob ich einem anderen Strandgutsammler das Revier streitig machen könnte. Tex, der früher bei der Handelsmarine war und jetzt in Rente ist, ist an diesem Strandabschnitt seit Kindesbeinen als Beachcomber unterwegs. Manchmal sehe ich ihn schon frühmorgens aufbrechen, in seinem Overall und mit einer abgetragenen Baseballkappe auf dem Kopf. Bei Regen trägt er gelbes Ölzeug. Tex hat mich sehr herzlich aufgenommen. Manchmal legt er mir Schwimmer von Fischernetzen, die ich sammle, neben die Garage. Und ich revanchiere mich mit kleinen Bojen, die ich ihm vor die Tür lege.

Nach mehreren Wintern an unserem neuen Wohnort kommt es mir so vor, als ob ich eine stillschweigende Vereinbarung mit den Stränden in der Nähe unseres Hauses geschlossen hätte: Wenn ich die Strände vom Plastik befreie, werde ich mit glattem Meerglas belohnt; wenn nicht, hat das Meerglas noch scharfe Kanten, an denen man sich schneiden kann, und ich finde bei meinen Spaziergängen am Spülsaum nur Unmengen Plastik: Flaschendeckel, Plastikflaschen und Verpackungen, Styroporkügelchen, Feuerzeuge, Tamponapplikatoren und die Befestigungen von Muschelleinen. Die Liste der Plastikfunde ist endlos und natürlich gehen sie stets auf uns Menschen zurück. Das Meer gibt uns immer etwas, doch die Gaben haben sich verändert, und manchmal fühle ich mich auf dem Rückweg ärmer als bei meiner Ankunft am Strand.

Das Beachcombing hilft mir, mich ins Meer hineinzuversetzen, und hat mich dazu gebracht, mich mit den Vorgängen im Meer zu beschäftigen, beispielsweise mit der Frage, wie sich Mondphasen auf Ebbe und Flut auswirken. Ich lerne die Sprache des Meeres und des Strandes, Dialektwörter wie *shoormal* für

Hochwasserlinie oder *mareel* für das Meeresleuchten, das durch biolumineszierendes Plankton entsteht und bei dem das Meer wirkt, als ob es in den Herbstnächten von vielen winzigen Laternen beleuchtet wäre. Bei der Beschäftigung mit den Mondphasen lernte ich auch gleich einige alte Bezeichnungen für den Mond. Bei manchen, wie etwa *globeren*, was »der Glotzende, Starrende« bedeutet, handelt es sich um Tabunamen, die früher von den Hochseefischern, die auf dem *haaf*, dem offenen Meer, unterwegs waren, verwendet wurden. Sie vermieden bestimmte »Landwörter«, weil sie glaubten, dass sie Unglück bringen könnten. Andere Wörter wie *mønadrag* haben gleich mehrere Bedeutungen:

- eine schwache Wirbelsäule; eine Verkrümmung in der Wirbelsäule eines Säugetiers,
- das Zusammentreffen von Wolken, die aus verschiedenen Richtungen kommen und von Winden in einer höheren und einer tieferen Schicht vorangetrieben werden,
- ein halbkreisförmiges Stück Regenbogen, eine Art falsche Sonne, die in der Nähe des Mondes zu sehen ist, insbesondere dahinter.

Es heißt, dass ein *mön-broch* windiges Wetter ankündigt. *Mönbroch* (Mondbogen), *möni* (Rückenmark) und *mös*, was so viel wie verzaubert, benommen sein bedeutet, stehen im Shaetlan-Wörterbuch dicht beieinander, und es ist nicht ungewöhnlich auf Shetland, dass Wetter, Körper und Magie in irgendeiner Form zusammenspielen.

DIE STRANDSAMMLERIN

Ich persönlich stelle mir vor, dass sich die Entzündung in meinem Körper wie das Nordlicht verhält. Manchmal ist die Aurora borealis nicht mehr als ein schwaches grünes Glimmen in der Ferne. Ich spüre, dass sie da ist, aber kaum merklich, und dann warte ich, ob sie heftig aufflammt oder flackernd wieder verschwindet, ohne richtig dagewesen zu sein. Ein andermal ist der Nachthimmel voller sich wandelnder Lichter. Dann kann man ein bestimmtes Licht nur mit Mühe verfolgen, es verformt und verändert sich, bewegt sich hin und her, verblasst und flackert dann wieder auf. Genau so kann auch der Schmerz in meinem Körper auftreten und an verschiedenen Stellen aufflammen.

Jeden Schritt am Strand spüre ich. Das erhöhte Bewusstsein für die Vorgänge im Inneren meines Körpers schärft meine Wahrnehmung. Ich erahne bereits die Stellung meiner Fußsohlen, wenn ich über einen Kiesstrand gehe, und die Dehnung in meinen steifen Gelenken, wenn der Sand nachgibt.

Stürmischen Wind spüre ich in der widerstrebenden Drehung meines Brustkorbs; eine Böe nehme ich als stechenden Schmerz wahr. Ich finde den Knochen einer Robbe, eines Wals oder eines Seevogels am Strand und erkenne die Funktion, die er einmal hatte. Meine geschädigten Gelenke und meine chronische Erkrankung helfen mir in gewisser Weise, die Distanz zwischen Körper und Geist sowie zwischen meinem Körper und den Körpern anderer Lebewesen zu verringern.

Als meine Tochter drei wurde, hatte ich eine lange Liste mit Funden erstellt, auf die ich beim Beachcombing hoffte: eine Flaschenpost; eine Oktopusfalle von der nordwestafrikanischen Küste; ein Stück Baumstamm aus Kanada, das die Nagespuren eines Bibers trägt; eine der berühmten Gummienten aus Containern, die ein Schiff bei einem Sturm im Nordpazifik verloren hatte; eine »Nixentasche«, das heißt die Eikapsel eines Großen Glattrochens; ein Stück Plastikmüll, das sich anhand des Etiketts nach Grönland zurückverfolgen lässt; ein Klümpchen kostbares Ambra aus dem Magen eines Pottwals, und eine Seebohne, den herzförmigen großen Samen einer in Afrika und Mittelamerika heimischen Schlingpflanze, der im Meer weite Strecken zurücklegen kann und manchmal in nördlichen Gefilden angespült wird, wo die Pflanze gar nicht gedeihen kann.

Anfangs war es mir nicht besonders wichtig, eine Seebohne zu finden. Sie stand auf meiner Wunschliste, weil ich es bemerkenswert fand, dass tropische Samen eine so lange Reise durch den Ozean überstehen und so weit im Norden angeschwemmt werden. An den Stränden Shetlands wurden verschiedene Treibsamen gefunden, von den kleinen Hülsenfrüchten der *Caesalpinia bonduc* bis zu großen Kokosnüssen. Nach dem, was ich von befreundeten shetländischen Strandgutsammlern erfahren habe, findet man jedoch am häufigsten die Seebohne. Ich machte mir daher Hoffnungen, obwohl ich Shetländer kenne, die seit vielen Jahren als Strandgutsammler unterwegs sind und noch nie Treibsamen gefunden haben. Andererseits habe ich von einer Familie gehört, die hier Urlaub machte und auf Anhieb eine Seebohne fand.

Auch in den Museen Shetlands suchte ich nach Treibsamen. Als ich zum ersten Mal eine Seebohne sah, zog sich mein Herz zusammen. Sie wirkte wie aus dunklem Holz geschnitzt, das man

DIE STRANDSAMMLERIN

leicht poliert hatte – eine pralle Scheibe mit sanft gerundeten Kanten, die sich in meine Hand schmiegen und sie fast ausfüllen würde. Ihre schöne runde Form weist eine kleine Einkerbung auf, weshalb sie auch »Seeniere« oder »Meeresherz« genannt wird. Ich hätte sie gern berührt, aber sie war in einer Vitrine hinter Glas.

Ich bestellte mir einen Pflanzenführer für tropische Treibsamen, um mich mit den verschiedenen Arten vertraut zu machen und mein Gehirn darauf zu trainieren, sie zwischen Seetang und den Unmengen Plastikmüll zu erkennen. Als das Buch mit der Post kam, schlug ich es sofort auf und stieß auf einen längeren Abschnitt über Treibsamen in der Volkskunde. Als ich las, dass Treibsamen an allen Küsten des Nordostatlantiks tausend Jahre oder noch länger als Talisman oder Amulette verwendet wurden, wurde mein Wunsch, selbst eine Seebohne zu finden, zur fixen Idee. Die Vorstellung von einem Treibsamen-Amulett begegnete mir in einer Zeit, in der ich das Gefühl hatte, haltlos umherzutreiben, deshalb klammerte ich mich daran fest.

Ich glaubte nicht unbedingt, dass mich die Seebohne vor Schaden bewahren oder heilen würde, war aber dennoch überzeugt, dass sie mir irgendwie helfen würde. Ich wusste damals noch nicht, dass meine Begeisterung fürs Strandgutsammeln mich den Shetland-Inseln so nahe bringen und eine solche Vertrautheit herstellen würde. Ebenso wenig ahnte ich, dass mich ein kleiner Meeresvogel nach Norden auf die Färöer führen würde, dass ein Fisch mich nach Süden zu den Orkney-Inseln locken und dass ich die niederländische Insel Texel besuchen und dort eine noch sehr lebendige Kultur des Strandgutsammelns kennenlernen würde. Ich hätte damals nie gedacht, dass ich eines

Tages eine eifrige Flaschenpost-Versenderin werden würde, und konnte mir den Trost, den man daraus zieht, nicht vorstellen. Ich hätte auch nicht im Traum daran gedacht, dass kleine Stücke Plastikmüll, die man am Strand findet, eine Verbindung zu den Menschen auf der anderen Seite des Ozeans herstellen können. Und vor allem hätte ich mir nie vorgestellt, dass ich durch meine Suche nach einer eigenen Seebohne auf eine jahrhundertealte Geschichte aus Shetland stoßen würde – die Geschichte einer Frau, der brutales Unrecht widerfahren war. Als wir nach Shetland zogen, konnte ich nicht ahnen, dass ich Autorin werden und die Geschichte dieser Frau aus Shetland sowie meine eigene Geschichte erzählen würde. Aber all das kommt erst noch. Meine Reise beginnt auf der nördlichsten Insel der Shetlands, auf der seltsam schönen Insel Unst.

Die Seebohne

And, when in storms we founder,
We, too, may leave behind
Some broken bits of flotsam
For other men to find.

Und wenn wir in Stürmen untergehen,
Hinterlassen auch wir vielleicht
Einige zerbrochene Stücke Treibgut,
Damit andere Menschen sie finden.

Aus dem Gedicht »Bound is the Boatless Man«
von Vagaland

DIE SEEBOHNE

Es gibt viele Wörter, um die verschiedenen
Nuancen von »gehen« auszudrücken:

Stramp für gehen
Staag für steif gehen
Harl für mühsam gehen

Aus »Nordern Lichts: An Anthology of Shetland
Verse & Prose«, 1964

Ich habe über zwei Jahre lang und an vielen verschiedenen Stränden gesucht, aber keine Treibsamen gefunden. Die breiten Muschelsandstrände im Süden von Mainland sind verlockend. Ich denke immer, dass ich dort eher eine Seebohne finde als anderswo, doch bisher endete jede Suche mit einer Enttäuschung. Die felsigen Strände im Westen und Norden von Mainland wirken weniger verheißungsvoll, obwohl sie mir mit der Zeit ans Herz gewachsen sind. Sie sind kahl und oft düster, glitschig und schwer zu überqueren, bieten aber alle Arten von kuriosem Strandgut, das sowohl natürlichen als auch weniger natürlichen Ursprungs sein kann.

Um meine Chancen zu verbessern, so glaube ich, will ich zur Insel Unst fahren, bevor die Stürme in den Frühlings- und Sommermonaten nachlassen. Es ist der erste Tag im April 2017. Ich setze all meine Hoffnungen auf einen Strand namens Woodwick, der unter den Strandgutsammlern Shetlands den Ruf genießt, dass sich dort jede Menge Strand- und Treibgut ansammelt. Dort wurden auch schon Treibsamen gefunden, weshalb ich hoffe, ebenfalls fündig zu werden.

DIE STRANDSAMMLERIN

Woodwick ist, wie der Name schon andeutet, eine Bucht, in der sich Treibholz sammelt. Auf den nahezu waldlosen Inseln sagt man, dass einem nicht das Land, sondern das Meer Holz schenkt. Eine befreundete Strandgutsammlerin erzählte mir, sie hätte den Strand in Plasticwick umbenannt, doch heutzutage würde sich das Wort »Plastik« wohl überall auf der Karte finden, wenn wir die Strände Shetlands neu benennen müssten.

Um von Mainland nach Unst zu kommen, muss man zunächst nach Yell. Zwei Autofähren verkehren im Yell Sound zwischen Mainland und Yell, die sich auf halber Strecke treffen. Die eine heißt *Dagalien*, was im Altnordischen »Abenddämmerung« bedeutet, die andere *Daggri*, »Morgendämmerung«. Und so begegnen sich im Yell Sound jeden Tag Morgen- und Abenddämmerung, genau wie auf Shetland an Mittsommer, wenn die Dunkelheit der Nacht fast schon vorbei ist, bevor sie so richtig begonnen hat.

Anfang Mai ist es sechzehn Stunden lang hell. Dann kehren die *shalders* und *sandiloos*, die Austernfischer und Sandregenpfeifer, an die Strände zurück und legen ihre Eier in flachen Kiesmulden oder zwischen das Geröll an den Sturmstränden. Ende April ist die Zeit, in der man viele gute Stellen fürs Strandgutsammeln wieder den Vögeln überlässt, daher fühlt sich die Fahrt nach Unst an wie meine letzte Chance in diesem Winter.

Ich überquere den Yell Sound auf der *Daggri*. Auf der Fähre ist viel los. Die Eltern eines kleinen Mädchens herrschen ihre Tochter an, weil diese partout nicht auf sie hören will. Ich habe meine Familie auf Mainland gelassen und kann tun und lassen, was ich will. Durch die Fenster der Fähre erkenne ich nach und nach die nebligen Umrisse der kleinen Insel Samphrey. Als wir näherkommen, tauchen zwei Tordalke elegant ins Wasser ein.

Die Muschelsandstrände von Yell sind atemberaubend und verleiten mich auf dem Weg nach Unst zu einem willkommenen Abstecher. Ich unterbreche meine Fahrt über die Inseln bei West Sandwick, einem Strand, an dem man stets etwas Interessantes findet. Selbst im Sommer, wenn kaum etwas angespült wird, ist der Strand einen Besuch wert. Der Sand ist reich an Glimmer, der hier auch *craws-siller*, Krähensilber, genannt wird.

Ein Jahr zuvor saß ich an einem sonnigen Sommertag an genau diesem Strand, eingemummelt in eine warme Jacke, während mein Mann und die Kinder im Meer schwammen. Ich suchte im Sand nach Glimmer, den fingernagelgroßen, schuppenähnlichen Kristallen. Kleinere Körnchen rieselten zwischen meinen Fingern durch und funkelten in der Sonne. Als meine Kinder und mein Mann aus dem Wasser kamen, klebte nasser Sand an ihrer Haut, und der Glimmer ließ ihre Körper schimmern, als wären sie aus Gold.

Wenn mich meine Gedanken nachts wach halten oder wenn mich mein schmerzender Körper nicht zur Ruhe kommen lässt, greife ich manchmal zu einer Übersetzung finnischer Heldensagen und Mythen, dem *Kalevala*. Die einzelnen Verse der »Runen« (Lieder) des *Kalevala* haben acht Silben mit vier Hebungen, ein Versmaß, das in kleinen Dosen beruhigend wirkt. In den Geschichten kommen viele nichtmenschliche Wesen vor, die einen eigenen Willen haben, manchmal sind sogar die Bäume eigenständige Geschöpfe.

Die Erzählungen bergen viele Möglichkeiten. Eine Frau, die einem unerwünschten Freier entkommen will, kann sich in ein anderes Geschöpf verwandeln, in einen Merlan oder einen Hasen, und so ihrem Schicksal entgehen.

Beim *Kalevala* denkt man meist an Sagen über männliche Helden, aber ich lese es eigentlich wegen seiner Heldinnen – schließlich beginnt der Schöpfungsmythos damit, dass die Tochter des Äthers, Ilmatar, aus der Luft ins Meer fällt. Stürmische Ostwinde verwandeln das Meer in eine wild wogende Gischt und schwängern sie gewaltsam. Sie muss eine siebenhundertjährige Schwangerschaft durchstehen. Während das Gewicht ihres Bauchs sie im Ozean festhält, baut eine Ente ein Nest auf ihrem Knie. Die Ente legt sechs Eier aus Gold und eins aus Eisen. Unter dem Nest beginnt Ilmatars Knie vor Hitze zu brennen, sie hat das Gefühl, als ob Flammen durch ihre Adern lodern würden. Sie zuckt zusammen. Die Eier fallen aus dem Nest, und aus den Bruchstücken und dem Ei-Inhalt entstehen die Erde, der Himmel, die Sonne, der Mond, die Sterne und die Wolken.

Im sogenannten Lemminkäinen-Zyklus wird der tote Held Lemminkäinen von seiner klugen, liebenden Mutter wieder zum Leben erweckt. Mit einer Harke aus Kupfer fischt sie die Teile seines Leichnams aus dem Fluss der Unterwelt. Ein Rabe rät ihr, damit aufzuhören. Lemminkäinens Leiche diene den Aalen als Nahrung, argumentiert er, seine Augen habe bereits ein Merlan gefressen, es sei besser, wenn aus seinem Fleisch ein Walross, eine Robbe, ein Wal oder ein Schweinswal entstehe.

DIE SEEBOHNE

Doch die Mutter ignoriert den Raben und ruft Suonetar an, die Göttin der Venen:

Bind das Fleisch fest an die Knochen,
Bind die Adern an die Adern,
Senke Silber in die Fugen,
Gold tu in die Aderspalten!

Das Leben kehrt in Lemminkäinens Körper zurück.

Als ich im Sand saß und zusah, wie meine Familie sich abtrocknete und sich das Meer von der Haut wischte, wünschte ich mir, mein Körper würde ebenfalls wieder zu neuem Leben erweckt. Ich wollte auch im Meer schwimmen und meine nasse Haut mit glitzerndem Sand bedecken. Ich wollte die Schmerzen, die mitunter wie Feuer in meinem Körper brannten, im kühlen Meer löschen. Ich wusste nicht, wie ich mich an meinen veränderten Körper gewöhnen sollte. Ich sah nur das, was ich verloren hatte, weiter reichte mein Blick nicht.

An diesem trüben Apriltag bleibt der Glimmer von West Sandwick im Sand verborgen, weil die Sonne fehlt. Vor der Küste tauchen ab und zu die Felseninseln der Ramna Stacks, die »Brandungspfeiler des Raben«, in den vorüberziehenden Schauern auf und verschwinden wieder. Ein Tanker ist in Richtung Süden zum Ölterminal von Sullom Voe unterwegs.

Otterspuren führen von den Dünen zum Meer und verschwinden in der Brandung. Ich ignoriere sie, obwohl ich sie gerne zurückverfolgen würde, und suche stattdessen den rückwärtigen Teil des Strandes ab. In den Dünen sammeln sich gern kleinere Gegenstände, die vom Meer angespült und dann vom Wind weiter Richtung Land geweht wurden. Und tatsächlich finde ich das leuchtend blaue Schildchen einer Hummerfalle, das halb vom Sand begraben ist. Der aufgedruckte Code verrät, dass es von Kanada aus über den Atlantik getrieben wurde. Ich stecke es in meine Tasche. In gewisser Weise ist es ein Schatz – ein Hinweis auf eine ferne Küste, die durch meinen Fund ein bisschen näher rückt. Ich gehe zurück zum Auto und fahre weiter zur Fähre, die mich nach Unst bringen wird.

Ich habe dort ein Ferienhaus gemietet, das nur einen kurzen Spaziergang von Eastings, einem großen Sandstrand, entfernt liegt. Ich stelle meine Taschen im Flur ab und gehe gleich weiter zum Strand, obwohl ich müde von der Fahrt bin. Von Eastings erhoffe ich mir immer viel; einmal wurden dort die Samen eines Flammenbaums angespült, der in den Tropen wächst.

Der Wind bläst so stark, dass der Sand in breiten Schwaden über den Strand geweht wird. Zwei Schneeammern stöbern im Schutz der vom Meer angeschwemmten Seetanghaufen nach Futter. Ein Strauß neu wirkender Plastikblumen ragt halb aus dem Sand, vielleicht hat ihn der Wind vom nahe gelegenen Friedhof, der immer noch genutzt wird, obwohl er nicht über eine Straße erreichbar ist, hierher geweht. Die Särge werden mit dem Traktor über die Felder und Wiesen transportiert. Auf dem ummauerten Friedhof befindet sich auch ein langer, kielförmiger Stein, der aussieht wie ein umgedrehtes Boot und ein Wikingergrab markiert. In Eastings hat man auch Gräber der Pikten gefunden, sie wurden

DIE SEEBOHNE

aufgrund des steigenden Meeresspiegels vom Wasser freigelegt. Neben einem der Skelette waren Quarzkiesel platziert. Die Analyse der Knochen ergab Läsionen an der Wirbelsäule – ein Detail, das ich früher übersehen hätte, als ich einen gesunden, gut funktionierenden Körper noch für mehr oder weniger selbstverständlich hielt.

Am nächsten Morgen bin ich mit dem ersten Tageslicht gleich wieder am Strand. Ich bin ungeduldig und kann es kaum erwarten nachzusehen, ob das Meer etwas Neues für mich hinterlassen hat. Der Wind ist kalt, aber die Sonne scheint, und der Himmel und das Meer sind tiefblau. Vor der Küste pflügt die *Norröna*, die Fähre, die zwischen Dänemark, den Färöer-Inseln und Island verkehrt, wie ein weißer Klotz durchs Meer nach Norden. Direkt hinter der Brandungszone schwimmt eine Gruppe Eisenten. Sie sind auf Futtersuche und tauchen synchron ab, wobei immer nur eine oder zwei gleichzeitig an die Oberfläche zurückkommen. Wie schön wäre es, wenn sie eine kleine Pause einlegen und balzen würden. Ihr Ruf ist sehr klangvoll, ihr Shaetlan-Name *calloo* gibt den Laut wieder. Auch ihr lateinischer Name *Clangula hyemalis* (»Winterlicher Klang«) verweist auf ihr Rufen. Der Wind zaust durch die langen, dünnen Schwanzfedern der Erpel. Schon bald werden sie zu ihren Brutgebieten in den arktischen Regionen Skandinaviens und im westlichen Russland aufbrechen. Ich habe keine genaue Vorstellung von den Gebieten, wo sie sich im Sommer aufhalten, genauso wenig wie ich früher eine Vorstellung von der Landschaft und der Küste Shetlands hatte.

DIE STRANDSAMMLERIN

Am Strand finde ich nichts Bemerkenswertes, daher wende ich mich den Gezeitentümpeln zu, den kleinen Wasserlachen in den Felsmulden. Ein Rotkehlchen begleitet mich. Es wird schon bald über die Nordsee nach Norwegen fliegen. Rotkehlchen überwintern manchmal auf Shetland, brechen aber im Frühling wieder Richtung Skandinavien auf.

Auf Shetland hört man nicht so viele Vögel singen. Der Frühling wird vom Shetland-Zaunkönig und, wenn wir Glück haben, von den melodiösen Power-Balladen der Amsel angekündigt, doch abgesehen davon hört man auf den Inseln meist nur die wehmütigen Rufe der Brachvögel oder das an- und abschwellende Trillern der Austernfischer oder die seltsamen Laute der Meeresvögel. Jetzt höre ich seit unserem Umzug zum ersten Mal wieder ein Rotkehlchen singen. Ich würde es am liebsten auffordern, fortzufliegen und sich auf den Weg zu machen, um die weite Nordsee zu überqueren, aber es bleibt und singt, als ob es mir ein Ständchen bringen würde. Den selten gehörten Gesang nehme ich mit, als ich den Strand von Eastings wieder verlasse.

Ich kehre der Nordseeküste von Unst den Rücken und fahre bis zum Ende der Straße in Baliasta, wo die Wanderung zum Atlantik-Strand von Woodwick beginnt. Es ist immer noch sonnig, doch »Stutenschweife« – hakenförmige dünne weiße Schleierwolken (*Cirrus uncinus*) – ziehen sich wie eine Warnung durch das tiefe Blau des Himmels. Der Wind wird stärker. Wahrscheinlich wird es früher regnen, als der Wetterbericht angekündigt hat. Dass der Wind bald Regen durch die Luft peitschen wird, stört mich nicht, doch ich mache mir Sorgen, dass es bis nach Woodwick zu weit für mich sein wird. Ich bin hin- und hergerissen zwi-

DIE SEEBOHNE

schen dem Gefühl von Freiheit, etwas ganz allein zu erkunden, und dem Wunsch, meinen Mann und meine Kinder bei mir zu haben, nur für den Fall, dass ich ihre Hilfe brauche.

༄

Am Ende der Wirbelsäule befindet sich beim Menschen und bei vielen anderen Säugetieren das Kreuzbein, das auch Sakrum genannt wird. Es bildet sich gegen Ende unserer Teenagerjahre oder in unseren frühen Zwanzigern durch die Verschmelzung einzelner Wirbel heraus. Der Begriff leitet sich von *os sacrum* ab, dem »heiligen Knochen«. Es gibt die These, der Name würde darauf zurückgehen, dass man diesen Teil eines Tiers als Opfer darbrachte. Die Abnutzungserscheinungen an meinen Iliosakralgelenken, den Gelenken zwischen Becken und Kreuzbein, finden sich meist bei Frauen, die viele Schwangerschaften hinter sich haben. Warum sie bei mir auftreten, weiß ich nicht. Manchmal frage ich mich, ob ich Kinder gewollt hätte, wenn ich gewusst hätte, dass ich dadurch für immer Probleme haben würde, größere Strecken zu Fuß zurückzulegen. Ich habe darauf keine Antwort.

Eine schwere Verletzung oder eine chronische Krankheit kann Frauen und Mädchen aber auch auf andere Weise Schaden zufügen, zum Beispiel durch unangemessene Blicke oder Berührungen. Von den Ärzten, die mich behandelt haben, verhielten sich die meisten untadelig, aber eben nicht alle.

Als Teenager hatte ich mir die Kniescheibe ausgerenkt und gebrochen. Ich lag auf einer Trage in der Notaufnahme des Krankenhauses und konnte mich vor Schmerzen und Schmerzmitteln kaum rühren oder sprechen. Ein Arzt stand neben mir und starrte mit einem hungrigen Blick auf meinen Körper, während er langsam über mein verletztes Bein strich.

Als der Gips wegkam, verbrachte ich eine Woche im Krankenhaus, wo sich Physiotherapeuten um mein Bein kümmerten, um die Beweglichkeit wiederherzustellen. Auf meiner Station war noch ein Mädchen im Teenageralter. Wenn ein bestimmter Arzt Dienst hatte, waren nicht nur wir beide angespannt, sondern auch die Krankenschwestern. Und ich lernte, die Pförtner zu ignorieren, die anscheinend nur auf die Station kamen, um uns anzustarren.

Mit Mitte zwanzig erwischte mich ein Erkältungsvirus, das ich nicht wieder loswurde. Es setzte sich in der Lunge fest. Vor der Untersuchung forderte der Arzt mich auf, mein Oberteil auszuziehen. Ich saß in meinem BH vor ihm, während er mich in aller Ruhe befragte, ohne mir dabei in die Augen zu sehen. Schließlich hörte er mit seinem Stethoskop meine Lunge ab, und erst dann durfte ich mich wieder anziehen.

Und bei einem Eingriff, bei dem ich auf dem Bauch lag, hörte ich, benommen von den Beruhigungsmitteln und unbeweglich vor Schmerzen, wie der Arzt der Schwester befahl, mir die Unterhose auszuziehen. Ich hatte diesen Eingriff schon mehrmals gehabt, dafür aber nie den Slip ausziehen müssen. Während die Krankenschwester damit beschäftigt war, ein Gerät in der Nähe meines Kopfs zu überwachen, und die Röntgenassistentin ebenfalls abgelenkt war, spürte ich die Berührung eines Fingers.

Bei einem Termin in einem frühen Stadium meiner Erkrankung, bei dem die Ursachen für die Schäden an meinem Iliosakralgelenk ermittelt werden sollten, wurde ich auch körperlich untersucht. Ich zog mein Oberteil aus und war froh, dass ich daran gedacht hatte, ein Unterhemd anzuziehen. Die Art, wie der Arzt mich anfasste und seine Hände viel zu lange auf meiner Haut liegen ließ, war abstoßend. In mir zog sich alles zusammen. Er witzelte, für den nächsten Teil der Untersuchung müsse ich mich ganz ausziehen. Ich tauschte einen alarmierten Blick mit der jungen Medizinstudentin, die während des gesamten Termins still und stumm wie eine Statue in der Ecke des Raumes stand. Die Konsultation hatte mit der vorläufigen Diagnose begonnen, dass mein Autoimmunsystem die Gelenke meiner Wirbelsäule zerstörte. Mein Denken war völlig ausgeschaltet. Ich war gar nicht in der Lage, gegen das Verhalten des Arztes zu protestieren.

Am Nachmittag nach diesem anstrengenden Termin waren meine Hand- und Fingergelenke auf einmal deutlich schwächer. Ich konnte Besteck nicht mehr greifen und Türknäufe nicht mehr drehen. Bereits die sanfte Berührung von Wasser war eine Qual. Schmerz durchzuckte mich, wenn ich versuchte, die Hände meiner Kinder oder meines Mannes zu halten.

Die Ärzte konzentrierten sich darauf, den Grund für die Schäden an meinen Iliosakralgelenken zu finden. Da in meinem Blut eindeutige Hinweise fehlten, blieb der Grund für die Schmerzen und den Funktionsverlust meiner Hände bei der Diagnose unbeachtet. Bei einem späteren Termin meinte ein Arzt, die Mutterschaft und die Beanspruchung durch das Hochheben meiner Kinder seien die Ursache für die Schmerzen in meinen Handgelenken. Er sagte, ich solle nicht nach etwas suchen, was es gar nicht gebe.

Verzweifelt holte ich eine zweite Meinung bei einem Spezialisten ein, obwohl ich dafür selbst zahlen musste. Seine professionelle Art bei der Untersuchung war beruhigend, doch auch er führte die Schmerzen in meinen Hand- und Fingergelenken darauf zurück, dass ich meine Kinder hochhob, obwohl ich hartnäckig darauf hinwies, dass die Schmerzen anderer Natur waren.

Es war fast so, als wären die beiden Ärzte derselben Vorgabe gefolgt: einem Diagnoseschlüssel, der besagt, dass man bei einer Patientin mit kleinen Kindern nicht weiter nachforschen muss. Allerdings weiß ich aus Gesprächen mit Frauen, die keine Kinder haben, dass auch deren Schmerzen oft nicht ernst genommen werden. Ich lernte schon bald, dass es besser war, meinen Mann zu einem Termin mitzunehmen. Selbst wenn er nur dasaß und nichts sagte, hörte man mir aufmerksamer zu.

Zwei Jahre, nachdem ich mich aufgrund der Gelenkschmerzen in meinen Händen an einen Arzt gewandt hatte, wurde bei mir palindromer Rheumatismus diagnostiziert, eine Autoimmunerkrankung, bei der Schmerzen und Entzündungen in unregelmäßigen Abständen an den Gelenken auftreten und wieder abklingen; weil die Erkrankung kommt und geht, wird sie als palindrom (»rückwärts laufend«) bezeichnet. Diese Form der Arthritis kann schmerzhaft und mit Einschränkungen verbunden sein, zerstört aber nicht die Gelenke. Dass gleichzeitig meine Iliosakralgelenke beschädigt waren, wurde, so weit möglich, als bloße Abnutzung betrachtet.

Als ich mit einer Behandlung begann, hatte die Autoimmunerkrankung bereits auf meinen gesamten Körper übergegriffen. Meine Augen waren andauernd trocken und ich hatte das Gefühl,

DIE SEEBOHNE

als ob jemand Sand hineingestreut hätte. Nach jeder Schmerzattacke überkam mich bleierne Müdigkeit. Ich lernte, verschiedene Arten von Schmerzen zu unterscheiden. Manche konnte ich ignorieren, andere nicht. Eine frühzeitige Diagnose ist bei der Behandlung von Autoimmunerkrankungen von großer Bedeutung – doch für Frauen ist es vielleicht sogar noch wichtiger, einen Arzt zu finden, der ihnen zuhört.

Mittlerweile habe ich eine Rheumatologin gefunden, die sorgfältig und genau vorgeht und mir nicht nur Ratschläge erteilt, sondern auch aufmerksam ist, wenn ich etwas äußere. Bei meinem ersten Termin forderte sie mich auf, meine Schmerzen zu beschreiben. Ich war ratlos. Es ist schwer, Worte für Schmerzen zu finden, deren Existenz zuvor immer bestritten wurde. Dank der Hilfe meiner Rheumatologin konnte mein übereifriges, gegen mich selbst gerichtetes Immunsystem etwas heruntergefahren werden. Ich bekomme auf mich abgestimmte »krankheitsmodifizierende Antirheumatika«. Das bedeutet weniger steife Gelenke und weniger Schmerzen, aber auch Übelkeit und Kopfweh. Dank der Medikamente und der Injektion von Steroiden in meine Iliosakralgelenke gelange ich wieder an Orte, die ich zuvor nur noch mit Mühe erreichen konnte – unter anderem das Obergeschoss unseres Hauses.

An jenem kühlen Aprilmorgen auf Unst scheint die Wanderung nach Woodwick möglich. Noch habe ich meine fähige Rheumatologin nicht gefunden, meine Autoimmunerkrankung wird noch nicht adäquat behandelt. Aber heute hält sie still, und die Schmerzen in meinen Iliosakralgelenken sind durch Steroide gedämpft. Die Sonne macht mir Mut, obwohl der Ostwind ihren Strahlen jegliche Wärme entzogen hat. Erleichtert stelle ich fest, dass am Ende der Straße keine anderen Autos parken. Wenn ich bis zum Strand laufe, will ich dort nicht auf Leute treffen, die sich bereits das Beste aus dem Strandgut herausgepickt haben. Ich spüre ein Kribbeln entlang der Wirbelsäule angesichts der Schätze, die vielleicht auf mich warten.

Ein tief ausgefurchter Weg führt den Hang hinauf. Er ist uneben und wird mir bald zu mühsam, ich wechsle auf einen kleinen Trampelpfad, den Shetlandponys hinterlassen haben. Die Hufabdrücke leiten mich auf einer angenehmeren Route durch das sumpfige Gelände. Oben angelangt, blicke ich auf ein lang gestrecktes, tiefes Tal. Vom Meer ist weit und breit nichts zu sehen. Mein Mut sinkt. Doch der Pfad fällt sanft ab und ist gut zu bewältigen, und je tiefer ich komme, desto überzeugter bin ich, dass ich es bis nach Woodwick schaffen kann.

Eine schnelle Bewegung, die ich gerade noch im Augenwinkel wahrnehme, lässt mich innehalten. Ein Merlin, der kleinste aller Falken, fegt in fast senkrechtem Sturzflug den steilen Hang zu meiner Rechten hinunter. Unten fliegt er mit knappem Abstand über einen Zaun, dann gleitet er den weiter entfernten Abhang hinauf, bis er jeglichen Auftrieb verliert und in tiefes Heidekraut fällt. Ich beneide ihn um die Strecke, die er in kürzester Zeit zurücklegen kann, doch am Ende des Tals entdecke ich einen hellen, farbigen Punkt, der mich antreibt. Jemand hat aus gelben und orangefarbenen Schleppnetzschwimmern eine Markierung gebaut – ein Wegweiser zum Paradies für Strandgutsammler.

DIE SEEBOHNE

Jenseits des Wegzeichens schlängelt sich ein kleiner Bach durch flaches Gelände und verschwindet zwischen den Felsen eines Sturmstrandes. Im Schutz des fließenden Wassers wachsen Wasserpflanzen, deren leuchtendes Grün in der noch winterlich braunen Landschaft einen überraschenden Farbakzent setzt.

Eine niedrige Steinmauer, die fast aus mehr Lücken als Steinen besteht, umschließt einen flachen, ringförmigen Bereich vor dem Strand. Vielleicht ein verfallener alter *pund*, ein Pferch für Schafe, Rinder oder Ponys. Ich trete zwischen den beiden höchsten Steinen in den Kreis und muss lachen, auch wenn ich damit die Stille durchbreche, weil es mir wie eine feierliche Zeremonie vorkommt. Ich habe es nach Woodwick geschafft und kann jetzt bei den Unterhaltungen der anderen Shetland-Strandgutsammler mithalten. Ich bedanke mich dafür laut, und der Ostwind trägt meine Worte fort.

Eine Seebohne nimmt trotz der weiten Reise im Salzwasser keinen Schaden, weil sie durch die Samenschale geschützt ist. Diese sogenannte Testa ist hart und wasserundurchlässig, aber gleichzeitig leicht und schwimmfähig. Der darin enthaltene schlafende Keimling ist durch die Samenschale so gut geschützt, dass Seebohnen, wenn sie an den nördlichen Küsten angeschwemmt werden, immer noch keimfähig sein können, selbst wenn sie Tausende von Kilometern auf der Meeresoberfläche getrieben sind. Eine Seebohne, die klappert, wird wahrscheinlich nicht mehr keimen, doch der Nordire E. Charles Nelson warnt in seinem Buch *Sea Beans and Nickar Nuts*:

DIE STRANDSAMMLERIN

> *Ob ein Treibsamen noch keimfähig ist, findet man nur heraus, indem man ihn opfert und versucht, ihn zum Keimen zu bringen. Diese Entscheidung muss jeder für sich selbst treffen – und dabei bedenken, dass der Samen, wenn er erst einmal vorbereitet und in die Erde gelegt wurde, entweder eine sehr wuchsfreudige Pflanze hervorbringen wird, die wahrscheinlich ein großes, ständig beheiztes Gewächshaus benötigt, oder aber rein gar nichts. In dem Fall wird der Samen so verfault sein, dass Sie die stinkenden Überreste schleunigst entsorgen wollen. Doch egal was dabei herauskommt, Ihr Treibsamen, den Sie mit viel Glück gefunden haben, wird für immer verloren sein.*

Ich würde meinen Fund nicht aufs Spiel setzen.

Vielleicht muss die Seebohne, die ich eines Tages finden werde, erst noch wachsen. Vielleicht liegt sie noch zusammen mit anderen in einer Samenschote, die etwas über einen Meter lang ist und aus dem Blätterdach baumelt. Ich male mir manchmal ihre Reise aus und stelle mir den Regenwald vor, in dem sie wächst. Irgendwann rutschen die Samen aus der Schote. Ich weiß nicht, wie sich die Samen verteilen – ob die Schote auf den Boden fällt und dann aufbricht oder ob sie sich bereits im Hängen öffnet. Das spielt auch keine Rolle; die Samen sind leicht und werden von den Bächen, die sich nach den sintflutartigen tropischen Regenfällen zwischen den Blättern am Boden bilden, einfach davongetragen. Vielleicht hängt die Schote auch über einem richtigen Bach und der Samen muss gar nicht auf die Regenzeit warten. Schwimmend

DIE SEEBOHNE

wird er zu einem Treibsamen, und schon bald wird der Bach in einen Fluss münden, und der Fluss wird ins Meer fließen, und dann wird die Seebohne, meine Seebohne, ihre Reise über den Ozean antreten.

Ich frage mich, wo sie wächst – in den amerikanischen Tropen oder im Wald einer Karibikinsel. Mir gefällt der Inselwald besser. Ich kann mir Inseln besser vorstellen, seit ich in gewisser Weise selbst zur Insulanerin geworden bin. Aus *Sea-Beans from the Tropics* von Ed Perry IV und John V. Dennis weiß ich, dass eine Seebohne in der Karibik mit der Yucatán-Strömung nach Norden treibt und im Golf von Mexiko landet. Sie wird im Uhrzeigersinn an den Küsten von Mexiko, Texas und Louisiana vorbeiziehen und dabei einige der zahlreichen Öl- und Gasbohrinseln passieren, die in diesem Gewässer liegen. Vielleicht kommt sie sogar an der Stelle vorbei, an der die Deepwater Horizon einst über der Wasserfläche aufragte.

Wenn sie den Golf zur Zeit des Vogelzugs durchquert, könnten zahllose Vogelschwärme über den Himmel ziehen – vielleicht ist das aber auch zu nostalgisch und die Tage der endlosen Schwärme sind vorbei. Doch es wird trotzdem Vögel am Himmel geben. Geschwächte Vögel suchen manchmal Zuflucht auf den Öl- und Gasplattformen, wo Wanderfalken gelernt haben, auf Beute zu warten. Bei schlechtem Wetter und in der Nacht verwirren die Lichter der Bohrinseln die Vögel. Sie fliegen im Kreis, einige kollidieren mit dem Stahl, andere stürzen erschöpft ins Meer. Auch Zugvögel verenden bei Stürmen im Meer, und so findet man Singvögel wie den Hauszaunkönig in den Mägen von Tigerhaien wieder.

DIE STRANDSAMMLERIN

Meine Seebohne muss ihren Weg durch die Floridastraße finden, eine 150 Kilometer breite Meeresstraße zwischen den Florida Keys und Kuba, und dann in den Golfstrom treiben. Er wird sie nach Norden führen, entlang der Küste von Georgia, South Carolina und North Carolina. Kurz hinter der sandigen Landspitze von Cape Hatteras verlässt der Golfstrom den Kontinentalschelf und fließt quer durch den Atlantik. Hier gesellt sich zu meiner Seebohne auch Treibgut, das mit dem Labradorstrom von Norden nach Süden getragen wurde – Birkenrinde aus den Wäldern Kanadas und Feuerzeuge aus Grönland.

Der Golfstrom reicht nicht bis Shetland; auf halber Strecke wendet er sich im Atlantik nach Süden und führt im Kreis um die Sargassosee. Auch einige Treibsamen werden dadurch nach Süden geführt, wo sie jahrelang in diesem gigantischen subtropischen Strudel treiben. Hier liegt auch die Kinderstube der Meeresschildkröten, sie schwimmen zwischen Wäldern von Sargassum-Algen und Wirbeln von Plastikmüll im Wasser, bis sie alt genug sind, um zu ihren Paarungs- und Brutgebieten zurückzukehren. Der Sohn meines Nachbarn war Kapitän eines Containerschiffs, das Bananen durch die Sargassosee transportierte. Er erzählte, wie unheimlich es dort war, das Meer roch merkwürdig nach Land und war sichtlich mit Plastik vermüllt.

Bevor sich der Golfstrom nach Süden wendet, lösen sich die oberen Schichten mit wärmerem Wasser – eine Strömung, die als Nordatlantikstrom bezeichnet wird – und fließen weiter nach Norden. Aus diesem Grund sind die Shetland-Inseln im Winter nicht mit Eis bedeckt, obwohl sie auf 60 Grad nördlicher Breite liegen. Meine Seebohne wird vom Nordatlantikstrom in Richtung

DIE SEEBOHNE

Shetland getragen und von Westwinden in eine lokale, küstennahe Strömung getrieben.

Andere Treibsamen werden auf abzweigenden Strömungen weiter nach Norden reisen, manche nach Westen, wo sie dann an den Küsten der Färöer, Islands oder Grönlands gefunden werden, andere nach Osten, wo sie in den arktischen Regionen Norwegens oder Russlands angespült werden.

Wie lange es dauert, bis ein Treibsamen an einer nördlichen Küste landet, gibt immer noch Anlass zu Spekulationen. Eine Flaschenpost, die von den nordöstlichen der Westindischen Inseln auf die Reise geschickt wird, erreicht die Küsten Europas im Schnitt vierzehn Monate später. Auf diese Erkenntnis stützen sich auch die Schätzungen, wie lange Treibsamen bis nach Nordeuropa brauchen. Allerdings wachsen Treibsamen südlich der Stelle, an der die Flaschenpost ausgesetzt wurde, außerdem ist nicht klar, ob Flaschen von dort so weit nach Norden wie Shetland kamen. Die »schnellste« Flasche, die über 6400 Kilometer von Hispaniola auf den Großen Antillen bis nach Südwestirland zurücklegte, brauchte 337 Tage. Doch eine Flasche kann den Wind auf eine Weise nutzen, wie es Treibsamen nicht können. Dafür hat man festgestellt, dass eine Seebohne mindestens neunzehn Jahre lang in einem Tank mit stehendem Wasser schwimmfähig bleibt.

Wenn ich meine Seebohne finde, werde ich nicht wissen, wie lange sie für ihre Reise gebraucht hat. Ich versuche mir den Moment vorzustellen, in dem ich sie entdecke – wird sie zwischen Kieseln liegen, im Spülsaum zwischen verschlungenem Seetang oder vielleicht ganz allein, tiefbraun glänzend auf weißem Muschelsand? Wenn ich nicht schlafen kann, tröstet mich manchmal die Vorstellung, wie eine Seebohne auf der dunklen Oberfläche des Meeres nach Norden treibt, Richtung Shetland.

∽

Am Strand von Woodwick gibt es keinen Sand, nur große, wackelige Kieselsteine, die beim Drüberlaufen mit einem harten Klacken verrutschen. Im Sturm haben hohe Wellen Felsbrocken auf das Gras im hinteren Teil des Strandes geschleudert. Kahle Stellen lassen vermuten, dass sie im letzten Winter vom Meer neu arrangiert wurden.

Die beiden Treibsamen, die am Strand von Woodwick gefunden wurden – eine Seebohne und eine »Sea Purse«, ein Samen aus der Familie der Schmetterlingsblütler –, gehörten Joy Sandison. Heute befinden sie sich in einem Archiv des National Trust for Scotland in Edinburgh. Auf einem getippten Zettel, der einer Fotografie der beiden Treibsamen beiliegt, berichtet Joy, dass sie »schon so lange ich mich erinnern kann, bei den Nähsachen meiner Mutter lagen«. Joy wurde 1929 geboren, möglicherweise wurden die beiden Samen vor über hundert Jahren gefunden. Auf dem Zettel erwähnt sie auch, dass Seebohnen, die an der Küste von Shetland gefunden wurden, als Glücksbringer galten, geht aber nicht näher darauf ein.

Joy Sandisons Seebohne wurde von einem Schäfer namens Tommy Bruce gefunden. Wann das war, ist nicht bekannt, aber ich stelle mir gerne vor, wie Tommy am Strand von Woodwick entlangging, sich bückte und sie im Spülsaum entdeckte. Wusste er, dass man sie als Glücksbringer verwendete? Und wenn ja, wa-

DIE SEEBOHNE

rum verschenkte er sie dann? Vielleicht war Joys Mutter Ida bekannt dafür, dass sie kuriose Fundstücke aus der Natur sammelte, und Tommy mochte sie oder war ihr irgendwie verbunden.

Was es mit dem Glücksbringer auf sich hatte, bleibt meiner Fantasie überlassen. Dass es auf Shetland keine volkstümliche Überlieferung zu Treibsamen gibt, frustriert mich. Ihre Verwendung an anderen Küsten des Nordostatlantiks ist gut dokumentiert, daher verstehe ich nicht, warum hier niemand ein Wort über ihre Funktion als Glücksbringer verloren hat. Es gibt mehrere Berichte über den Fund von Treibsamen auf Shetland, auch in der Siedlung, in der ich lebe, aber das sind allenfalls oberflächliche Beschreibungen.

Als ich mal wieder die Strände des Internets absuche, stoße ich auf einen akademischen Text über Treibsamen, der einen Hinweis auf ihre frühere Bedeutung auf den Shetland-Inseln geben könnte – immerhin gehörten auch die Shetlands einst zum altnordischen Sprachgebiet. Der Text stammt von Torbjørn Alm von der Abteilung für Botanik der Universität Tromsø. Ich verschlinge begierig Seite um Seite und erfahre, dass Alm die volkskundliche Bedeutung der Treibsamen in Norwegen dokumentiert hat, die auch für die samischen, finnischen, romanischen und norwegischen Gemeinschaften eine Rolle spielen. Er listet die verschiedenen Bezeichnungen dafür auf und beschreibt, wie sie als Schutzzauber und Glücksbringer verwendet wurden. Männer nahmen Treibsamen mit aufs Schiff, weil man glaubte, sie würden sie vor dem Ertrinken bewahren, und Frauen wollten sich damit vor dem Tod im Kindbett schützen. Treibsamen wurden verwendet, um Krankheiten bei Mensch und Vieh zu heilen, um Milch von der Kuh der Nachbarn zu stehlen oder um den Nachbarn davon abzuhalten, die Milch der eigenen Kuh zu stehlen. Nachdem ich das alles gelesen habe, erscheint es mir noch seltsamer, dass es auf Shetland, nach allem, was ich weiß, keine Aufzeichnungen über ihre Verwendung gibt.

Was das heutige Wissen angeht, klingt Alm nicht sonderlich ermutigend: »Obwohl ich in Nordnorwegen umfangreiche ethnobotanische Feldforschung betrieben habe, ist es mir bisher nicht gelungen, mehr als ein Dutzend Personen zu finden, die aus erster Hand über Wissen zu Treibsamen und ihre traditionelle Verwendung verfügten.« Ich selbst habe auf den Shetland-Inseln noch gar niemanden getroffen, der mir etwas über den Volksglauben zu Treibsamen erzählen konnte. Als ich Oliver Cheyne danach frage, einen befreundeten Farmer und Naturforscher, dessen verstorbener Vater einen Treibsamen gefunden hatte, kratzt er sich am Kopf und sagt mir, jetzt, wo er darüber nachdenke, komme ihm eine vage Erinnerung, dass Treibsamen als Glücksbringer galten.

Alm schreibt, dass es schwieriger geworden ist, Treibsamen am Strand zu finden. Im späten 16. Jahrhundert gab es viele Funde, sie trieben im Wasser oder wurden an den Stränden Cornwalls angespült. Auch im 19. Jahrhundert waren noch viele vorhanden: »Norwegische Fischer und auch Fischer an der Westküste Schottlands sammeln diese Samen in recht großer Zahl.« Doch Alm warnt, dass durch das Abholzen tropischer Wälder und den Verlust von Lebensraum auch weniger Treibsamen ins Meer gelangen.

DIE SEEBOHNE

Meine Chancen, eine Seebohne zu finden, sind also gering; ich muss einfach Glück haben. Ich befasse mich noch einmal mit der Herkunft meiner Seebohne. Sie wächst in einer Schote heran, die an einer Ranke in einem kleinen Sekundärwald auf einer Insel hängt, deren Wälder nach der Ankunft der europäischen Kolonisten größtenteils gerodet wurden. Das Wäldchen, in dem meine Seebohne wächst, ist zusätzlich gefährdet durch die Wirbelstürme, die aufgrund der aktuellen Klimakrise häufiger auftreten und immer verheerender ausfallen.

In *Sea Beans and Nickar Nuts* lese ich, dass die an der Küste der Azoren, auf Madeira und Porto Santo gefundenen Treibsamen Kolumbus anspornten, über den Atlantik nach Westen zu segeln, und dass sie auf Portugiesisch *fava de Colom* (Kolumbusbohne) und *castanha de Colombo* (Kolumbuskastanie) genannt werden. Die Schlingpflanze *Entada gigas* wird auch Affenleiter genannt, was charmant klingt, aber nicht darüber hinwegtäuschen sollte, dass Englisch eine Kolonialsprache ist und dass die lateinische Benennung der Pflanzen viele einheimische Namen ausgelöscht hat. Ich erfahre, dass Seebohnen auf Jamaika *cacoon* genannt werden. Während ich romantischen Überlegungen zur Verwendung von Treibsamen als Schutzzauber an den Küsten des Nordens nachhing, hatte ich nicht bedacht, dass Seebohnen an Orten wachsen, die immer noch mit den Folgen der Kolonialisierung zu kämpfen haben.

Die großen Kiesel am Strand von Woodwick machen mir zu schaffen, doch ich kann mich hin und wieder auf die Wracks

DIE STRANDSAMMLERIN

riesiger angeschwemmter Bäume stützen, die dem Strand seinen Namen gegeben haben. Jeder Stamm hat einen dickeren Durchmesser als die Stämme der Bäume, die heute in Schottland wachsen. An manchen sind noch die Wurzeln, sie stürzten bei einem Sturm in einen Fluss. Andere haben Wurzeln und Äste verloren – ich frage mich, ob sie gefällt und bereits als Stämme von den Holzfällern zum Transport in den Fluss geworfen wurden. Manchmal würde ich angeschwemmte Bäume gerne zu ihrem ehemaligen Standort zurückverfolgen. Dann könnte ich auch erfahren, welche Vögel einst in ihren Ästen herumhüpften. Ein anderes Mal gebe ich mich schon damit zufrieden, meine behandschuhte Hand auf das Holz zu legen.

Die wild durcheinanderliegenden angeschwemmten Bäume sind beeindruckend, doch mein Blick ist bereits fest auf den Boden gerichtet. Hier liegt so viel Strandgut, dass ich Schwierigkeiten habe zu entscheiden, wo ich mit meiner Suche beginnen soll. Ich steuere auf ein Knäuel schwarzer Fischernetze zu, die mit kleinen grünen galicischen Schwimmern verziert sind, als eine golden glänzende Dose meine Aufmerksamkeit erregt. Auf der Dose ist das Bild einer weißen Frau in »Tracht« abgebildet: mit Turban und »Haremshosen«. Lässig rauchend sitzt sie auf üppigen Kissen; ein Träger ihres Oberteils ist ihr von der Schulter gerutscht, von ihrer Zigarette steigt Rauch auf. Die Dose ist natürlich leer, enthielt früher aber geräucherten spanischen Paprika der Marke »La Odalisca«. Der Begriff »Odaliske« bedeutete, wie ich später recherchiere, im Türkischen ursprünglich »Kammermädchen«, doch im westlichen Sprachgebrauch wurde daraus eine Bezeichnung für eine Konkubine oder Haremsdame. Im 18. Jahrhundert entwickelte sich der Begriff noch weiter und bezeichnete ein Sujet der erotischen Kunst, bei dem eine »exotische« Frau für die weißen männlichen Betrachter zur Schau gestellt wurde.

Ein Shetland-Zaunkönig beginnt in kurzen Intervallen zu singen, es ist der erste Gesang eines Zaunkönigs, den ich in diesem Frühjahr höre, aber ich bin zu sehr von meiner Strandgutbegeisterung abgelenkt, um ihn zu beachten. Viele Tetra Paks liegen herum: Bananenmilch aus Irland, belgische Sahne und Sauerrahm von den Färöern, wahrscheinlich alle von Fischerbooten ins Meer geworfen. Eine leere Glasflasche, die einmal isländischen Wodka enthielt, jetzt aber nur noch nach Meer riecht. Ich überprüfe alle intakten Plastikflaschen, doch nur eine enthält etwas, das eine Nachricht sein könnte, allerdings ist das Papier im Meer aufgequollen und die Tinte verschmiert und unleserlich. Im mittleren Spülsaum steckt aufrecht der Wirbel eines Wals, offensichtlich eine Art Trostpreis, eine Entschädigung für die fehlende Seebohne.

Der Wind wird stärker und schuppt die Schaumkronen von den Wellen. In der windgepeitschten Gischt bilden sich kleine Regenbögen. Ich ziehe die Kapuze meiner Jacke über die Mütze. Das Geräusch des Windes gegen den wasserdichten Stoff übertönt den Gesang des Zaunkönigs, doch das leise Dröhnen eines Hubschraubers, der hoch über mir vorbeifliegt, ist trotzdem zu hören. Ich muss an meinen Mann denken.

Wir haben uns 2008 kennengelernt, und seitdem hat es mehrere Unfälle mit Hubschraubern gegeben, die zu Bohrplattformen unterwegs waren. Im Jahr 2009 stürzte ein Hubschrauber aufgrund eines mechanischen Defekts vor der Küste Neufundlands ins Meer. Nur einer der achtzehn Menschen an Bord überlebte.

DIE STRANDSAMMLERIN

2013 starben eine Frau und drei Männer, als ein Hubschrauber der Bohrgesellschaft aufgrund eines Pilotenfehlers gut drei Kilometer westlich des Hauptflughafens der Shetlands ins Meer stürzte. 2016 stürzte ein Hubschrauber aufgrund technischer Probleme auf einer kleinen Felseninsel vor der Küste von Bergen ab, alle Personen an Bord kamen ums Leben. Am Hafen der Siedlung, in der wir leben, ist ein Rettungsboot stationiert. Ist mein Mann unterwegs, werde ich jedes Mal nervös, wenn ich sehe, wie das Schiff zu einem Einsatz ausläuft. Es ist eine Erleichterung, hier im kalten Ostwind in Woodwick zu stehen und zu wissen, dass er zu Hause ist und sich um unsere Kinder kümmert.

Im Norden von Unst, an einem Strand namens Skaw, fand ich einmal einen Klumpen Federn aus dem Jugendkleid einer Eismöwe, die aufrecht im Sand steckten. Sie waren sehr weich, weiß mit hellbraunen Sprenkeln. Die weiße Möwe mit der grauen Oberseite lebt eigentlich in subpolaren und arktischen Regionen, doch ab und zu besuchen kleinere Gruppen auch Shetland. Ich stand am Strand, mit den Möwenfedern in der Hand, und sah nach Norden, auf das klare weite Meer, das sich ohne Unterbrechung bis zur Arktis erstreckt. Die Vorstellung, dass ich in ganz Shetland und Großbritannien die Person war, die sich am nördlichsten befand (wobei ich die Männer und Frauen auf der Bohrinsel Magnus großzügig ausklammerte), versetzte mich in Hochstimmung. Magnus nordöstlich von Unst ist eine von vielen Plattformen zur Erdöl- oder Erdgasförderung rund um Shetland, angenehmerweise liegen die meisten außer Sichtweite.

Ich schaue zum Helikopter hoch und wende mich dann wieder dem Strand zu. Ein rot-weißer Rettungsring liegt auf einem

DIE SEEBOHNE

Saum aus hauchdünnem weinrotem Lappentang. Der Aufdruck auf dem Rettungsring wurde vom Meer abgewaschen. Etwas weiter liegt ein leuchtend gelber Rettungsring, der aussieht, als ob er erst vor Kurzem angespült worden wäre. Der Aufdruck ist noch gut lesbar, er trieb nicht lange im Meer. Später suche ich den Rettungsring im Internet. Genau das gleiche Modell kostet etwas über hundert Pfund.

Der kalte Wind dringt durch meine Jacke. Ich bin bis auf die Knochen durchgefroren. Der Anblick der Signalboje am Rettungsring erstickt in mir jeden Wunsch, noch weiterzusuchen. Vielleicht liegt irgendwo an diesem Strand zwischen all dem Strandgut eine Seebohne verborgen, aber ich werde nicht diejenige sein, die sie findet. Ich nehme einen blaugrünen galicischen Schwimmer mit und wende mich landeinwärts, weg vom Meer.

Auf dem Rückweg durchs Tal wirbeln ein paar winzige rotbraune Federn über die nackte Erde des Pfads. Ich greife nach ihnen, bevor der Wind sie vollends wegweht. Mehr ist vom Shetland-Zaunkönig nicht geblieben, und auch der Merlin, der ihn getötet hat, ist weit und breit nicht zu sehen. Ähnlich wie ein Strandräuber einst ein gekentertes Schiff als willkommene Beute betrachtete, halte ich die Federn des Zaunkönigs in meinen Händen, doch die Freude, die ich empfinde, wird durch einen Anflug von Unbehagen gedämpft.

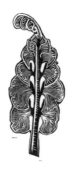

Alamootie – der Sturmwellenläufer

Durch die Strandgutsuche fand ich wieder zu mir selbst. Unterstützt wurde ich dabei von einem kleinen Meeresvogel. Meinen ersten Sturmwellenläufer sah ich, als meine Tochter etwas älter als ein Jahr war und ich noch dachte, mein Körper müsse sich nur von der Schwangerschaft erholen. Ich war allein für drei Tage nach Fair Isle geflogen, um mir zu beweisen, dass es für mich auch noch etwas anderes gab als mein Dasein als Mutter.

Die Insel, die zwischen den Archipelen von Shetland und Orkney liegt, dient im Frühjahr und Herbst als Rastplatz für Zugvögel. Ich übernachtete in der Vogelwarte, einem großen Gebäude, das neben Ornithologen und Forschern auch zahlenden Gästen Unterkunft bietet. Das Team war sehr freundlich, und für mich war es eine wunderbare Erfahrung, in einem Gebäude zu wohnen, das der Erforschung von Vögeln dient, obwohl ich dadurch auch an die Person erinnert wurde, die ich früher war, aber heute nicht mehr sein konnte. Ich lernte damals immer mehr Leute kennen, die auf Shetland im Bereich Ökologie und Naturschutz tätig waren. Wenn mein Mann frei hatte und sich um die Kinder kümmern konnte, beobachtete ich ehrenamtlich Vögel. Es gefiel mir, neue Kontakte zu knüpfen und Vögel zu zählen, andererseits war ein Teil von mir alles andere als begeistert, dass ich bei null anfangen und umsonst arbeiten musste, um wieder Fuß zu fassen.

Ich hatte gewusst, dass der Umzug nach Shetland meine Aussichten auf eine bezahlte Stelle im Naturschutz mindern würde, allerdings war mir nicht klar gewesen, dass es so schwierig sein würde, überhaupt wieder zu arbeiten. Jede Woche studierte ich die Stellenangebote in der *Shetland Times*, und jede Woche boten die Stellen, die für mich infrage kamen, nicht genügend Gehalt, um die Kosten für die Kinderbetreuung zu decken. Am Gehalt meines Mannes ließ sich nichts machen, er konnte meine Rückkehr in die Arbeitswelt nicht subventionieren.

Nach der Geburt meiner Tochter kam eine Mitarbeiterin des National Health Service zu uns nach Hause, um zu beurteilen, wie wir mit der neuen Situation zurechtkamen. Wir saßen am Tisch, während sie die Antworten auf ihre vielen Fragen in ein Formular eintrug. Wir fühlten uns wie bei einer Prüfung – wie konnte es auch anders sein. Ich versuchte, so zu wirken, als ob ich alles im Griff hätte. Doch als es um die Frage der Berufstätigkeit ging, war ich offener und ehrlicher. Mein ganzer Frust brach aus mir heraus.

DIE STRANDSAMMLERIN

Ich erzählte ihr, dass ich im Naturschutz gearbeitet hatte, dass ich darin meine Berufung sah und ich nicht aus eigenem Wunsch daheim blieb, und ich berichtete, dass ich mich nach anderen Stellen umgesehen hatte, aber die Kinderbetreuung immer zu teuer war, und dass ich ganz ehrlich das Gefühl hatte, in der Falle zu sitzen. Sie hörte sich das alles an, neigte den Kopf und trug in das Formular »Hausfrau« ein, als ob es keine Vergangenheit und keine Zukunft gäbe.

Fair Isle bot eine schöne kleine Auszeit, die mein Interesse an Vögeln neu entfachte. Mein Selbstwertgefühl war durch meine Arbeitslosigkeit und den Eindruck, mit meinen beiden kleinen Kindern ans Haus gefesselt zu sein, auf dem Nullpunkt. Doch auf Fair Isle stellte ich fest, dass es tief in meinem Innern noch vorhanden war. Allerdings fiel mir auf, dass alle Ornithologen der Vogelwarte und auch fast alle Besucher Männer waren. Frauen kümmerten sich im Büro um die Logistik, putzten oder hüteten die Kinder. Das waren zwar alles wichtige Aufgaben, doch es gab keinen einzigen Mann, der sie verrichtete. Ich fühlte mich an die akademischen Konferenzen erinnert, zu denen ich früher gereist war. Frauen zwischen dreißig und Anfang vierzig waren dort ein seltener Anblick. Inzwischen musste ich bei Frauen mit kleinen Kindern an Vögel denken, denen die Flügel gestutzt worden waren.

Jeden Morgen stand ich früh auf und schloss mich den Ornithologen an, die die vielen Helgoland-Fallen (Trichterfallen) auf Zugvögel kontrollierten. In einer war ein Fair-Isle-Zaunkönig, eine Unterart, die auf der Insel heimisch ist. Die Fair-Isle-Zaun-

ALAMOOTIE – DER STURMWELLENLÄUFER

könige sind viel größer und dunkler als die winzigen Zaunkönige in Großbritannien und Irland. In der Bibliothek der Vogelwarte las ich, dass die Population dieser Unterart jedes Jahr zwischen zehn und fünfzig singenden Männchen schwankt. Auf mich wirkte das sehr fragil und bedroht, bis ein Ornithologe meinte, dass man bei dieser kleinen Inselpopulation auch von widerstandsfähig sprechen könnte. Später sah ich einen Zaunkönig an der Kante einer schwindelerregend hohen Klippe im Norden der Insel entlanghuschen, was die These von der Widerstandsfähigkeit dieser kleinen Vögel zu bestätigen schien.

An einem Abend wurden die Gäste der Vogelwarte eingeladen, bei der Beringung von Sturmwellenläufern zu helfen. Nach Einbruch der Dunkelheit versammelten wir uns in der Beringungshütte in der Nähe einer schmalen Landenge, die einen Sandstrand von einem Kiesstrand trennte. In der stillen Abendluft konnte man das Plätschern jeder einzelnen Welle am Strand hören. Taschenlampenlicht blitzte vom Grasstreifen hinter dem Kiesstrand auf, wo einige Ornithologen Japannetze aufstellten, die ein wenig wie Volleyballnetze aussahen. Ihre feinen Maschen waren in der Dunkelheit nicht zu sehen.

Als alle Netze an Ort und Stelle waren, wurde eine Aufzeichnung des Sturmwellenläuferrufs abgespielt, die in Dauerschleife übers Meer schallte – damit wollte man die kleinen Meeresvögel an Land locken. Es war ein ganz merkwürdiges Geräusch, eine Art heftiges Surren: ein schnelles Schnarren, das sich zu einem Rattern steigerte, in regelmäßigen Abständen von einem Schluckauf unterbrochen. Ich musste an den sauren Geschmack von Galle denken.

DIE STRANDSAMMLERIN

Später erfuhr ich von dem Meeresvogelexperten Will Miles, dass der Ruf der Sturmwellenläufer wie eine Art Schallortung funktioniert, mit der die Partner der Sturmwellenläufer im Dunkeln zurück zum Nest geleitet werden. Würden sie bei Tageslicht zurückkehren, würden sie von Möwen und Skuas gejagt werden, daher nutzen sie den Schutz der Dunkelheit. Bei Vollmond oder bei wolkenlosem Himmel, wenn genügend Licht vorhanden ist, dass sie von Raubmöwen entdeckt werden könnten, bleiben Sturmwellenläufer draußen auf dem Meer. Ihre ans Nest gebundenen Partner, die ein einzelnes weißes Ei ausbrüten oder ein Küken versorgen, müssen dann länger als die üblichen zwei oder drei Tage auf ihre Ablösung warten. Es muss seltsam sein, so auf ein Nest beschränkt und von Felsen umgeben zu sein, wenn man an die Weite des Ozeans gewöhnt ist. Doch ich kann mir ein bisschen vorstellen, wie sich das anfühlt. Sturmwellenläufer bauen ihre Nester in Felsspalten, auf Klippen oder an Felsstränden, mitunter auch in den schmalen Spalten von Trockenmauern. Sie navigieren zwischen Felsen und Wellen. Ich konnte es kaum erwarten, einen Sturmwellenläufer näher kennenzulernen.

Ich stand im Stockdunkeln vor der Beringungshütte. Schon bald tauchte ein Vogelschützer in der Dunkelheit auf, einen kleinen Stoffbeutel mit Zugschnur in der Hand, in dem sich ein Sturmwellenläufer befand. Sie trudeln jetzt nach und nach ein, erklärte er uns. Und so war es dann auch. Schon bald setzte sich ein steter Strom von Helfern in Bewegung, die alle die Aufgabe hatten, die Vögel so schnell und sanft wie möglich aus den Netzen zu befreien und sie dann in Stoffsäckchen in die Beringungshütte zu transportieren.

ALAMOOTIE – DER STURMWELLENLÄUFER

In der Hütte herrschte gemütliche Enge, Vogelfreunde warteten dicht gedrängt und voller Vorfreude darauf, dass der erste Sturmwellenläufer wie das Kaninchen eines Zauberers aus dem Beutel gezogen wurde. Er war kleiner, als ich erwartet hatte, etwa von der Größe einer Schwalbe, und von tiefdunkelbrauner Farbe.

Die Ornithologen waren ein eingespieltes Team. Einer schloss einen kleinen Metallring um das Vogelbein, der andere notierte den Code des Rings in ein Formular. Während sie arbeiteten, erklärten sie uns den Zweck der Beringung. Einige Sturmwellenläufer würden irgendwann erneut gefangen werden, und das Datum und der Ort des Einfangens würden Aufschluss über ihre Lebensweise und ihr Zugverhalten geben.

Viele der Sturmwellenläufer, die an diesem Abend ins Netz gingen, würden noch umherziehen, erklärten sie; sie seien jung und würden noch nicht brüten.

Während des nördlichen Sommers durchstreifen sie den nordöstlichen Atlantik auf der Suche nach Nistplätzen, wobei sie zwischen Inselgruppen, felsigen Küsten und isolierten Inseln hin- und herfliegen wie silberne Kugeln, die durch einen Flipperautomaten flitzen. Im Spätherbst ziehen sie nach Süden, um vor der Küste Südafrikas zu überwintern. Dort teilen sie sich das Südpolarmeer mit Albatrossen, die ihnen wie Riesen vorkommen müssen.

Dann fragten die Ornithologen, ob jemand von uns einen Vogel draußen in der Dunkelheit wieder freilassen wolle. Ich trat vor, und der Sturmwellenläufer wurde mir in die Hand gelegt. Mir wurde gezeigt, wie ich den Vogel mit der anderen Hand umschließen und dabei einen Spalt zwischen zwei Fingern lassen musste, damit er den Kopf durchstecken konnte, während ich ihn ganz sanft festhielt. Ich nahm ihn und fürchtete schon, ich könnte vor Schreck zusammenzucken, wenn sich der Vogel bewegte, und ihn in seinem leicht betäubten Zustand fallen lassen. Doch er blieb ganz ruhig, als ich mit ihm nach draußen ging.

Der Kopf sah ein bisschen merkwürdig aus, mit einer sehr steilen Stirn. Später erfuhr ich, dass der Teil ihres Gehirns, der für den Geruchssinn zuständig ist, vergrößert ist. Sturmwellenläufer finden ihr Futter mit der Nase: biolumineszierendes Plankton, Insekten, die vom Wind übers Meer getrieben wurden, Segelquallen, Fischeingeweide, tote Wale. Zur Zeit der *Haaf*-Fischerei ruderten die Männer der Shetland-Inseln in offenen Booten aufs Meer hinaus, wo sie zwei oder drei Tage lang blieben, um auf hoher See mit langen, von Hand gezogenen Leinen Fische zu fangen. Nachts säuberten sie den Fisch und warfen die Eingeweide über Bord. Sturmwellenläufer versammelten sich zum Fressen und trippelten dabei mit ihren Füßen »übers« Wasser. In seinem 1813 erschienenen Buch *Fauna Orcadensis* schreibt George Low, Naturforscher aus Orkney: »Auf See begegnen unsere Fischer häufig Sturmfinken (Sturmwellenläufern), doch sie mögen sie nicht, weil sie überzeugt sind, dass auf sie ein Windstoß folgt, sobald sie sich dem Land nähern.« Manchmal hielt man sie auch für die Seelen ertrunkener Seeleute, die um die Gebete der Lebenden bitten, oder für Teufelsvögel, die über den Leichen der Verlorenen flattern. Man hat ihnen viele Namen gegeben: Hexe, Wasserhexe, Satansvogel.

Als ich in der Dunkelheit an der Küste der Fair Isle mit einem Sturmwellenläufer in der Hand stand, fühlte ich mich auch ein bisschen verhext. Er war so leicht, fast zu leicht, die Nerven in meiner Handfläche nahmen ihn kaum wahr. Ich spürte die Berührung des Vogels mehr in meinem Herzen als auf der Haut. Er reckte sich ein bisschen, zitterte und flog dann los. In meiner Hand blieb ein angenehm süßer, moschusartiger Duft zurück. Zurück im Alltag dachte ich noch oft an den Sturmwellenläufer. Die Erinnerung an ihn blieb mir lebhaft im Gedächtnis, egal wie beschäftigt ich war oder mit welchen Schwierigkeiten ich zu kämpfen hatte. Manchmal genügte schon der Gedanke daran, wie nah ich einem Sturmwellenläufer gewesen war, um mich aus einem seelischen Tief zu holen.

2017 erhalte ich einen Preis für einen Artikel. Ich habe immer noch keine feste Anstellung gefunden, arbeite aber sporadisch als freiberufliche Autorin. Mit dem Schreiben habe ich begonnen, als meine Tochter noch ein Baby war. Damals sah ich einen Aufruf in einer Natur-Zeitschrift, ein Online-Naturtagebuch zu führen, und meine Bewerbung hatte tatsächlich Erfolg. Zunächst war ich noch etwas zaghaft, doch mein Selbstvertrauen wuchs, als ich anfing, längere Texte zu schreiben, und diese veröffentlicht wurden. Die Recherche und das Schreiben sind so fesselnd, dass sie mich zumindest von leichteren Schmerzen ablenken. Allmählich gewinne ich mein Selbstwertgefühl zurück, das ich durch meine Arbeitslosigkeit verloren hatte.

Ich beschließe, das Preisgeld dazu zu nutzen, meine Flügel ein bisschen zu strecken und mich über die Shetlands hinauszuwagen. Es gibt einen Ort, wohin ich unbedingt reisen will: die

DIE STRANDSAMMLERIN

Insel Nólsoy, die zu den Färöern gehört und die größte Sturmwellenläuferkolonie der Welt beherbergt.

༄

Die Frau, die im Flugzeug der Atlantic Airways neben mir sitzt, ist vor lauter Nervosität ziemlich gesprächig und vertraut mir an, dass sie ein bisschen Angst hat. Es ist ihre erste Reise nach dem Ende ihrer Chemotherapie. Ihre Haut ist fahl und sie sieht allgemein aus, als ob sie so einiges durchgestanden hätte. Sie erzählt mir, dass sie durch den Krebs ihr Selbstvertrauen verloren hat und mit der Reise versucht, es zurückzugewinnen. Ich frage mich, ob ich nicht etwas Ähnliches tue, behalte den Gedanken aber für mich. Ich habe schon viel durchgemacht, aber mit meiner eigenen Sterblichkeit musste ich mich noch nicht auseinandersetzen.

Wenn man eine chronische Krankheit hat, bekommt man ein Gespür dafür, wann man darüber reden kann und wann man besser schweigt – wenn man die Wahl hat, das heißt, wenn die Krankheit nicht sofort ins Auge fällt oder man sie in einer bestimmten Situation nicht ohnehin offenlegen muss. Ich habe diese Wahl und rede daher meistens nicht darüber. Die Erfahrung hat mich gelehrt, dass nur wenige Menschen sich die Mühe machen, einen zu verstehen. Also greife ich bei abendlichen Einladungen oder Verabredungen lieber auf eine Ausrede zurück. Es ist leichter zu behaupten, dass man keinen Babysitter bekommen kann, als zu erklären, dass ein solches Treffen bei mir zwei Tage tiefe Erschöpfung nach sich ziehen würde. Freundschaften mit Menschen, die sich ebenfalls nicht auf ihren Körper verlassen können,

ALAMOOTIE – DER STURMWELLENLÄUFER

sind daher von unschätzbarem Wert für mich; ihnen muss ich nicht viel erklären.

Ich frage die Frau neben mir, welchen Teil der Färöer sie besuchen wird. Sie weiß es nicht genau, weil sie eine Gruppenreise gebucht hat und sich der Reiseleiter um alle Details kümmert. Ich beneide sie ein bisschen. Die Reise auf die Färöer ist meine erste längere Reise über eine größere Entfernung, seit ich Kinder habe und unter zwei Formen von Arthritis leide. Einige Wochen vor der Reise sollten mir Steroide gespritzt werden, um die Schmerzen in den Gelenken zwischen Wirbelsäule und Becken zu lindern, aber der Termin wurde kurzfristig abgesagt. Ich hatte mich auf die Steroide verlassen. Jetzt werde ich nicht sehr weit gehen können. Ich mache mir Sorgen, dass ich mein Preisgeld womöglich verschwende. Mich stresst der Gedanke, Schmerzen zu haben und fern von zu Hause zu sein. Auf meiner Reise zum Strand von Woodwick im April bin ich gut ohne die Unterstützung meines Mannes zurechtgekommen, aber da hätte ich auch jederzeit wieder heimfahren können, wenn es nötig gewesen wäre.

Doch sobald ich auf der Insel Nólsoy ankomme, weiß ich, dass alles gut werden wird. Das Gästehaus ist warm und einladend, an den Wänden hängen Bilder von der finnlandschwedischen Malerin und Schriftstellerin Tove Jansson, und die Gastgeber sind eine Schwedisch sprechende Finnin und ein Deutscher. Ihr kleiner Sohn wechselt mühelos zwischen beiden Sprachen. Er hat die lächelnden Augen seiner Mutter. Die Augen des Vaters sind müde von der Nachtschicht in Tórshavn. Ein Hund begrüßt mich schwanzwedelnd, und die Großmutter des Jungen, die gerade zu Besuch ist, schickt ihn nach draußen zum Gassi-Gehen.

DIE STRANDSAMMLERIN

Die beiden anderen Gäste sind zwei junge Kanadierinnen auf Hochzeitsreise. Bei einer Tasse Tee lausche ich mit großen Augen, als mir die eine ganz sachlich von ihrer Begegnung mit einem Grizzlybären erzählt.

Doch sosehr ich die nette Gesellschaft genieße, mich zieht es an den Strand – einen kleinen Sandstreifen, den ich unten am Hafen erspäht habe. Ausgestattet mit Jacke und Mütze breche ich auf. Der Wind aus Norden ist kalt und der Himmel wolkenverhangen, doch der Spaziergang durch den Ort macht trotzdem Laune. Viele Häuser sind in leuchtenden Farben gestrichen – in Blau, Rot, Grün und Gelb –, und manche haben Torfdächer, auf denen Gras und Butterblumen wachsen. Durch einen Bogen aus Walknochen komme ich zum Hafen, vorbei an den hölzernen Bootsschuppen, die das niedrige felsige Ufer säumen.

Jenseits der Hafenmauern sind hohe Wellen mit kleinen weißen Schaumkronen zu sehen. Die Überfahrt mit der Fähre von Tórshavn war ungemütlich, dauerte aber nur zwanzig Minuten. Niemand sonst saß draußen im kalten Wind auf dem offenen Deck. Ein Mann tauchte kurz auf, verschwand aber wieder, sobald er seine Zigarette aufgeraucht hatte. Innerhalb der Hafenmauern schwimmt ein Eistaucher wachsam und argwöhnisch auf dem ruhigen Wasser. Eiderenten schlafen, die Köpfe unter die Flügel gesteckt, auf den Felsen unterhalb der Bootsschuppen, und Heringsmöwen spähen von den Straßenlaternen in der Nähe eines Stegs herab, an dem kleine Holzboote in Reih und Glied vertäut sind.

Der vertraute Geruch des Meeres, die dicht gedrängten Boote und die Vögel erinnern mich an zu Hause. Einen kurzen Moment habe ich Heimweh, aber in erster Linie genieße ich das Hochgefühl, dass ich es auf die Insel geschafft habe. Sie ist so ganz anders als jede andere Insel, die ich kenne. Der Hafen liegt geschützt in der Biegung einer schmalen Landenge. Auf der anderen Seite der Landenge fängt eine niedrige Klippe die Hauptwucht des Meeres ab. Hin und wieder verkündet ein dumpfes Donnern, dass sich gerade eine Welle in einer Meereshöhle bricht.

Einige Häuser stehen dicht an der Kliffkante. Bei starkem Ostwind werden sie sicher von der Salzgischt durchnässt. Ich bin mir nicht sicher, ob ich auf einer Insel wie Nólsoy leben möchte, wo man vom Meer durch Klippen getrennt ist.

Eine graue Mauer in Hafennähe wurde von Kindern bemalt. Darauf sind Nester von Sturmwellenläufern zu sehen. Küken lugen unter dem fürsorglichen Blick der stolzen Eltern aus weißen Eierschalen. Im Süden, jenseits der schmalen Landenge, befindet sich eine Steinmauer, die von einer Seite der Insel zur anderen reicht, von Osten nach Westen. Die Mauer teilt die Insel in das *hagi* im Süden, das hügelige Gelände, auf dem die grobwolligen Schafe der Insel in den Sommermonaten grasen, und das *bøur* im Norden, das geschützte Agrarland, auf dem Heu – das Winterfutter für die Schafe – gemacht wird.

Das *bøur* mit seinen satten Wiesen wirkt einladend, das *hagi* hingegen mit seinem sumpfigen Boden und dem stumpfen Grün der von Schafen kurzgehaltenen Grasnarbe ist deutlich wilder. An den oberen Hängen des Berges Høgoyggj sieht man die sogenannten *hamar*, senkrechte Felswände, die aus den frei liegenden Rändern von Lavafeldern entstanden sind. Die Hänge unterhalb der *hamar* sind mit Geröll und Felsbrocken bedeckt, und in die-

DIE STRANDSAMMLERIN

sem Durcheinander aus losem Gestein nisten die Sturmwellenläufer in großer Zahl, vielleicht bis zu 100 000 Vögel. Der Anblick des Berges weckt in mir den Wunsch, das Gebiet im Dunkeln zu sehen, wenn Tausende Sturmwellenläufer durch die Nacht flattern, aber ohne Steroide werde ich wohl auf flachem Gelände bleiben müssen.

Ich drehe dem Berg den Rücken zu und konzentriere mich auf den schmalen Sandstreifen, der den Strand des Hafens bildet. Er ist nicht einmal zehn Schritte lang und weniger als einen Schritt breit, allerdings weiß ich nicht, ob die Flut gerade kommt oder geht. Später stelle ich fest, dass der Strand bei Flut völlig verschwunden ist und dass das hier die einzige Stelle in Ortsnähe ist, wo ich nach Strandgut suchen kann. Ich hebe die Hälfte einer leuchtend gelben Kapsel von einem Überraschungsei auf und fülle sie mit Bruchstücken von gelbem, grünem und orangefarbenem Meerglas. Als sie gefüllt ist, fühle ich mich ruhiger.

Am Nordrand des Ortes führt ein Pfad sanft hinauf in höheres Gelände, durch die Heuwiesen des *bøur* und vorbei an ordentlichen Reihen mit Kartoffelpflanzen. In den Wiesen blühen Butterblumen, Kuckuckslichtnelken und der Kleine Klappertopf dicht an dicht. Eine Echte Mondraute, ein winziger Farn, wächst in der Nähe eines Basaltfelsens. Das Gestein ist wunderschön, fast pechschwarz und mit Bläschen voller leuchtend weißer Kristalle durchsetzt. Die Blätter der Mondraute werden sich bald entfalten. Ich wünschte, sie würden sich jetzt öffnen und mir ihre Geheimnisse verraten.

Die Stille wird von einem Mann auf einem Quad durchbrochen, der auf einem tiefer gelegenen Weg an der geschwungenen

ALAMOOTIE – DER STURMWELLENLÄUFER

Küste entlangfährt. Ein Regenbrachvogel ergreift die Flucht, erhebt sich steil in die Luft und lässt aus seinem langen, schmalen Schnabel seinen stammelnden Alarmruf ertönen. Vielleicht verstecken sich seine Jungen im hohen Gras. Er geht in den Gleitflug über und landet auf einem niedrigen Felsen am höchsten Punkt des Hügels. Dort bleibt er aufrecht stehen und starrt mit gerecktem Hals auf den Eindringling.

Der Mann parkt sein Quad am Wegesrand, schaltet den Motor aus und klettert steif über einen Holzzaun. Auf der grünen Wiese brütet eine Kolonie Küstenseeschwalben zwischen rosa Kuckuckslichtnelken. Die Seeschwalben fliegen von ihren Nestern auf und flattern kreischend um seinen Kopf. Sie bilden eine wirbelnde weiße Wolke, die ihrer Empörung deutlich Ausdruck verleiht. Seine schwarze Mütze ist schon bald mit weißem Vogelkot bekleckst, doch er lässt sich davon nicht beirren und hat den Blick weiter fest auf den Boden gerichtet, während er langsam durch das hohe Gras geht. Hin und wieder bückt er sich und nimmt ein Ei aus dem Nest. Ich kann nicht erkennen, ob es ganze Eier oder nur zerbrochene Eierschalen sind oder vielleicht auch nur ein Ei, das nicht ausgebrütet wurde, während die anderen Küken schon geschlüpft sind. Er untersucht jedes Ei kurz, bevor er es in seine Jackentasche steckt. Als er wieder weg ist, kehren die Seeschwalben zurück zu ihren Nestern, als ob nichts gewesen wäre. Ich wünschte, ich könnte ihn fragen, wonach er sucht – vielleicht nach Schönheit in vollkommener Form.

Schließlich finde ich eine abgeweidete Stelle, von der ich zu den Klippen gelange, ohne das hohe Gras zu zertrampeln, aus dem später Heu werden soll. Es geht nur ein kurzes Stück einen sanft absteigenden Hang hinunter, aber zuerst muss ich es über den Zaun schaffen, den ich deutlich unbeholfener als der betagte Eierdieb bewältige. Auf der Wiese starrt mich ein Widder mit großen, gedrehten Hörnern an. Er trägt eine pinkfarbene Boje, mit der man Fischkörbe markiert, um den Hals, die ihn daran hindern soll, über den Zaun zu springen und nach weiblichen Schafen zu suchen.

Ich setze mich mit etwas Abstand vom Klippenrand ins Gras und genieße den freien Blick auf den Atlantik. Ohne Sonne wirkt das Meer düster, seine Launenhaftigkeit passt zum Ehrfurcht einflößenden Anblick der Klippen. Zwei dicke Schichten schwarzen Basalts fallen fast senkrecht ins Meer. Das Gestein ist glatt und leicht gewölbt. Zwischen den Basaltschichten befindet sich ein breiter Felsvorsprung, auf dem Eissturmvögel zwischen einem üppigen Bewuchs aus Gras- und Rosenwurz auf ihren Nestern sitzen. Unterhalb des Felsvorsprungs klaffen ovale Höhlenmünder an den Stellen, die das Meer ausgewaschen hat. Im Eingang einer dieser Höhlen hockt eine Krähenscharbe mit prächtigem, ölig glänzendem, grün-schwarzem Gefieder und breitet die Flügel aus, als wolle sie den Zugang zu einem Goldschatz verteidigen.

Küstenseeschwalben gleiten über die Klippen zum Fischen, andere kommen ihnen auf dem Rückweg zur Kolonie entgegen, die meisten jedoch mit leerem Schnabel. Eine Nebelkrähe fliegt mit gespreizten Schwingen über den Vorsprung der Eissturmvögel und hält nach einem unbewachten Ei Ausschau. Im Färöischen heißt sie *kráka*, außerdem gibt es den Begriff *krákumáni*, der wörtlich »Krähenzeit« bedeutet, also eine sehr kurze Zeit, da sich die schlauen Vögel nie lange an einem Ort aufhalten. Die

ALAMOOTIE – DER STURMWELLENLÄUFER

Krähe hat keinen Erfolg und fliegt weiter, um ihr Glück an einer anderen Klippe zu probieren.

Drei Papageientaucher kommen vom Meer angeflogen, landen aber nicht. Begleitet vom typisch surrenden Geräusch, das ihre kurzen Flügel beim Fliegen machen, drehen sie eine Schleife über dem Klippenvorsprung, als ob sie sich vergewissern wollten, dass es sicher ist, in ihre Höhlen zurückzukehren, bevor sie beim zweiten Anflug landen. Die Vögel verschwinden einzeln im hohen Gras, in dem sich die Eingänge zu ihren unterirdischen Bruthöhlen verbergen. Ich hoffe, dass noch weitere anfliegen, aber es kommen keine mehr. Man schätzt, dass heute um die 10 000 Papageientaucher auf Nólsoy brüten. Das klingt nach viel, doch Ende der Neunzigerjahre schwirrten wohl 35 000 bis 50 000 Vögel um die Klippen der Insel.

Bis vor Kurzem wurden Papageientaucher auf den Färöern noch gegessen – entweder frisch im Sommer oder eingesalzen und gedörrt im Winter. Doch jetzt werden sie auf Nólsoy nicht mehr gejagt, es sind zu wenige, der Aufwand lohnt sich nicht. Ein Vogel, der einst von großer Bedeutung für die Ernährung der Inselbevölkerung war, ist heute nicht mehr in der Lage, seine Küken ausreichend mit Nahrung zu versorgen. Die Sandaalbestände, auf die die Papageientaucher angewiesen sind, haben sich aufgrund der Erwärmung des Meeres verlagert.

Der Speisezettel der Eissturmvögel ist breiter angelegt, zudem profitieren sie von den Abfällen des industriellen Fischfangs – Fischarten, die man nicht haben will, werden aus den Netzen über Bord geworfen. Sie haben viele Küken, und im Spätsommer fahren die Inselbewohner mit dem Boot hinaus und fischen die jungen Eissturmvögel, die noch zu schwer zum Fliegen sind und deshalb auf der Wasseroberfläche treiben, mit Netzen an langen Stäben aus dem Meer. Als ich wieder in Tórshavn bin, sehe ich welche, die wie gerupfte Hühner auf Platten an den Marktständen beim Hafen liegen. Man muss sie nur noch in den Ofen schieben. Daneben liegen Stücke von dunklem Grindwal-Fleisch.

Es ist zu kalt, um auf weitere Papageientaucher zu warten. Ich robbe auf dem Bauch zum Klippenrand und werfe eine kleine Glasflasche mit einer Flaschenpost ins Meer. Kurz vor meiner Abreise habe ich im modernen Antiquariat *The Shell Book of Beachcombing* erstanden, verfasst von dem britischen Naturforscher Tony Soper. Das Buch erschien 1972, also zwei Jahre vor meiner Geburt und auf dem Höhepunkt der Erschließung der Erdöl- und Erdgasquellen in der Nordsee. Auf dem Einband prangt das unverwechselbare Logo der Ölgesellschaft, die Jakobsmuschel. Es ist seltsam, so ein Buch mitten in der jetzigen Klimakrise zu lesen, aber es ist toll geschrieben und bietet zahlreiche Details und nützliche Tipps fürs Strandgutsammeln. Das Flaschenpost-Kapitel hat mein Interesse geweckt, ich habe extra eine Flasche mit auf die Färöer genommen. Die Botschaft in der Flasche ist belanglos, aber mir gefällt die Vorstellung, dass der Nordwind meine Flasche zurück nach Shetland bläst. Sie fällt ins Meer, ohne an den Klippen zu zerschellen.

Abends sitze ich mit einer Tasse heißem Tee in der Hand am Küchentisch und unterhalte mich mit meiner finnischen Gastgeberin. Ihre langen hellen Haare sind locker hochgesteckt, um die

Schultern hat sie ein Tuch gelegt. Ihr Mann hat Nachtschicht, der kleine Sohn ist im Bett. Sie wirkt müde, aber zufrieden. Draußen peitscht der Regen, und die Straßenlaternen schwanken im Wind. Die Heizung ist an, ich bin froh über die Wärme. Wir reden über unsere Erfahrungen in einem schweren Sturm, der beide Inselgruppen letzten Winter an Weihnachten heimsuchte. Orkanböen von 130 Stundenkilometern rüttelten an unserem Haus auf Shetland. Auf den Färöer-Inseln war der Sturm sogar noch heftiger.

Wir sprechen auch über Geburten. Ich will wissen, ob Schwangere einige Wochen vor dem Termin ihre Heimatinsel verlassen und bis zur Geburt in Tórshavn bleiben, wo es ein großes Krankenhaus gibt. Sie bejaht und fügt hinzu, dass es auf anderen Inseln des Archipels noch zwei kleine Entbindungsstationen gibt. Die Entscheidung fällt sicher nicht leicht. Riskiert man die Geburt in einer kleinen Entbindungsstation, die nicht für den Notfall ausgerüstet ist, oder lässt man ältere Kinder und den Partner zurück, um die letzten Wochen der Schwangerschaft allein in Tórshavn zu verbringen? Ich weiß nicht, was ich getan hätte, wenn ich mich hätte entscheiden müssen.

Bei keinem meiner beiden Kinder war die Geburt einfach. Die meines Sohnes wurde eingeleitet. Jedes Mal, wenn die Hebamme die Dosis erhöhte, wurden die Schmerzen stärker. Als der Herzschlag meines Sohnes plötzlich aussetzte, brachte man mich eilig in den Operationssaal, wo er mit der Zange entbunden wurde. Ich hatte danach noch monatelang Flashbacks.

Auch bei meiner Tochter, die im kleinen Krankenhaus von Lerwick zur Welt kommen sollte, wurde die Geburt eingeleitet. Als der Geburtsvorgang ins Stocken geriet, entschieden Arzt und

Hebamme, mich mit dem Rettungsflugzeug nach Aberdeen zu verlegen. Das Ambulanzflugzeug war bereits auf dem Weg, man hatte es wegen eines Babys gerufen, das ein paar Zimmer weiter zu früh auf die Welt gekommen war. Ein Neugeborenen-Team war an Bord, um das Baby zu stabilisieren und es nach Aberdeen in eine Frühchenstation zu bringen.

In solchen Fällen bleibt die Mutter oft auf Shetland zurück und kommt erst, wenn sie sich ausreichend erholt hat, mit einem Linienflug nach – obwohl die Trennung das Trauma einer Frühgeburt noch verstärken kann. Doch es gibt noch weitere herzzerreißende Trennungen. Auch bei bestimmten Komplikationen in der Schwangerschaft müssen Frauen aus Shetland vor der Geburt nach Aberdeen, was meist bedeutet, dass sie von ihrer Familie und ihren anderen Kindern über Monate getrennt sind. Eine Geburt auf einer Insel ist ohnehin schon kompliziert, doch durch die Klimakrise wird die Belastung noch größer. Wenn Flüge aufgrund der zunehmenden Stürme häufiger abgesagt oder abgebrochen werden müssen, können auch weniger Leben gerettet werden.

Bei der Geburt meiner Tochter wartete ich allein in meinem Zimmer auf der Entbindungsstation, während mein Mann und mein Sohn zum Flughafen fuhren, um ein Ticket für den Linienflieger nach Aberdeen zu ergattern. Die beiden diensthabenden Hebammen waren voll und ganz mit dem Notfall ein paar Zimmer weiter beschäftigt, wo das Neugeborenen-Team inzwischen eingetroffen war.

Noch während mein Mann und mein Sohn in der Abflughalle des Sumburgh Airports warteten, setzten bei mir ganz plötzlich die Wehen ein. Ich drückte den Knopf und rief die Hebamme. Sie wies mich an, meinem Mann Bescheid zu geben, damit er nicht ins Flugzeug stieg. Ich konnte gerade noch die Nummer wählen, doch dann kam eine Wehe und ich brachte kein Wort mehr heraus. Mein Mann hörte, wie die Hebamme mich anschrie: »Ihr Mann soll raus aus dem Flieger!« Er erklärte die Situation einem Flughafenmitarbeiter, der dafür sorgte, dass seine Tasche schnell wieder aus dem Laderaum geholt wurde. Unser Sohn, der damals gerade erst laufen konnte, bekam einen Wutanfall und warf sich im Flughafen auf den Boden, als er erfuhr, dass er doch nicht fliegen dürfe. Doch mein Mann schaffte es noch rechtzeitig zurück ins Krankenhaus, um mir bei der Geburt beizustehen.

Ich war erleichtert, nicht nach Aberdeen fliegen zu müssen, wusste aber auch, dass auf Shetland bei einer Geburt nur zwei Schmerzmittel zur Verfügung stehen, Entonox (Lachgas) und Morphin. Ich nahm beides. Einige Wochen später meinte ich mit meiner neugeborenen Tochter im Arm zu einer Freundin, die Frauen auf Shetland seien hart im Nehmen. Sie antwortete wie aus der Pistole geschossen: Ja, aber wir haben auch keine andere Wahl.

Ich frage meine finnische Gastgeberin, ob sie je davon gehört habe, dass Treibsamen auf den Färöern als Glücksbringer bei der Geburt verwendet werden, aber sie schüttelt verneinend den Kopf. Im Isländischen heißen Treibsamen *lausnarsteinn*, und einer ihrer vielen norwegischen Namen lautet *løsningsstein*. Beide

Bezeichnungen bedeuten »Lösungsstein«, weil man früher glaubte, dass Treibsamen dabei helfen würden, das Baby aus dem Körper der Mutter zu lösen.

In Norwegen hielt eine Frau bei der Geburt manchmal einen Treibsamen in der Hand oder man rieb damit über ihren Bauch, band ihn am Oberschenkel fest oder legte ihn ganz einfach neben sich ins Bett. Gelegentlich wurden Treibsamen in Wasser gekocht, und die werdende Mutter trank den Aufguss. Oder sie trank Bier, Wein oder Schnaps aus einer Schale, die aus einem ausgehöhlten Treibsamen hergestellt worden war.

Vielleicht hing ein Treibsamen sogar am *Brísingamen*, der Halskette oder dem Gürtel, den Freyja trug, die nordische Göttin der Fruchtbarkeit. Die Frauen baten damals um Freyjas Beistand bei der Geburt. Auf den Äußeren Hebriden lautet ein gälischer Name für Treibsamen *tearna Moire*, was mit »Rettung Mariens« oder »Erlösungszauber der Jungfrau« übersetzt wurde. Manche Treibsamen, die auf den Äußeren Hebriden als Amulette bei der Geburt verwendet wurden, waren sogar von einem Bischof oder Priester geweiht. Wenn eine Frau in den Wehen lag, hielt sie einen Treibsamen in der Hand, während die Hebamme sie »mit dem Lauf der Sonne«, also im Uhrzeigersinn, umkreiste und dabei für eine leichte Entbindung betete. So verbanden sich die alten Traditionen mit kirchlichen Bräuchen, und eine Frau in den Wehen konnte im Angesicht ihres möglichen Todes Hoffnung schöpfen.

Vielleicht hätte auch ich Trost daraus gezogen, während der Geburt meiner Kinder eine Seebohne in der Hand zu halten – sicher bin ich mir allerdings nicht. Wenn ich mir damals etwas

ALAMOOTIE – DER STURMWELLENLÄUFER

hätte wünschen können, dann wäre es wohl eine Auswahl an wirkungsvolleren Schmerzmitteln gewesen.

∾

Am nächsten Tag gehe ich durchs Dorf zum Haus des Tierpräparators und Naturforschers Jens-Kjeld Jensen. Ich möchte ihn fragen, ob er in der Zeit, in der ich auf Nólsoy bin, zufällig Sturmwellenläufer beringen wird, und wenn ja, wo und wie weit oben am Berg das sein wird.

Er bittet mich gastfreundlich ins Haus und erklärt, er sei gleich bei mir, er werde nur noch schnell sein Mittagessen beenden. Ich warte in seiner wunderbar skurrilen Werkstatt. Es riecht intensiv nach toten Meeresvögeln. Von der Decke hängen zahlreiche Eissturmvögel, fixiert im ewigen Gleitflug. Ein komplett grauer Vogel, ein sogenannter »blauer« Eissturmvogel aus der Arktis, sticht aus dem Schwarm der anderen Eissturmvögel mit ihren weißen Körpern und grauen Flügeln hervor. Auf den Regalen sitzen ausgestopfte Papageientaucher in kleinen Gruppen, wie sie auch in freier Natur auf einer Klippe hocken würden. Ein einzelner Färöer-Zaunkönig thront keck auf einem Stein. Der Shetland-Zaunkönig und der Färöer-Zaunkönig, die wie der Fair-Isle-Zaunkönig Nordatlantische-Insel-Unterarten bilden, hatten früher sogar einen gemeinsamen Namen: *sistie moose* und *músabróðir*, »Bruder des Elchs«. Ich habe in einer Straße von Nólsoy einen Zaunkönig singen gehört, aber noch keinen gesehen.

Jens-Kjeld kommt in die Werkstatt und wir unterhalten uns über Meeresvögel, den massiven Rückgang der Papageientaucher und Dreizehenmöwen in beiden Archipelen, und den Plastikmüll

DIE STRANDSAMMLERIN

im Magen von Eissturmvögeln. Er ist groß und schlank, mit strubbeligen weißen Haaren und einem Brillengestell aus Metall mit runden Gläsern. Der gebürtige Däne zog vor vielen Jahren auf die Färöer. Wir vergleichen unsere Erfahrungen beim Strandgutsammeln. Er kann sich nicht erinnern, schon einmal die Eikapsel eines Rochens (eine »Nixentasche«) auf Nólsoy gesehen zu haben, aber als ich ihn frage, ob er schon einmal eine Seebohne gefunden hat, lächelt er und zieht eine aus der Tasche seiner Jeans, wo er sie als eine Art Talisman mit sich herumträgt. Er erklärt, dass sich Seebohnen in einigen der kleinen Holzboote im Hafen von Nólsoy befinden. Es gibt ein färöisches Sprichwort, das Jens-Kjeld übersetzt mit: »Das Glück folgt den Seeperlen, sie bringen dem Finder Weisheit; ein Mann, der eine Seebohne bei sich trägt, wird nicht ins Meer gezogen.« Heutzutage würden nicht mehr viele Seebohnen gefunden, erzählt er, vielleicht aufgrund der Abholzungen in ihrer Heimat. Mich überkommt heftiger Neid, als er seine seltene glücksbringende »Seeperle« wieder in die Tasche steckt.

Jens-Kjeld wird diese Woche keine Sturmwellenläufer beringen, aber als ich ihn frage, wo genau auf dem Berg sie nisten, zeigt er mir auf einer Karte an der Wand den genauen Standort ihrer Kolonie. Sie ist viel näher, als ich gedacht habe; ich kann hinlaufen. Ich weine fast vor Glück, reiße mich aber zusammen, während er mir weitere Tipps gibt. Er rät mir, bis mindestens 23:30 Uhr zu warten, und schärft mir ein, am Rand des Geröllfelds zu bleiben, um die Kolonie so wenig wie möglich zu stören.

Als ich um dreiundzwanzig Uhr vom Gästehaus aufbreche, ist es immer noch dämmrig. Ich gehe durchs Dorf und am schmalen Sandstreifen im Hafen vorbei und dann durch das Tor in der

ALAMOOTIE – DER STURMWELLENLÄUFER

Mauer, das zum *hagi* führt. Es ist aufregend, in der Dämmerung unterwegs zu sein. Auch als Frau fühle ich mich hier sicher. Der sumpfige Boden fühlt sich vertraut an und federt jeden Schritt ab. Nach Osten hin brechen sich hohe Wellen an den Klippen der Insel. Im Westen, jenseits der Meerenge, die Nólsoy von Streymoy trennt, leuchten die Lichter von Tórshavn hell in der Dämmerung. Der Høgoyggj türmt sich bedrohlich auf, und die Felsbrocken haben die Gestalt des *Huldufólk*, des färöischen Verwandten vom shetländischen *trow* oder Troll. Viel mehr Sorgen machen mir jedoch die dunklen Umrisse der Großen Raubmöwen und Mantelmöwen, die immer noch die steilen Hänge des Berges abfliegen. Womöglich kommen die Sturmwellenläufer gar nicht. Im Zwielicht übersehe ich einen Regenbrachvogel und wäre fast auf ihn getreten, doch er fliegt abrupt und mit schrillem Ruf auf. Ich gehe vorsichtiger, aber es dauert eine Weile, bis sich meine Nerven wieder beruhigt haben.

Am Rand der Kolonie, an den Ausläufern eines Geröllfelds, ducke ich mich im Schutz eines großen Felsens und ziehe meine Kapuze über die Mütze. Ich würde gern meinen Mann anrufen und ihm erzählen, dass ich es geschafft habe und neben der Kolonie stehe, aber er schläft um diese Zeit sicher schon tief und fest.

Der Himmel wird nach und nach dunkler, aber es ist immer noch zu hell; die Sturmwellenläufer werden das Risiko nicht eingehen, vom Meer zu ihren Nestern in den Felsspalten zurückzukehren. Ein Schneehase im braunen Sommerfell hoppelt über das Geröll und steckt die Nase in die Spalten, als ob er nach einer Gefährtin schnüffeln würde. Dank Jens-Kjeld wurden auf Nólsoy Maßnahmen ergriffen, um die Sturmwellenläufer vor den Beutezügen von Ratten und Katzen zu schützen. Es gibt Inseln im Nordatlantik, die ihre Sturmwellenläuferkolonien deswegen verloren haben. Pro Haushalt darf es auf Nólsoy nur eine Katze geben und die muss sterilisiert sein. Anfangs hätte das Katzenedikt fast einen »Mini-Bürgerkrieg« ausgelöst, aber mittlerweile wird diese Regel voll und ganz akzeptiert. Jede Katze, die in unmittelbarer Nähe der Kolonie herumstrolcht, wird erschossen. Der Mülllaster, der mit der Fähre aus Tórshavn kommt, wird sorgfältig auf Ratten als blinde Passagiere kontrolliert.

Von Tórshavn klingt Popmusik von einem Open-Air-Konzert herüber. Ein kleines Holzboot fährt ohne Beleuchtung Richtung Nólsoy. Mir kommt es gefährlich vor, ohne Licht zu fahren, und ich frage mich, warum die Leute im Boot riskieren, von einem größeren Schiff übersehen zu werden. Aber vielleicht haben sie eine Seebohne bei sich und die Person am Steuer wird dadurch leichtsinnig oder fühlt sich unverwundbar.

Drunnhvíti, das färöische Wort für Sturmwellenläufer, bedeutet »weißer Rumpf«. Auf Shaetlan heißt er *alamootie*. Im Altnordischen ist *motti* eine Motte, eine Milbe oder ein winziges Insekt. Heute verwendet man *mootie* auf Shetland als Kosewort für kleine Wesen wie ein Lamm oder ein Kind. Der färöische Linguist Jakob Jakobsen vertrat die These, dass *ala* von einem dänischen oder schwedischen Wort abgeleitet sein könnte, von *adel* für Urin oder flüssigen Dünger. Sturmwellenläufer können zur Abwehr eine gelbe ölige Flüssigkeit ausspeien, das Magenöl. Auf der Insel Foula wurden Sturmwellenläufer manchmal *oily mooties* genannt.

Mit dieser öligen, nährstoffreichen Flüssigkeit füttern die erwachsenen Sturmwellenläufer ihre Jungen. Einst sorgten die klei-

ALAMOOTIE – DER STURMWELLENLÄUFER

nen Sturmwellenläufer auf den nördlichen Inseln für Licht in dunklen Winternächten. In seinem Buch *The Atlantic Islands* beschreibt der Brite Kenneth Williamson, wie die Bewohner von Mykines – der westlichsten Insel der Färöer – bis zur Mitte des 17. Jahrhunderts die gut gefütterten und öligen jungen Sturmwellenläufer einsammelten und töteten, um sie als Kerzen zu verwenden. Die Vögel wurden gerupft, enthauptet und getrocknet, anschließend wurde ein Docht durch ihren Körper geführt. Es heißt, dass die Menschen, wenn sie sich am Abend versammelten, um sich Geschichten zu erzählen, so lange beisammenblieben, bis der Sturmwellenläufer verbrannt war.

Das Konzert ist auch noch lange nach Mitternacht in vollem Gang. Der Himmel überzieht sich zunehmend. Eine Bewegung in meinem Augenwinkel, ein verhuschtes Flattern hier und da um die Felsen, ein flackernder Flug im Zwielicht der Mittsommernacht, so schnell, dass der Vogel fast im selben Moment auftaucht und wieder verschwindet.

Ein Sturmwellenläufer!

Ich beobachte, wie der Vogel im Tiefflug zwischen den Felsen kurvt. Ich warte. Weitere Sturmwellenläufer tauchen auf, doch ich habe Mühe, sie im Auge zu behalten. Sie scheinen mich zu necken: »Du siehst mich, du siehst mich nicht.« Seltsamerweise ist vom Geröllfeld kein Vogelruf zu hören. Vielleicht ist es immer noch zu hell. Auf den Färöern nisten sie später als auf Shetland, damit ihre Jungen im Dunkeln flügge werden können. Ein färöischer Sturmwellenläufer verlässt im Oktober oder November das Nest, kurz vor dem Winter. Wenn er Glück hat und bei Nordwind flügge wird, hat er gute Startchancen für seine Wanderung nach Süden.

DIE STRANDSAMMLERIN

Ich bleibe etwa eine Stunde und gehe dann frohen Herzens zurück ins Dorf, während die Sturmwellenläufer in fast völliger Dunkelheit furios über das Geröllfeld schwirren.

∼

Ein Jahr später habe ich jene mitfühlende und kompetente Rheumatologin gefunden und nehme ein Immunsuppressivum in einer auf meine Bedürfnisse angepassten Dosis. Nach drei Monaten spüre ich die Wirkung des Medikaments und komme auch an den meisten Tagen mit den Nebenwirkungen zurecht. Als ich die Ankündigung lese, dass bei Sumburgh Head spätabends Sturmwellenläufer beringt werden, melde ich mich ohne mein übliches Zögern sofort an.

Die Beringungsaktion ist Teil des Shetland Nature Festival und beginnt im Café des Leuchtturms mit einem Vortrag des Meeresvogelexperten Will Miles, der mittlerweile die Beobachtung und Registrierung der Meeresvögel von Shetland koordiniert, nachdem Martin Heubeck in den Ruhestand gegangen ist. Will hat für seine Doktorarbeit die Wellenläufer auf St. Kilda untersucht und ist bekennender »Sturmwellenläufer-Fan«. Das Café ist bis auf den letzten Platz besetzt. Ich sitze neben einer zierlichen Frau mit weißen Haaren, die in London lebt und hier Urlaub macht. Sie hält sich kerzengerade und ist so voller Vorfreude, dass sie nicht aufhören kann zu lächeln. Ich bin genauso aufgeregt – alle Anwesenden sind voll freudiger Erwartung, Wills Begeisterung für Sturmwellenläufer ist sofort ansteckend. Er ist Mitte dreißig, groß gewachsen, mit kurzem, sorgsam gestutztem Bart. Er spricht mit ruhiger Stimme und lächelt während des gesamten

ALAMOOTIE – DER STURMWELLENLÄUFER

Vortrags, seine Augen leuchten vor Enthusiasmus. Wir alle lauschen andächtig, während er die ozeanische Welt dieser Vögel für uns zum Leben erweckt.

Will zeigt uns ein Foto, auf dem ein Sturmwellenläufer durch ein tiefes Wellental fliegt. Auch bei Stürmen oder starkem Seegang finden die kleinen Vögel ihren Weg zwischen den aufgetürmten Wellen. Durch das Foto komme ich ins Grübeln. Mit einem Mal betrachte ich den Begriff »Zuflucht« mit anderen Augen, ich erkenne, was er alles bedeutet und wie man an unerwarteten Orten Zuflucht finden kann – zum Beispiel in der Erinnerung an einen Sturmwellenläufer, den ich auf Fair Isle kurz in der Hand hielt. Die Erinnerung hielt etwas in mir wach, half mir, mich mit Vögeln zu beschäftigen in einer Zeit, in der ich Mühe hatte, den Kopf über Wasser zu halten.

Trotzdem sind Sturmwellenläufer nicht, wie Will erklärt, davor gefeit, bei starkem Wind vom Kurs abzukommen. Er berichtet uns von Mark Boltons Forschung für die Royal Society for the Protection of Birds. Bolton untersucht die Flugwege der Sturmwellenläufer, die auf der kleinen Shetland-Insel Mousa nisten. Im Sommer fahren Vogelfreunde mit dem Boot bei Einbruch der Dunkelheit nach Mousa, um Sturmwellenläufer zu beobachten, die zu Hunderten in einem dunklen flatternden Wirbel um einen großen runden steinernen Turm kreisen, einen sogenannten Broch aus der Eisenzeit. Immer wieder lösen sich einzelne Vögel aus dem kreisenden Schwarm und verschwinden wie Geister in ihren Nestern, die in den Trockenmauern des Turmes versteckt sind.

Bolton hat einige Sturmwellenläufer von Mousa mit winzigen GPS-Sendern versehen, um herauszufinden, wo sie auf Futtersuche gehen. Wenn man diese Gebiete kennt, kann man Maßnahmen zu ihrem Schutz ergreifen. Beispielsweise weiß man, dass Wellenläufer vor der Küste Neufundlands in mondlosen, nebligen Nächten auf Bohrinseln bruchlanden. Manche verbrennen sogar in den Flammen der Gasfackeln. Aus den GPS-Daten der Sturmwellenläufer von Mousa geht hervor, dass sie in ein Gebiet südwestlich von Shetland fliegen, wo sich Öl- und Gasvorkommen und Bohrplattformen befinden. Auch hier gibt es also eine gewisse Überschneidung.

Warum sie ausgerechnet dort auf Nahrungssuche gehen, bleibt ein Rätsel, doch in einem Fall enthüllten die GPS-Daten, dass ein einzelner Sturmwellenläufer, der in einen Sturm geraten war, bis nach Stavanger in Norwegen getrieben wurde. Er wartete in einem geschützten Fjord, bis das Wetter wieder besser wurde, und flog dann zurück zu seinem Nest nach Mousa. Während ich Will zuhöre, muss ich an zwei junge Frauen aus Shetland denken, die Mitte der 1650er-Jahre über die Nordsee nach Norwegen getrieben wurden. Beide überlebten, kehrten aber nie zurück.

Die beiden Frauen arbeiteten für den Grundherrn von Uyea, einer kleinen Insel vor der Küste von Unst. Sie hatten die Kühe von Haaf Gruney gemolken und befanden sich mit ihrem Ruderboot gerade auf dem Rückweg, als aus Nordwesten ein Sturm aufzog. Ihnen blieb nichts anderes übrig, als das Boot dem Sturm zu überlassen, der es vor sich hertrieb. Es heißt, als die beiden acht Tage später an der norwegischen Küste angetrieben wurden, hätten die Einheimischen befürchtet, sie besäßen übersinnliche Kräfte. Erst als eine der beiden Frauen aufstand und sich bekreuzigte, wurden sie an Land gelassen. Die Frauen ließen sich, so wird erzählt, auf der Insel Karmøy nieder und heirateten Männer von dort. Sie baten einen holländischen Seemann, einen Brief nach Shetland mitzunehmen, damit ihre Familien wussten, dass sie am Leben waren.

Nach dem Vortrag gibt es Tee und Kuchen, anschließend versammeln wir uns alle draußen unter dem Leuchtturm. Es ist schon fast Mitternacht, und ich finde es schon aufregend, auf der steil aufragenden Landzunge zu stehen, hoch über der dunklen Wasserfläche des Ozeans. Der Lichtstrahl des Leuchtturms zieht in einem weiten Bogen über unsere Köpfe, drei weiße Blitze alle dreißig Sekunden. In der Ferne blinkt das North Lighthouse von Fair Isle eine höfliche Antwort zurück, zwei weiße Blitze alle dreißig Sekunden.

Verborgen in der Dunkelheit und für uns nicht zu sehen, fliegen Tausende von Sturmwellenläufern zur Futtersuche hinaus aufs Wasser und begegnen dabei den Sturmwellenläufern, die an Land zurückkehren, um ihre brütenden Partner abzulösen. Die Japannetze sind aufgestellt, und die Sturmwellenläufer werden durch Aufnahmen ihrer Rufe angelockt. Zwei Ornithologen beringen die Vögel im Laderaum eines speziell ausgerüsteten Transporters. In der Schlange, in der wir darauf warten, einen Sturmwellenläufer in Empfang zu nehmen und dann freizulassen, diskutieren vor mir zwei Jugendliche – beide in Schwarz und mit Kapuzen über dem Kopf – über den neuesten *Star-Wars*-Film. Während sich die Schlange langsam vorwärtsbewegt, beobachte ich, wie die Ornithologen die Vögel flink und doch vorsichtig beringen.

Die Teenager verstummen, als sie schließlich an der Reihe sind. Beide handhaben die Sturmwellenläufer ganz selbstverständlich, als ob sie so etwas jeden Tag machen würden. An der Stelle, wo die Vögel freigelassen werden, an einer niedrigen Mauer, stehen sie schweigend und mit gebeugten Köpfen, voll und ganz auf die Vögel in ihren Händen konzentriert. Langsam lösen sie die Finger vom Hals der Tiere. Die Sturmwellenläufer bleiben noch einen Moment sitzen, dann schüttelt sich der eine und fliegt los, der andere hinterher. In einem Bogen flattern sie davon, durch ihr dunkles Gefieder verschmelzen sie mit der Dunkelheit, nur ihr weißes Hinterteil ist noch etwas länger zu sehen. Kurz darauf erwachen die Teenager aus ihrem tiefen Schweigen. Sie setzen ihre Unterhaltung fort und stellen sich wieder ans Ende der Schlange.

Als ich an der Reihe bin, hat der Sturmwellenläufer, der aus dem Stoffbeutel geholt wird, bereits einen Ring am Bein, mit einer färöischen Kennung. Möglicherweise wurde er von Jens-Kjeld auf Nólsoy beringt. Ich löse mich aus der Schlange und gehe zur Mauer. Der Vogel beißt mich in den Finger; aber nicht so sehr, dass es blutet. Ich bleibe ruhig und halte ihn weiter fest, ohne zu zucken. Vorsichtig löse ich meine Finger von seinem Rücken. Zweimal geht der Lichtstrahl des Leuchtturms über uns hinweg, bevor der Sturmwellenläufer in die Nacht hinausfliegt, zurück zu den Wellen.

Flaschenpost

Die Flaschenpost, die ich von den Klippen auf Nólsoy ins Meer warf, war die erste von vielen weiteren. Sie enthält eine kurze Nachricht, da ich ohnehin nicht glaube, dass sie gefunden wird. Anfangs war es nur Spaß, doch mittlerweile will ich mit einer Flaschenpost der digitalen Kommunikation und ihrem hohen Tempo etwas entgegensetzen. Ich möchte nicht vollkommen auf die Möglichkeiten verzichten, die das Internet bietet, würde den Einfluss, den es auf mich hat, aber gern verringern. Mir gefällt die Ungewissheit; ich weiß nie, wie weit eine Flasche reisen und wo sie landen oder ob sie überhaupt je gefunden wird.

∾

An einem sonnigen Sommertag 2019 nehme ich ohne meine Familie die kleine Autofähre zu den Out Skerries, einer Gruppe dicht beieinanderliegender kleiner Felseninseln nordöstlich von Mainland. Die Aussichten für eine Flaschenpost sind laut Wettervorhersage günstig. Aller Wahrscheinlichkeit nach wird der Südwestwind lange genug anhalten, um meine Flaschen über die Nordsee bis nach Norwegen zu befördern. Noch ist der Wind sacht, es gibt kaum Wellen, und die Eissturmvögel, die sich auf dem Meer treiben lassen, wirken gelangweilt. Ich stehe auf dem Autodeck in der Sonne neben einer Palette mit Lebensmitteln, gekrönt von einem Karton mit braunen Eiern.

Nach einer Weile sind die Out Skerries zu sehen, sie wirken, als wären sie gerade aus dem Meer aufgetaucht. Der weiße Leuchtturm des Stevenson Lighthouse auf Bound Skerry glänzt in der Sonne. Schornsteine recken sich wie winkende Arme in den Himmel, als ob sie zeigen wollten, dass hier Menschen leben. Ich würde am liebsten zurückwinken. Ich habe diesen Ort ins Herz geschlossen. Hierher wandern meine Gedanken, wenn ich mich aus meiner täglichen Routine wegwünsche.

Von Mainland aus oder wenn man sich generell per Schiff nähert, wirken die Out Skerries felsig und unwirtlich, aber das liegt nur daran, dass sie ihre Geheimnisse gut verbergen können. Als die Fähre durch einen schmalen Durchlass gleitet und das Innere dieser kleinen Inselgruppe erreicht, öffnet sich der Blick auf eine wunderbar sanfte Landschaft: einen Hafen mit ruhigem Wasser, vertäuten Booten und einem fruchtbaren, grünen Ufer, an dem sich weiß verputzte Häuser aneinanderreihen. Nur Bruray und Housay (auch bekannt unter dem Namen West Isle) sind bewohnt. Die Häuschen der Leuchtturmwärter von Grunay sind verlassen und verfallen.

FLASCHENPOST

Zusammengenommen haben die Inseln der Out Skerries eine Fläche von etwas mehr als vier Quadratkilometern. Es heißt, dass es nur eine einzige Stelle auf den Out Skerries gibt, von der das Meer nicht zu sehen ist – angeblich eine Art Senke, aber ich habe sie nicht gefunden. Trotzdem fühlte ich mich an einem Ort, der völlig vom Meer umgeben ist, noch nie so wohl. Allerdings war ich auch noch nie bei Sturm dort.

Ich glaube, mir gefällt es hier derart gut, weil die Größenverhältnisse der Out Skerries meinen körperlichen Fähigkeiten entsprechen. Vom Hafen zum höchsten Punkt von Bruray ist es nur ein kurzer Spaziergang. Ich kann neben dem Cairn oben auf dem Hügel stehen und rundum alles überblicken – wie vom Krähennest hoch oben an einem Schiffsmast. Ich kann Bruray einmal komplett umrunden und mir vorgaukeln, dass ich eine lange Wanderung gemacht habe, obwohl ich dafür keine große Strecke zurückgelegt habe. Wenn mein Körper Probleme macht, kann ich für einen Ortswechsel über die Brücke nach Housay fahren. Doch bei diesem Besuch fühle ich mich völlig unbeschwert. Nachdem ich mein Immunsuppressivum über einen längeren Zeitraum bekommen habe, ist die Wirkung so gut, dass ich das Medikament absetzen kann. Ich leide also nicht mehr unter den Nebenwirkungen und kann mich relativ frei bewegen, wenn ich keine zu großen Strecken angehe.

Die *Filla*, die Fähre, die sonst die Out Skerries anläuft, ist an diesem Wochenende durch eine größere Fähre namens *Hevda* ersetzt worden. Am Vortag hat die *eela* stattgefunden, ein Wettbewerb im Küstenfischen. Derzeit leben etwa dreißig Menschen auf den Out Skerries, doch zur *eela* und dem damit verbundenen

DIE STRANDSAMMLERIN

Fest kehren viele ehemalige Bewohner zurück. Auf der Nachmittagsfähre zurück nach Mainland werden die Autos dicht an dicht stehen, und wenn die Fähre von Bruray abgelegt hat, werden die Out Skerries wieder ein bisschen stiller wirken.

Auf dem Autodeck steht neben meinem nur noch ein weiterer Wagen: eine Lehrerin und ihr Mann, ein Pastor der Church of Scotland. Sie stellen sich neben mich, als ich auf die glänzende Rückenflosse eines Minkwals deute. Beide tragen kurzärmelige T-Shirts und haben das christliche Fisch-Symbol auf ihre sommersprossigen Arme tätowiert. Sie erklären mir, dass heute Sea Sunday ist, an dem bei einem Gottesdienst der Seeleute und ihrer Familien gedacht wird. Wir stehen in der warmen Sonne und schauen, ob der Minkwal noch einmal auftaucht. Ein Fischerboot, einer der drei Trawler, die auf den Out Skerries registriert sind, tuckert raus aufs Meer. In der Ferne fährt ein Öl- und Gasschiff in Richtung der hinter dem östlichen Horizont verborgenen Plattformen. Papageientaucher säumen die grasbewachsenen Klippen der winzigen Insel North Benelip und drehen die Köpfe, als die Fähre vorbeikommt. Und unterhalb der Klippen schwimmen Trottellummen und ihre frisch geschlüpften Jungen auf der ruhigen Wasseroberfläche.

Die *Hevda* legt am Pier von Bruray an, und ich folge der einzigen Straße, die über eine schmale Brücke nach Housay führt, wo Alice Arthur wohnt. Ich freue mich schon auf ihre herzliche Umarmung. Sie verströmt eine Energie, die ansteckend ist; in ihrer Gesellschaft fühle ich mich immer viel tatkräftiger als sonst. Ich bewundere sie sehr. Sie arbeitete früher als Kunstlehrerin an der örtlichen Schule und zusätzlich auch noch in der Fischfabrik.

FLASCHENPOST

Außerdem hatte sie bei der Feuerwehr der Skerries die ranghöchste Position inne und war Vorsitzende des örtlichen Development Trust, einer Gesellschaft im Besitz der Kommune, die zuständig für deren wirtschaftliche, ökologische und soziale Entwicklung ist. Im Flur von Alice' Haus hängt ein Foto, das sie in Feuerwehruniform bei einem Empfang im Buckingham Palace zeigt, nachdem ihr für ihr Engagement der Order of the British Empire verliehen worden war.

Ich rufe laut »Hallo« und gehe ins Haus, wo sich gerade alle vier Generationen ihrer Familie tummeln. Ihre Kinder und Enkel sind zur *eela* angereist, und ihr Mann Gibbie, der unter der Woche auf Mainland arbeitet, ist übers Wochenende gekommen. Die Kinder wuseln durchs Haus und um die Erwachsenen herum, die in kleinen Gruppen den neuesten Tratsch austauschen. Alice' Mutter Anna, die in der Nähe wohnt, hat auf dem Weg zum Gottesdienst kurz vorbeigeschaut und lädt mich ein, sie doch später am Nachmittag zu besuchen. Annas verstorbener Mann Donnie war ein begeisterter Strandgutsammler und Flaschenpostversender. Sie verspricht, mir den Weg nach Vogans Point zu beschreiben, wo Donnie seine Flaschen auf die Reise schickte.

Zu meinem großen Bedauern habe ich Donnie nie kennengelernt. Alice nennt ihren verstorbenen Vater den »König des Strandes«, und ich hätte ihn gern gefragt, was er denn im Spülsaum der Out Skerries gesucht und welche Botschaften er seinen vielen Flaschen mitgegeben hat. Bevor ich gehe, zeigt mir Alice noch eine Silbermünze, die er einmal aus einer Felsspalte in einem *geo* bei Mioness gezogen hat, ein Schatz aus einem jahrhundertealten Schiffswrack.

DIE STRANDSAMMLERIN

Als ich zu Anna komme, sitzt sie in einem bequemen Stuhl mit hoher Lehne auf ihrer verglasten Veranda. Zuerst denke ich, sie würde schlafen, und zögere, aber sie sieht mich und ruft mich herein. Unter dem Glas ist es warm, und sie hat eine dünne Strickjacke um die Schultern gelegt. Ihr welliges, dickes weißes Haar ist ordentlich gekämmt. Sie hat die gleichen braunen Augen wie Alice, mit diesem netten Zwinkern.

Wir sitzen eine Weile in entspanntem Schweigen da und genießen die weite Aussicht. Die Nachmittagsfähre legt gerade ab, wie vermutet voll beladen mit Autos. Das Seefunkgerät an der Wand beginnt zu knacken. Die Stimme des Fährkapitäns ist laut und deutlich zu hören; er meldet die Zahl der Passagiere an Bord. Die Küstenwache bestätigt den Eingang der Meldung. Anna nickt, als ob sie sagen wollte, gut, alles in Ordnung. Auf dem Tisch liegt ein großes Fernglas. Ich nehme es und suche damit das Meer ab. Ein Mann rudert in einem kleinen Holzboot auf der glatten Wasserfläche von Böd Voe, und in nordöstlicher Richtung fährt ein Kreuzfahrtschiff, weiß und hoch aufragend, vielleicht ist es von den Shetlands nach Norwegen unterwegs. Jenseits von Stoura Stack schaukelt ein Trawler von den Skerries im leichten Seegang.

Im Dezember 1664 erlitt ein Schiff der Niederländischen Ostindien-Kompanie, die *Kennemerland*, Schiffbruch, nachdem es im Sturm gegen die Felsen von Stoura Stack geschmettert worden war. Die *Kennemerland* hatte sich eine Woche zuvor von der Insel Texel auf den Weg zu den niederländischen Kolonien in Indonesien gemacht. Die See in jener Nacht war wild und stürmisch, und die vier Besatzungsmitglieder, die auf dem Fockmast Ausschau hielten, sahen die sich an den Felsen brechenden Wellen erst, als es bereits zu spät war. Drei der Männer wurden an Land geschleudert, als das Schiff kenterte. Sie überlebten, doch die übrigen 200 der Besatzung ertranken. Der Trommel-Junge wurde in der Nähe des Strandes beigesetzt, doch abgesehen davon gibt es keine Gräber von den Verunglückten. In ihrem Buch über die Out Skerries erklärt Joan Dey, dass es schwierig gewesen sei, so viele Leichen an einem Ort zu begraben, wo der Boden nur eine dünne Schicht über dem Fels bildet, daher habe man für die Leichen, die angespült wurden, »vielleicht eine pragmatischere Lösung gefunden«.

Die *Kennemerland* war auf der nördlichen Route durch die Nordsee unterwegs, um den Ärmelkanal zu umgehen. Ein schwer beladenes Schiff durch den schmalen Ärmelkanal zu navigieren, noch dazu bei den im Winter vorherrschenden Winden, war eine Herausforderung, zudem stand ein Krieg zwischen den Niederlanden und England unmittelbar bevor, wodurch dem Schiff bei der Passage durch den Ärmelkanal gleich von zwei Seiten Gefahr drohte. Man weiß noch von zwei weiteren Schiffen der Niederländischen Ostindien-Kompanie, die wenige Tage nach dem Aufbruch nach Indonesien an den Felsen der Out Skerries zerschellten. Bei dem einen ist die Identität nicht bekannt, doch das andere, *De Liefde* (»Die Liebe«), erlitt im November 1711 vor Mioness Schiffbruch, vier Tage nachdem sie von Texel in See gestochen war. Von den über 300 Menschen an Bord überlebte nur einer. Es heißt, dass dieser ein Jahr lang bei den Bewohnern der Insel ausharren musste, bis er eine Reisegelegenheit zurück in seine Heimat fand.

Ich ertappe mich manchmal dabei, dass ich beim Strandgutsammeln auf den Skerries auf eine Gold- oder Silbermünze hoffe,

DIE STRANDSAMMLERIN

fürchte aber gleichzeitig, dass meine Gier mit dem Fund eines Menschenknochens bestraft wird. Die Silbermünze, die Donnie in einem Felsspalt im *geo* von Mioness entdeckte, stammt vielleicht von *De Liefde*. Das Schiff wurde 1698 gebaut – es war das dritte Schiff der Niederländischen Ostindien-Kompanie mit diesem Namen. Diese *De Liefde* ist anscheinend nicht in der Datenbank der Sklaventransporte gelistet, für ihre Namensschwestern gibt es jedoch mehrere Einträge.

Anna freut sich über die kreisenden Möwen über dem Trawler, der gerade sein grünes Schleppnetz einholt. Die Möwen sind ein Zeichen dafür, dass Fische im Netz sind. Nach dem Zweiten Weltkrieg schickte ihre Mutter sie manchmal hinauf auf den Hügel von Bruray, um nach dem heimkehrenden Fischerboot ihres Vaters Ausschau zu halten. Damals gab es noch Minen im Meer, die sehr gefürchtet waren. Und sie erinnert sich auch noch, wie sich ihre Eltern um die durchnässten Seeleute kümmerten, wenn ein Schiff gekentert war. Ihre früheste Erinnerung ist die an ein kanadisches Aufklärungsflugzeug, das auf den Felsen von Grunay eine Bruchlandung hingelegt hatte. Ihr Vater ruderte hinaus, um nach Überlebenden zu suchen, doch es gab keine.

Zusammen mit ihren Geschwistern versah Anna an manchen Tagen Angelhaken mit Napfschnecken oder Makrelen als Köder, noch bevor sie sich auf den Weg zur Schule machten. Sie freute sich auf die Sonntage, wenn ihre Familie bei schönem Wetter nach Grunay hinüberruderte, mit den Frauen der Leuchtturmwärter Tee trank und Anna mit den Kindern Verstecken spielte. Sie spielte auch gern eine spezielle Variante von »Ochs am Berg«, um die Batterien ihrer Taschenlampe zu schonen. Dabei durfte

FLASCHENPOST

man sich in der Dunkelheit nur bewegen, wenn der Lichtstrahl des Leuchtturms über einen hinwegstreifte.

Für die Geburt ihrer Kinder reiste Anna immer auf die Hauptinsel der Shetlands. Sie verließ die Skerries ein paar Wochen vor dem errechneten Geburtstermin und wohnte in Lerwick. Damals gab es noch keine Fähre zu den Out Skerries, deshalb kehrte sie auf einem Fischerboot zurück. Sie saß dann draußen vor dem kleinen Ruderhaus, mit dem Neugeborenen im Arm, eingemummelt in Ölzeug. Sie erklärt mir, Schwangere von den Skerries würden sich stets Gedanken über die Logistik einer Geburt machen.

Ich frage Anna, ob sie sich vor Stürmen fürchtet. Sie lächelt und schüttelt den Kopf. Sie mag die Stürme aus dem Südwesten, wenn die Wellen gegen Stoura Stack branden und durch den South Mouth und über Böd Voe kommen. Ich kann mir vorstellen, dass man sich bei einem Sturm in ihrer Gesellschaft gut aufgehoben fühlt, sie strahlt ein stilles Selbstvertrauen aus. Während wir uns unterhalten, lässt sie den Blick übers Meer schweifen. Der Wind hat zugelegt und kräuselt die Wasseroberfläche. Sie meint, heute sei ein guter Tag, um eine Flaschenpost abzuschicken. Wie vorhergesagt kommt der Wind aus südwestlicher Richtung, daher werden die Flaschen von der Küste weggetrieben, hinaus aufs Meer Richtung Norwegen.

Ich frage Anna nach Donnie. Sie lacht voller Zuneigung, als sie sich an die Beachcombing-Leidenschaft ihres verstorbenen Mannes erinnert. Er stand oft schon um fünf Uhr morgens auf, um noch vor der Arbeit an den Strand zu gehen. Abends verfasste er Botschaften und steckte sie in Flaschen. Sie weiß nicht genau, was er schrieb, erinnert sich aber, dass er anfangs Limonadenflaschen aus

Glas verwendete – doch da er fürchtete, sie könnten an den Felsen zerschellen, wechselte er zu Plastik. Er verpackte die Botschaft in einen durchsichtigen Gefrierbeutel, steckte ihn in eine Plastikflasche und versiegelte diese anschließend mit Klebeband. Wurde ein anhaltender Südwestwind vorhergesagt, trug er seinen Sack mit Meerespost zum Vogans Point und warf die Flaschen ins Meer.

Dann wartete er ungeduldig darauf, dass ein Brief mit einer norwegischen Briefmarke ins Haus flatterte. Im Hinterzimmer von Annas Haus hängt eine verblasste Landkarte von der norwegischen Küste. Sie ist übersät mit über fünfzig kleinen gelben, blauen, grünen und goldenen Punkten. Anna erklärt mir, dass einige Kleber bereits abgefallen sind und sie sich nicht an die Bedeutung der verschiedenen Farben erinnern kann. Doch jeder Kleber markiert einen Ort, an dem eine von Donnie ausgesandte Flaschenpost gefunden wurde. Eine Stelle liegt in der Nähe des Nordkaps, dem nördlichsten vom Festland aus erreichbaren Punkt Norwegens. Möglicherweise trieben andere Flaschen über das Nordkap hinaus bis in russische Küstengewässer. Vielleicht wartet noch irgendwo eine von Donnies Flaschen darauf, gefunden zu werden, irgendwo an einem Strand am Weißen Meer.

Donnie und Anna reisten sogar nach Norwegen und trafen sich mit Menschen, die seine Flaschenpost gefunden hatten. Aus einigen Begegnungen entstanden sogar Freundschaften. Ihre neuen norwegischen Freunde besuchten sie auch auf den Out Skerries. Die Reise war damals einfacher, weil es eine regelmäßige Schiffsverbindung zwischen den Shetlands und Norwegen gab. Ich wünschte, es gäbe sie auch heute. Und ich träume davon, an einem ruhigen Sommertag in Lerwick an Bord zu gehen und an

FLASCHENPOST

Deck zu bleiben oder am Fenster zu stehen und das Meer zu betrachten, bis wir in Norwegen sind. Ich würde gerne die Nordsee erleben, weit weg vom Land, und die Stahlkonstruktionen der Ölbohrinseln sehen, die mein Mann jeden Tag anfliegt. Es wäre seltsam und wundervoll zugleich, die windgepeitschten Inseln der Shetlands hinter sich zu lassen und an einem Ort anzukommen, wo Bäume auf den Inseln und an Hängen wachsen und sogar in Städten zu finden sind.

Wir gehen nach draußen, und Anna zeigt mir den Weg zu Vogans Point. Ich habe nur drei kleine Glasflaschen – zwei Essigflaschen und eine Whiskyflasche –, die eine kurze Botschaft mit meinem Namen, meiner Adresse und einem Gruß enthalten. Sie mustert meine drei Flaschen und meint, ich solle mehr Flaschen als Flaschenpost präparieren, wenn ich wieder daheim sei, und einen ganzen Sack auf die Fähre zu den Out Skerries geben. Sie würde dann jemanden bitten, sie für mich ins Meer zu werfen, wenn der Wind günstig stehe. Bevor ich gehe, erinnert sie mich daran, dass die norwegische Küste ein Wirrwarr aus unzähligen kleinen Inseln, Schären und Buchten ist, wo eine Flaschenpost jahrelang unentdeckt herumliegen kann – vorausgesetzt, sie wurde nicht schon zertrümmert, als die Wellen sie an Land spülten. Ich weiß, dass ich bessere Chancen hätte, wenn ich Plastikflaschen verwenden würde, aber ich kann mich nicht dazu überwinden, Plastik ins Meer zu werfen, an der Küste von Shetland liegt schon genug davon herum.

Ich verabschiede mich von Anna und folge einem Weg, der zum Lambie Hoose (»Lammhaus«) führt, einer Hütte aus Trockensteinmauern und einem Dach aus einem umgedrehten Holzboot, dem ehemaligen Rettungsboot eines Heringsloggers. Das Schiff wurde 1915 von einem deutschen U-Boot versenkt, doch die Besatzung hatte genug Zeit, das Rettungsboot zu Wasser zu lassen und sich an Land zu retten. Das Gras steht hoch; es gibt nur noch ein paar Schafe auf der Insel, die letzte Kuh wurde 1968 geschlachtet. Weiße Schafgarbe und rosa Kuckuckslichtnelken blühen üppig, bei jedem meiner Schritte flattern Distelfalter auf. Ein einzelner Schmetterling fliegt Richtung Meer, und ich warte darauf, dass er zurückkehrt und wieder landet. Aber er fliegt weiter, Richtung Norwegen.

Hinter Skeo Houll sieht man noch Spuren des Rig-Systems – die Aufteilung des Ackerlands in Streifen (Rigs), auf denen die für die schottischen Inseln typische sechszeilige Gerste sowie Hafer und Tatties (Kartoffeln) im Rotationssystem angebaut wurden oder Heu gemacht wurde. Joan Dey schreibt, dass jeder Familie Parzellen mit gutem und mit schlechtem Boden zugewiesen wurden. Dey hat die Namen sämtlicher Rigs auf den Out Skerries gesammelt, bevor sie in Vergessenheit gerieten. Auf ihrer penibel beschrifteten Karte lesen sie sich fast wie ein Gedicht: Bagahoola, Raga Marks, Runkholla, Sneckrins, Kloonger und Daalawil.

Kaninchen haben Gänge in eine ehemalige Müllhalde gegraben, aus dem Boden quellen Napfschneckenhäuser. Über mir fliegen Tölpel mit ihren keilförmigen Schwänzen und Krähenscharben mit dem typischen Knick im Hals. Am Flinty Beach mache ich Halt und suche zwischen den Kieseln nach Feuersteinen, die dem Strand seinen Namen gaben – sie dienten als Ballast auf einem französischen Schiff, das sich auf dem Rückweg von Russland befand. Das Schiff lief 1625 gegen einen Felsen in der Nähe von Hevda Skerries und verlor dabei seine Ladung mit Holz und Teer. Ich finde keine Feuersteine und gehe weiter. Ich genieße die Wanderung; der Boden ist zwar uneben, aber meine Gelenke sind beweglich und schmerzfrei. Die Sonne ist warm, und ich wüsste keinen Ort, an dem ich lieber wäre.

Von Vogans Point hat man einen gigantischen Blick. Das Meer ist tiefblau, und auf den dunklen Felsen an der Küste leuchten Flechten in einem satten Dottergelb. Im Osten sieht man nur Meer. Im Westen lodert die Gasfackel des Ölterminals von Sullom Voe in den dunstigen blauen Himmel, und im Norden runden sich die weißen Radarkuppeln auf dem Gipfel von Saxa Vord auf Unst in der Sonne. Zu meinen Füßen reckt sich eine rosafarbene Grasnelke durch den Wirbelkanal einer Robbe.

Ich überlege, wo genau Donnie seine Flaschen ins Meer geworfen hat; vielleicht vom Strand etwas weiter die Küste entlang. Doch ich bleibe auf den niederen Klippen und wähle eine Stelle, an der das Land abrupt abfällt. Von dort werfe ich eine Flasche ins Meer. In meiner Hast habe ich übersehen, dass das Wasser unterhalb der Klippen nur träge schwappt und vor dem Wind geschützt ist. Die Flasche treibt an der Oberfläche, rührt sich aber nicht vom Fleck. Einstweilen sitzt sie fest, aber vielleicht wird sie von der Flut mitgenommen.

Weiter draußen kräuselt der Wind die Wasseroberfläche, und ich werfe die zweite und dritte Flasche in einem weiten Bogen, damit sie jenseits der von der Klippe geschützten Zone landen. Sie platschen ins Wasser und tauchen unversehrt wieder auf. Dass ich Müll ins Meer werfe, bleibt nicht unbemerkt. Eine Kegelrobbe streckt den Kopf aus dem Wasser und berührt mit der Schnauze die größere der beiden Flaschen. Sie dreht sich und schaut über die Schulter in meine Richtung. Ich spüre, wie ich rot werde. Dann muss ich niesen, und sie taucht mit einem Platschen ab. Ein paar Meter weiter draußen taucht sie wieder auf und schnuppert an der kleineren der beiden Flaschen. Nach einem weiteren Blick in meine Richtung schwimmt sie davon. Ich sitze eine Weile da und beobachte, wie meine beiden Flaschen durch die schmale Lücke zwischen den Hevda Skerries driften und hinaus auf die Nordsee treiben. Ein Tölpel fliegt heran und taucht sehr nah vor der Küste, aber vielleicht ist es auch so, dass das Land der Out Skerries dem offenen Meer sehr nahe ist.

Als ich am nächsten Morgen aufwache, liegt dichter *haar* über den Out Skerries. Die Mauern der weiß getünchten Häuser sind verschwunden, nur die dunklen schiefergedeckten Dächer sind noch zu erkennen und sehen aus, als würden sie in der Luft hängen. Auf dem höher liegenden Gelände beim Landestreifen verschwimmt ein blinkendes rotes Warnlicht im Nebel. Das Meer ist nicht zu sehen und wirkt dadurch umso gefährlicher. An den Out Skerries könnte jetzt alles Mögliche vorbeischwimmen, ohne dass man es bemerken würde. Ich stelle mir vor, wie sich versunkene Schiffe aus den Tiefen des Meeres heben, mit Hunderten ertrunkener Seeleute an Bord. Ich würde gern im Haus bleiben, aber ich bin mit einem Magier namens Crazy Chris im Trussi Geo zum Müllsammeln verabredet.

Susan, meine liebenswerte Nachbarin, die von der Insel Whalsay stammt, verwendet das Wort *truss*, wenn sie ihre Enkelkinder anweist, ihre Chipstüten in den Müll zu werfen. *Trus* bedeutet im Altnordischen »Abfall« oder »Durcheinander«. Trussi Geo könnte daher ein *geo* (eine tief ins Inland hineinreichende Felsspalte in den Klippen) sein, in dem sich ein Durcheinander aus Treibholz angesammelt hat. Über dem *geo* erhebt sich eine kurze Trockenmauer – möglicherweise ein *skjogg*, ein primitiver Unterstand, von dem aus man auf Shetland früher das Meer nach Treibholz absuchte. Bei meinem letzten Besuch der Out Skerries war ich geschockt, wie viel Plastikmüll sich in dieser schmalen Felsschlucht angesammelt hatte. Als ich gegenüber Alice erwähnte, dass ich dort gerne den Müll einsammeln würde, meinte sie, dass Chris mir sicher helfen würde, wozu er sich dann auch gerne bereit erklärte.

Chris wohnt im Alten Schulhaus. Als ich dort ankomme, hat sich der Nebel gelichtet, stattdessen hat feiner Regen eingesetzt. Die Sicht ist wiederhergestellt und das Meer wirkt ganz harmlos. Ich warte im Garten beim Schiffscontainer, den Chris zu einem Fitnessstudio mit Hot Tub umgebaut hat. Er zog 2016 auf die Out Skerries, renovierte das heruntergekommene Schulhaus und baute dort sogar ein kleines Kino samt Zuckerwatte-Maschine ein, das Bewohner wie Besucher der Out Skerries nutzen können.

Chris kommt mit einem munteren Gruß aus dem Haus. Er ist groß gewachsen und trägt die langen weißen Haare in einem ordentlichen Pferdeschwanz, die Seiten sind kurz rasiert. Man kann ihn sich gut als modernen Zauberer vorstellen. Mit schwarzen Müllsäcken bewaffnet, verlassen wir die geteerte Straße und folgen einem Pfad zum Trussi Geo. Ich habe ein schlechtes Gewissen, dass ich Chris bei dem Wetter nach draußen gelockt habe, und schlage vor, auf besseres Wetter zu warten, aber er lacht nur über meinen schwächelnden Enthusiasmus – und wir ziehen weiter.

Chris ist nicht nur ein bekannter Zauberer, sondern arbeitet auch für Scottish Water, in deren Auftrag er die Wasseraufbereitungsanlage der Out Skerries überwacht und wartet. Auf diesen kleinen Inseln gibt es nicht viel Trinkwasser, daher wurde in den Fünfzigerjahren ein kleines Aquädukt in den Bruray Hill gebaut. Regenwasser fließt über das Aquädukt in ein Reservoir, das genügend Wasser für einen Monat speichern kann. Unter dem Reservoir befindet sich die große Wasseraufbereitungsanlage, in der computergesteuerte Apparate summen und ticken. Der Wasserbedarf der Out Skerries ist heutzutage niedriger als noch vor einigen Jahren, als die Schule noch nicht stillgelegt war und die Lachsfarm und die Fabrik zur Lachsverarbeitung noch in Betrieb waren.

Die beiden Stilllegungen hängen miteinander zusammen. Die Out-Skerries-Lachsfarm züchtete Lachse im Auftrag einer norwegischen Firma, doch diese beschloss 2015, den Vertrag nicht zu verlängern. Und weil kein anderes Unternehmen Interesse zeigte, musste die Lachsfarm schließen. Die Einwohnerzahl der Out Skerries fiel praktisch von einem Tag auf den anderen von etwa siebzig auf dreißig Personen. Junge Familien mussten ihre neu gebauten Häuser zurücklassen und sich anderswo auf den Shetlands Arbeit suchen. Jetzt gibt es unter der Woche keine Kinder mehr auf den Out Skerries, viele Familien kehren allerdings am Wochenende und in den Ferien zurück. Weil einige ausgebildete Feuerwehrleute wegzogen, wurde auch die Flugverbindung nach

Mainland eingestellt. Im Sommer ist der Schotter der Piste jetzt von Augentrost und Enzian überwuchert. Diese Renaturierung sieht zwar schön aus, ist aber nicht gewollt. An den Pfosten des Flughafenzauns hat jemand Nistkästen für *linties* (Meisen) angebracht. Die Raben der Insel haben gelernt, sich mit ihren Krallen ans Nistkastenloch zu hängen und die sich windenden Küken mit ihren langen Schnäbeln herauszuziehen.

Noch vor der Stilllegung der Lachsfarm schloss die Kommunalverwaltung der Shetlands die Sekundarstufe der Out-Skerries-Schule, wodurch die älteren Schülerinnen und Schüler gezwungen waren, auf ein Internat in Lerwick zu gehen, auch wenn die Eltern das nicht wollten. Hätte man die Sekundarstufe erhalten, wären vermutlich auch nach der Schließung der Lachsfarm Frauen und Kinder auf den Out Skerries geblieben. Die Ehepartner hätten sich anderswo auf Shetland Arbeit gesucht und wären am Wochenende nach Hause gekommen. Die Kommunalverwaltung hätte auch, um Arbeitsplätze zu retten, die Out-Skerries-Fähre auf den Inseln stationieren können, aber sie wird weiterhin jede Nacht am Pier der benachbarten Insel Whalsay vertäut. Es ist kein schönes Gefühl, sie immer wieder in den Hafen ein- und auslaufen zu sehen und zu wissen, dass sie nie über Nacht dort bleibt. Jedes Mal wird man aufs Neue darauf hingewiesen.

Die Inseln der Out Skerries gehören einem Engländer, der einen Teil der Ausstattung der Lachsfarm gekauft hat – Käfige, Fütterungsautomaten und eine Halle für die Weiterverarbeitung. In der *Shetland Times* wurde 2018 berichtet, die Einwohner der Out Skerries hofften, dass diese Investition auch einige Arbeitsplätze wiederbringe und jungen Familien die Rückkehr ermögliche, damit die Grundschule wieder geöffnet werden könne. Doch bei meinem Besuch rostet die Ausstattung der Fischfarm vor sich hin und die Schule ist nach wie vor geschlossen. Aber vielleicht wird der Besitzer den Inseln irgendwann wieder Leben einhauchen. Ich hoffe es jedenfalls. Es wäre bedauerlich, wenn der Ort verwaisen würde, obwohl es junge Familien gibt, die gerne dort leben würden, wenn sie nur könnten.

Chris und ich stapfen über den niedrigen Hügel und hinunter zum Strand von South Mills, wo wir einen Spülsaum aus Tang finden, der mit zähflüssigem Öl verklebt ist. Auf den Kieselsteinen sind Tropfen wie nach einem starken Regen zu sehen. Eine durchsichtige Plastikflasche mit kyrillischem Etikett ragt aus dem Ölschlick. Ich sammle die Flasche ein und stecke sie zusammen mit einem öligen Kiesel in eine Tüte.

Wieder daheim, schicke ich die Ölproben an Will Miles, der für das Monitoring der Meeresvögel von Shetland zuständig ist. Monate später ruft er an und teilt mir die Ergebnisse der Molekularanalyse mit: Es handelt sich um Rohöl aus dem East Shetland Basin, aber seltsamerweise passt es zu keiner der Proben in der Datenbank des Laborunternehmens. Die genaue Herkunft bleibt also ein Geheimnis, daher wird der Fall nicht weiterverfolgt. Das kommt selten vor, weil man das Öl am Strand oder im Gefieder von Meeresvögeln normalerweise einem Tanker oder einer bestimmten Ölquelle zuordnen kann. Der Verschmutzer wird zur Verantwortung gezogen und muss die Reinigung übernehmen. Am Strand von South Mills verteilt sich das Öl nach und nach durch die Wellen. Ich denke an die Trottellummen, die ich am Vortag von der Fähre aus gesehen habe, und hoffe, dass ihnen nichts passiert ist.

Vom Strand folgen wir einem ansteigenden Pfad Richtung Trussi Geo und achten darauf, nicht auf die Kriechweide und die winzigen Pflanzen der Grünen Hohlzunge zu treten. Ich bin voller Vorfreude. Bei meinem ersten Besuch vor einem Jahr erschien mir das *geo* wie ein Ort, der nicht von dieser Welt ist. Jemand hatte Treibholz gesammelt, ordentlich gestapelt und sogar die Säge in der Nähe zurückgelassen. Neben einem Schild mit der englischen Aufschrift »Zutritt verboten«, das von einer norwegischen Bohrinsel stammte, lag ein angeschwemmter Baumstumpf, der mit Pilzen, Moos und Gras bewachsen war.

Am Grund der Schlucht entdeckte ich zwischen dem Plastikmüll auch viele Eikapseln von Sternrochen. Ein weißer Helm der Seenotrettung schwappte im Meer. Ich saß auf der Felszunge, die das *geo* in zwei Hälften teilt. Blassrosa Ohrenquallen pulsierten und winzige Fische standen reglos im grauen Wasser, wurden jedoch mit jeder Welle bewegt.

Doch in diesem Sommer bietet das *geo* einen traurigen Anblick, was aber nicht am Regen liegt. Durch die Winterstürme haben sich die Kiesel zu einem Damm aufgetürmt, der das Wasser staut. Die Oberfläche des Wasserbeckens ist von einer dicken Schicht Plastik bedeckt: Flaschen, Behälter und Bruchstücke. Die Zwischenräume zwischen den größeren Plastikteilen füllen feine weiße Styroporkügelchen. Auch die feuchten Felswände sind weiß von diesen Kügelchen. Das Becken sieht aus wie ein Bällebad für Kleinkinder, das mit Müll gefüllt wurde.

DIE STRANDSAMMLERIN

Der Anblick der Styroporkügelchen entmutigt mich, aber Chris watet unverdrossen in den treibenden Müll, obwohl ihm das kalte Wasser in die Gummistiefel schwappt. Ich bleibe am Rand und schaufle Plastikmüll in einen Sack. Wir finden noch weitere Flaschen, die im Ölschlick stecken.

Es ist bedrückend. Obwohl das Wasserbecken nicht einmal zwei Meter breit ist, schwimmen darin mehrere tausend Plastikteile. Wir sammeln über sechzig Flaschen. Als ich die letzten herausfische, sehe ich, dass eine davon eine Botschaft enthält – fast wie eine Art Dankeschön.

Das Papier in der Flasche ist nass, hat sich aber noch nicht aufgelöst. Im warmen Cottage trocknet es gut, und die Botschaft lässt sich entziffern, auch wenn ein paar Wörter fehlen:

Mein Name ... Ole A Andersen ... Ich schicke diese Botschaft von dem Schlepper ... arbeite ... Nordsee ... Auf dem Weg nach Norwegen ... N 59° 34 51, E 001° 13 15 ... Freue mich ... von ... hören. Ole A Andersen Kråkerøy

Ich kaufe eine Briefmarke für Norwegen und stecke meine Antwort an Ole in einen sturmsicheren Briefkasten.

∾

Anfangs schenkte ich den unzähligen Plastikflaschen, die die Küste von Shetland vermüllen, kaum Beachtung. Doch eines Tages fand mein Mann eine Flaschenpost, die von einem Norweger namens Terje Nordberg auf die Reise geschickt worden war, einem Ingenieur, der in der Ölindustrie arbeitete.

Terjes Flasche war fest verschlossen und beschwert. Wir notierten seine E-Mail-Adresse und befolgten die Anweisung, sie anschließend wieder ins Meer zu werfen. Er antwortete schon bald und erklärte, dass er die Flasche in Aberdeen in den Fluss Dee geworfen hatte. Soweit er wusste, war sie davor nur noch einmal gefunden worden, im Hafen von Aberdeen, bevor sie wieder ins Wasser geworfen wurde und durch die Nordsee trieb.

Wie der verstorbene Donnie von den Out Skerries ist auch Terje ein fanatischer Flaschenpost-Versender. Er hält die Route seiner Flaschen in einem Newsletter fest und sendet seine Ergebnisse an den US-amerikanischen Ozeanografen Charles Curtis Ebbesmeyer, der sich der Erforschung von Meeresströmungen verschrieben hat, die er mithilfe von Strandgutfunden nachvollzieht. In seinem Buch *Flotsametrics and the Floating World* schätzt Ebbesmeyer, dass von zehn Flaschen, die ins Meer geworfen werden, nur eine gefunden und gemeldet wird. Meine Familie und ich haben schon mehr als zehn Flaschen auf die Reise geschickt, wir werfen sie immer von einem Strand auf Foula ins Meer. Bisher wurde nur eine davon gefunden, sie wurde zurück zum Strand getrieben, wo Fran und ihre Kinder, die auf der Insel leben, sie entdeckten. Obwohl die Flaschenpost nirgendwo hingereist war, freuten sie sich über den Fund. Sie öffneten die Flasche und schrieben eine eigene Botschaft dazu, um sie anschließend erneut auf die Reise zu schicken.

1892 wurden zwei Flaschen an der Küste von Mainland gefunden. Beide waren von Foula verschickt worden. Die Botschaft der einen Flasche, die auf den 27. Januar 1892 datiert war, lautete:

DIE STRANDSAMMLERIN

> *Wir haben seit fünf Wochen keine Nachricht mehr*
> *erhalten. Unsere Vorräte sind fast erschöpft –*
> *Mehl, Haferflocken, Zucker, Tabak sind aufgebraucht.*
> *Tee fast aufgebraucht. Getreideschrot und Kartoffeln der*
> *Einheimischen sind knapp und schlecht. Ein Todesfall –*
> *ein alter Mann unmittelbar am 6. Mögen alle Toten in*
> *Frieden ruhen. Sehr schlechtes Wetter.*
> *George Morrison, Pfarrer*

Von der Insel Foula kam in dieser verzweifelten Zeit noch eine dritte Botschaft, in der ebenfalls um Vorräte gebeten wurde, allerdings nicht per Flaschenpost:

> *Sir, – An einem Tag letzte Woche waren ich und mein*
> *Sohn Mansie in unserem Boot etwa eine Meile vor*
> *Wattsness unterwegs und suchten nach Holzstücken, die*
> *wir für Schuhsohlen verwenden könnten, und nach*
> *anderen kleinen Dingen, die der Herr uns senden könnte,*
> *als wir einen Norie (Papageientaucher) sahen, der auf dem*
> *Wasser trieb und so erschöpft oder krank war, dass Mansie*
> *ihn ins Boot holen konnte. Als wir daheim waren, fanden*
> *wir einen Zettel, der unter seinen Flügel gebunden war.*
> *Wir trockneten ihn, und obwohl einige Wörter verwischt*
> *waren oder fehlten, konnten wir das meiste lesen ...*

Erst am 10. Februar 1892 erreichte ein Boot die Insel und brachte den Bewohnern nach fast zwei Monaten die dringend benötigten Lebensmittel.

FLASCHENPOST

Heutzutage wird eine Flaschenpost meist zum Spaß verschickt und nicht von hungernden Inselbewohnern oder verzweifelten Schiffsbesatzungen. Ich habe aber auch schon von Flaschenpost gehört, die in Shetland angespült wurde und Bibelzitate enthielt – in die Nordsee geworfen von Fischern auf Trawlern, die in Banff oder in Buchan im Nordosten von Schottland registriert sind.

Die dem Meer anvertrauten Flaschen können ganz unterschiedliche Gaben und Botschaften enthalten. Andy Gear von der Insel Yell fand einmal eine Flasche, die den Plastikarm einer Puppe und ein paar kanadische Münzen enthielt. 2018 wurde im Shetland Museum and Archives eine kleine Arzneiflasche abgegeben, in der sich ein Zettel mit fein säuberlichen arabischen Schriftzeichen und einige blaue Perlen befanden. Die Kuratoren fanden heraus, dass die Flasche eine Beschwörung enthielt, um jemandem zu schaden.

Die Nichte einer Freundin wiederum fand eine Flaschenpost mit der simplen Botschaft »du neugieriges Arschloch«. Doch Neugier kann sich auch lohnen. Eine auf Shetland angespülte Flaschenpost, die von New York über den Atlantik gereist war, brachte dem Finder eine Belohnung von 1000 US-Dollar. Ich wage es nicht, mir einen solchen Fund zu wünschen, das Meer bestraft Gier. Das wusste auch Tove Jansson. In *Das Sommerbuch* gibt es eine Passage, in der die kleine Sophia und ihre Großmutter Strandgut suchen. Sie finden genau das, was sie brauchen: eine Gin-Kiste, in der sie die gerade ausgegrabene *Rosa rugosa* nach Hause tragen können, und eine alte Ledermütze, um die gesammelten Pilze zu transportieren. Und als die Großmutter Durst hat, sucht Sophia den Strand ab und findet eine angespülte Flasche

DIE STRANDSAMMLERIN

Zitronenlimonade, die beim Öffnen noch zischt. Sophia ist daraufhin in Hochstimmung und will gleich noch einmal losziehen, um eine neue Gießkanne für ihre Großmutter zu suchen. Doch die Großmutter hat »das Gefühl, dass man das Schicksal nicht herausfordern dürfe«, daher rudern sie nach Hause.

An meinem letzten Morgen auf den Out Skerries wandere ich zum Head of Bloshin, einer Landzunge mit dunkelblauen Tümpeln, um ein bisschen Zeit für mich und meine Gedanken zu haben, bevor ich in meinen Familienalltag zurückkehre. Der Horizont ist klar zu erkennen, obwohl der Himmel und das Meer dasselbe bombastische Grau haben und ein kalter Wind weht. Das entspricht genau meiner Vorstellung von der Nordsee, sie ist irgendwie bedrohlicher und grauer als der strahlende, luftige Atlantik, den ich von unserem Haus aus sehen kann.

Ich setze mich auf ein weiches Polster aus Grasnelken neben mehreren Möwen-Gewöllen verschiedener Herkunft. Ein Mantelmöwenpaar, das oben auf Lamba Stack sitzt, fängt an zu schimpfen, und ich denke schon, dass ich ihren Ruheplatz beanspruche, doch dann sehe ich das große Möwenküken, das auf einem Felsvorsprung unterhalb meines Sitzplatzes hockt. Eine der erwachsenen Möwen fliegt los und steigt hoch in die Luft, bevor sie zum Angriff ansetzt und über meinen Kopf hinwegstreicht. Das ist nichts für schwache Nerven, trotzdem bleibe ich. Die Felsen sind uneben, und ich habe ewig gebraucht, um zu diesem Aussichtspunkt zu kommen. Nach zwei weiteren Angriffen im Sturzflug gibt die Möwe auf und fliegt zu Lamba Stack zurück. Als sie landet, startet eine Gryllteiste vom Felsen und lässt sich mit ausgestreckten Flügeln Richtung Wasser fallen.

Die Möwen-Gewölle sind fein säuberlich angerichtet wie die Menüfolge eines Restaurants. Ein Gang bestand aus Kaninchen: ein Gewölle aus Fell und mit Sehnen ummantelten Knochen. Ein Gang war eine eine Gryllteiste: ein Kügelchen aus Federn und einem spitzen Schädel. Ein Gang mit Krabben: eine hübsche Skulptur aus zerdrückter Schale und gefalteten Krabbengliedern. Ich nehme den Schädel der *tystie* mit, was ich jedoch später bereue: Er stinkt, was kein Wunder ist, denn er ist vollgestopft mit halb verdauten Innereien.

Durch mein Fernglas sehe ich eine kleine Jacht am Horizont, die von Norwegen kommt. Im starken Wellengang schaukelt sie heftig von einer Seite auf die andere. Als sie den geschützten Kanal zwischen Bound Skerry und dem Head of Bloshin erreicht, kann ich den Namen lesen: *Lady Hysteria*.

Bei der Überfahrt segelte sie vielleicht an zwei oder drei Glasflaschen vorbei, die sanft im Wasser wippten, ins Meer geworfen zu Ehren von Anna und im Gedenken an Donnie. Wieder daheim, warte ich, während ich damit beschäftigt bin, zwei Kinder großzuziehen und meinen Lebensunterhalt zu verdienen, auf eine Nachricht, dass eine meiner Flaschen irgendwo an der norwegischen Küste gefunden wurde. Und Ole A. Andersen, der die Flasche aus dem Trussi Geo verschickt hat, muss sich auch noch melden, aber das wird er vielleicht, eines Tages.

Die Eikapsel

Wenn ich am Strand eine angespülte Eikapsel entdecke, überkommt mich ein Gefühl, das eher an Liebe erinnert als an den Wunsch, sie zu besitzen. Und wenn ich im Traum eine Eikapsel gefunden habe, wache ich jedes Mal mit einem Glücksgefühl auf. Dabei ist der Fund meiner ersten »Nixentasche«, wie die Eikapsel eines Rochens oder Katzenhais auch genannt wird, nicht mit glücklichen Erinnerungen verbunden.

Einige Monate nach unserem Umzug nach Schottland war ich zu meiner großen Freude wieder schwanger. Wir hofften auf ein zweites Kind. Ich verlor das Gefühl, auf der Stelle zu treten, während mir die Zeit durch die Finger rann. Doch noch vor der Ultraschalluntersuchung in der zwölften Woche war die Schwangerschaft schon wieder vorbei. Ich glaubte, überall zu versagen. Ich fand keine Arbeit, und ich hatte es nicht geschafft, das Unge-

DIE EIKAPSEL

borene zu behalten. In den Wochen nach dem Verlust ließ ich unseren Sohn bei meinem Mann und wanderte am Strand entlang in der vagen Vorstellung, ich könnte meine Trauer irgendwie dem Meer überantworten.

Drei Monate später war ich erneut schwanger. Ein paar Tage vor der Ultraschalluntersuchung in der zwölften Woche spürte ich, dass etwas nicht stimmte. Ich hatte leichte Blutungen, aber das ist in den ersten Schwangerschaftswochen nicht so ungewöhnlich. Doch irgendetwas, ich konnte nicht genau sagen, was, veranlasste mich, im Krankenhaus von Lerwick anzurufen. Mein Mann war bei der Arbeit und irgendwo über der Nordsee in seinem Hubschrauber unterwegs. Ich ließ meinen einjährigen Sohn weinend in einer Krippe zurück und fuhr selbst zum Krankenhaus. Das Gesicht der Hebamme im Ultraschallraum verriet nichts, doch ihre Suche nach einem Herzschlag zog sich so lange hin, dass mir bald klar war, dass sie keinen finden würde. Als sie mir bestätigte, dass mein Kind gestorben sei, war ich selbst überrascht, mit welcher Wucht mich die Trauer überkam.

Nachdem ich mich wieder angezogen hatte, wurde ich in einen Raum geführt, wo die Kontrolluntersuchungen von Schwangeren durchgeführt werden. Überall an den Wänden hingen Plakate von lächelnden werdenden Müttern. Die leitende Hebamme erklärte mir, dass ich eine verhaltene Fehlgeburt gehabt hätte. Mein Körper glaubte immer noch, ich sei schwanger. Doch ich hatte auch ohne körperliche Anzeichen gespürt, dass etwas nicht stimmte.

Ich könne nun, erklärte die Hebamme, entweder auf eine natürliche Lösung warten oder mich einem operativen Eingriff unterziehen, bei dem die »verbliebenen Produkte der Frucht« entfernt würden. Ein Arzt hatte sich einmal bei mir für diesen kalten, unbeholfenen Begriff entschuldigt, doch mir fällt auch keine Formulierung ein, die es für Kopf oder Herz leichter machen würde.

Ich hätte auch in die große Klinik nach Aberdeen gehen können, doch das waren über 300 Kilometer mit dem Flugzeug oder mit der Fähre. In meiner Situation und ohne Begleitung schreckte ich vor der langen Reise zurück.

Vor der Operation hatte ich Angst. Obwohl die Methode als sehr sicher gilt, ist die Liste möglicher Komplikationen entmutigend, zumal jede Operation mit Vollnarkose auch Risiken birgt. Mein Körper hatte schon einmal eine Fehlgeburt auf natürliche Weise bewältigt, ich hatte also keinen Grund zu der Annahme, dass er es nicht noch einmal tun würde.

Zwei Wochen später hatte ich den Termin in der Gynäkologie. Beim Ultraschall bestätigte sich, dass meine Gebärmutter immer noch das ganze »Gewebe« einer Schwangerschaft enthielt. Ich entschied mich, weiter zu warten. Zwei weitere Wochen verstrichen, dann hatte ich erneut einen Ultraschalltermin, dieses Mal allerdings in der Ambulanz. Im betriebsamen Wartebereich fühlte ich mich unwohl; die Ruhe und Diskretion der Gynäkologie-Abteilung wären mir lieber gewesen. Außerdem war die Frau, die die Ultraschalluntersuchung durchführte, keine Hebamme. Sie mied jeden Augenkontakt und bestätigte nur kühl, dass meine Gebärmutter immer noch nicht leer sei. Sobald ich wieder angezogen war, wurde ich hinausgescheucht. Es gab keinen Arzt und auch keine Geburtshelferin, mit denen ich sprechen konnte. Ich

DIE EIKAPSEL

kehrte voller Scham nach Hause zurück, fühlte mich ratlos und verloren und wusste nicht, was ich tun sollte.

Ich hatte die ganze Zeit über das Haus nur selten verlassen, aus Furcht, dass Blutungen einsetzen könnten. Mein Mann versorgte mich, wenn er daheim war, aber wenn er arbeitete, erschöpfte mich die Betreuung unseres kleinen Sohnes schon völlig. Die Einsamkeit war erdrückend.

Am Ende entschied doch nicht mein Körper. Kurz nach dem Ultraschall in der Ambulanz überkamen mich immer wieder Gedanken, mir etwas anzutun. Ich wusste, dass ich sie nicht in die Tat umsetzen würde, wagte aber nicht, mit anderen darüber zu sprechen – aus Angst, man könnte denken, ich sei nicht in der Lage, mich um meinen Sohn zu kümmern. Mein Mann wusste, dass ich zu kämpfen hatte, doch das ganze Ausmaß meines Zustands vertraute ich nicht einmal ihm an.

Schließlich rief ich in der Gynäkologie an und vereinbarte einen Termin für eine OP, allerdings nur unter der Bedingung, dass ich mich in einem Krankenzimmer auf der Station von dem Eingriff erholen konnte. Bei einer ambulanten Operation auf Shetland kann es sein, dass man in einem vollgepackten Krankensaal mit allen möglichen Patienten aufwacht. Ich wollte niemanden treffen, den ich kannte, doch in einem kleinen Krankenhaus ist es fast unmöglich, anonym zu bleiben. Die Hebammen waren einverstanden; auf der Entbindungsstation war nicht viel los, sie konnten ein Zimmer entbehren. Die OP-Schwester war freundlich, doch weder der Chirurg noch der Anästhesist redeten mit mir oder sahen mir auch nur ins Gesicht. Ich lag da und weinte stumm vor mich hin.

DIE STRANDSAMMLERIN

Der Eingriff war erfolgreich in dem Sinn, dass ich das Krankenhaus noch am selben Tag mit einer ausgeschabten Gebärmutter verlassen konnte. Die verstörenden Gedanken, mir etwas anzutun, wichen weniger gewalttätigen Überlegungen. Als ich vom Auto aus aufs Meer sah, stellte ich mir vor, wie es wohl wäre, wenn ich einfach immer weiter ins kalte Wasser waten würde, ohne den Impuls, an den Strand zurückzukehren.

Einige Wochen später bekam ich einen Anruf, in dem mir ein Arzt mitteilte, dass in dem »nekrotischen Material«, das aus meinem Uterus entfernt worden war, nichts Bedenkliches gefunden worden sei. Wochenlang hatte ich starke Blutungen. Als sie aufhörten, begann ich wieder aus dem Haus zu gehen und so zu tun, als ob alles seinen normalen Gang gehen würde.

Im Rückblick wundere ich mich darüber, dass weder ein Arzt noch eine Hebamme auf den Gedanken kam, sich nach meiner seelischen Verfassung zu erkundigen. Ich wurde auf meinen Körper reduziert. Mein Körper hatte ein Leben in sich getragen, das gestorben war, und nun wurde erwartet, dass ich damit irgendwie klarkam. Mir wurde ein schlecht fotokopiertes Faltblatt in die Hand gedrückt, das auf ein Forum im Internet verwies, wo sich Frauen nach einer Fehlgeburt anonym austauschen konnten. Wie ich feststellte, waren auch sie von Kummer überwältigt. Da waren wir also mit unserer Trauer, sicher verwahrt an einem virtuellen und verborgenen Ort, wo wir niemanden stören würden.

Ich versuchte, diese schwierige Erfahrung hinter mir zu lassen, indem ich allein lange Spaziergänge an den niedrigen Klippen am Ende einer langen Halbinsel unternahm. Ich vertraute dem Wind meine Abschiedsworte an. Es fühlte sich nicht so an, als ob sich danach etwas verändert hätte. Doch als ich beim nächsten Mal den Weg entlangging, fand ich neun miteinander verbundene Eikapseln am Ufer – Eikapseln eines Kleingefleckten Katzenhais. Die langen Tentakeln, mit denen eine Eikapsel normalerweise an einer Wasserpflanze befestigt ist, hatten sich miteinander verschlungen, als ob die Katzenhaimutter gedacht hätte, das würde als Anker genügen, um ihre Jungen zu sichern. Jede Kapsel enthielt einen leblosen Embryo. Es kam mir so vor, als ob das Meer oder der Wind oder beide meine Trauer wieder an mich zurückgegeben hätten. Das war meine erste Begegnung mit Eikapseln, die ich auch heute noch deutlich vor Augen habe.

Auf Shetland gibt es ein Volksmärchen, in dem der Tod sich in einer Eikapsel verfängt und festsitzt. Ich denke oft daran. Manchmal ist die Bedeutung schwer zu fassen, ein andermal erkenne ich sie klar und deutlich. Das Märchen erzählte mir ein bekannter shetländischer Geschichtenerzähler, der mittlerweile verstorbene Dr. Davy Cooper, der es wiederum von Lawrence Tulloch hatte, einem weiteren shetländischen Geschichtenerzähler. Hier die Geschichte in meinen eigenen Worten:

Es war einmal ein junger Mann, der mit seiner Mutter an der Küste lebte. Sein Vater war vor vielen Jahren ertrunken. Seit diesem tragischen Tag war das Leben hart und schwer für die beiden. Dann wurde die Mutter krank, und der junge Mann konnte den Gedanken nicht ertragen, auch sie zu verlieren. Mit

DIE STRANDSAMMLERIN

jedem Tag wurde sie schwächer, und ihm war klar, dass sie ihm langsam entglitt. Eines Morgens hatte er die Idee, dass er für seine Mutter eine Fußbank machen könnte. Er ging zum Strand, um nach Treibholz zu suchen. Er war so vertieft, dass er die Gestalt, die plötzlich neben ihm auftauchte, zunächst gar nicht bemerkte. Es war der Tod, der gekommen war, um seine Mutter zu holen.

Blitzschnell stürzte sich der junge Mann mit einem Stück Treibholz auf den Tod und schlug ihn zu Boden. Der junge Mann suchte den Strand ab und entdeckte eine große Eikapsel, die an einem Ende offen war. Stück für Stück stopfte er den Tod in die Eikapsel und versiegelte sie anschließend mit einem klebrigen, öligen Teerklumpen, der im Spülsaum lag. Die versiegelte Eikapsel versteckte er.

Als er nach Hause zurückkehrte, hatte sich seine Mutter aus dem Lehnstuhl erhoben und stand am Herd. Schon bald ging es ihr so gut, dass sie wieder auf dem Feld arbeiten konnte. Eine Zeit lang ging das Leben seinen alten glücklichen Gang. Der junge Mann vergaß die Eikapsel und ihr dunkles Geheimnis.

Doch im Lauf der Zeit stellten der junge Mann und seine Mutter fest, dass nichts auf ihrem Hof starb. Das Gras wuchs hoch, aber sie konnten kein Heu daraus machen. Die Schafe ließen sich nicht schlachten, und die Fische, die der junge Mann aus dem Meer holte, zuckten und wanden sich im Netz, sosehr er auch versuchte, sie zu töten.

Die Mutter merkte schon bald, dass etwas nicht stimmte, und stellte ihren Sohn zur Rede. Er gestand sofort, was er getan hatte. Mit Tränen in den Augen sagte sie ihm, dass er den Tod

DIE EIKAPSEL

freilassen müsse. Er sah ein, dass sie recht hatte, holte schweren Herzens die Eikapsel aus ihrem Versteck und gab dem Tod am Strand die Freiheit wieder. Am nächsten Tag starb seine Mutter. Der junge Mann war tief bekümmert. Langsam kehrte auf dem Hof wieder Normalität ein. Der junge Mann lebte weiter, genau wie seine Trauer.

Mein nächster Fund einer Eikapsel ist mit glücklicheren Erinnerungen verbunden. Ich wurde erneut schwanger, nicht lange nach der verhaltenen Fehlgeburt, und obwohl die Schwangerschaft mit Übelkeit und Erbrechen einherging und als weitere Begleiterscheinung schmerzhaft entzündete Gelenke hinzukamen, behielt ich das Kind und brachte im strahlenden Frühsommerlicht Ende Mai meine Tochter zur Welt.

Im Jahr darauf strandeten bei Scolla Wick auf der Insel Unst zwei Pottwale. Wir fuhren hin, um sie uns anzusehen. Es war ein trüber Tag im März. Ich packte meine Tochter in einen Schneeanzug, um sie vor der feuchten Luft zu schützen, und mein Mann trug sie hinunter zum Strand. Unser Sohn stapfte neben mir her, seine warme kleine Hand in meiner. Wir gingen in Richtung der Eissturmvögel, die in einer Wolke über der Stelle am Strand schwirrten, wo die toten Wale lagen.

Ein Mann und sein erwachsener Sohn erreichten den Strand vor uns, wo sich eine lose Gemeinschaft von Schaulustigen gebildet hatte. Dem jungen Mann wurde der durchdringende Gestank schon bald zu viel, und er übergab sich ins Gras. Einige der Anwesenden waren viele Kilometer gefahren, um die Wale zu sehen, doch sie blieben nur ein paar Minuten. Der Gestank war stärker als die Neugierde.

Mein Sohn und ich standen da und bestaunten die Wale. Mein Mann schien richtiggehend geschockt angesichts der riesigen Kreaturen. Ein Wal war kleiner als der andere, beide waren männlich; ihre Penisse wippten an der Meeresoberfläche. Die Haut des größeren Wals war von langen, blassen Narben gezeichnet, vielleicht stammten die Wunden von den Zähnen anderer Walbullen. Die Unterkiefer beider Wale hingen schlaff herab, und die Spitzen ihrer Zähne stachen durch die Wellen. Öliger Schaum bedeckte die Kieselsteine des kleinen Strandes. Ein ablandiger Wind blies zwei Lachen Waltran weit hinaus aufs Meer.

Im Schaum unter dem größeren der beiden Wale trieb eine Eikapsel, die ich in dieser Form noch nie gesehen hatte. Ich kletterte die niedrige Böschung hinunter und holte sie mir. Sie war braun, fast rechteckig und wirkte ein bisschen zerfleddert, mit einem langen Stachel an jeder Ecke. Sie passte genau in meine Hand.

An den Walen wurde keine Autopsie durchgeführt, daher blieb die Todesursache im Dunkeln. Ein Schiff schleppte sie zum Strand von Sandwick, wo sie im weißen Muschelsand begraben wurden. Doch vorher wurde tatsächlich noch jemand dabei erwischt, wie er versuchte, die Kiefer abzuhacken, um die Zähne als Trophäe mitzunehmen.

Am Abend, zurück in unserem warmen Heim, holte ich die Eikapsel aus meiner Jackentasche und legte sie auf den Küchentisch. Ich klappte meinen Laptop auf und suchte im Internet nach einer ähnlich aussehenden. Mithilfe der vom Shark Trust

DIE EIKAPSEL

aufgelisteten Merkmale identifizierte ich sie als Eikapsel eines Nagelrochens.

Ich war auf Anhieb fasziniert. Durch den Fund dieser Eikapsel fand ich zu meiner umfassenden Neugier an der Natur zurück, die ich nach meiner zweiten Fehlgeburt verloren hatte. Ich liebe Eikapseln mit ihrer bizarren Schönheit, weil sie mir mehr als jeder andere Strandfund helfen, mich mit meiner Fantasie ins Meer zu versetzen. Und ich liebe sie aufgrund der ganz persönlichen Bedeutung, die sie für mein Leben haben.

Die Geburt meiner Tochter markierte genau wie der Fund der Eikapsel einen Wendepunkt: Ich konnte den Blick wieder nach außen richten. Als ich damals am Strand stand und auf die toten Wale und die Eikapsel schaute, glaubte ich noch, dass sich mein Körper von der Schwangerschaft erholen würde. Ich dachte, dass ich die seelische Belastung und die Trauer nach meinen beiden Fehlgeburten überwunden hätte. Ich musste erst noch lernen, dass die Schwangerschaft meinen Körper auf eine Art und Weise verändert hatte, von der er sich nicht mehr erholen konnte, und dass damit weiterer Kummer verbunden war.

Eine häufige Begleiterkrankung von Arthritis sind Depressionen. Noch wird in Fachkreisen diskutiert, ob dafür eine direkte Entzündung im Gehirn verantwortlich ist oder ob es sich eher um eine indirekte Auswirkung handelt – Folge einer veränderten Lebensweise mit weniger Bewegung, zunehmender Isolation, schwindendem Selbstwertgefühl und zermürbenden Schmerzen. Beide Ursachen sind möglich und plausibel. Wesentlich eindeutiger ist hingegen der Effekt, wenn die Symptome, mit denen man zu kämpfen hat, nicht ernst genommen werden.

Meine psychische Verfassung verbesserte sich erheblich, als ich zu ebenjener gewissenhaften und erfahrenen Rheumatologin überwiesen wurde. Ich wusste, dass sie mir zuhörte, und hatte nun Zugang zu einer Behandlung, von der mein körperliches Wohlergehen enorm profitierte. Trotzdem blieben die verstörenden Gedanken, mir etwas anzutun. Mein Zuhause kam mir manchmal so gefährlich vor wie der Rand einer Klippe. Diese extreme Anspannung kann sehr anstrengend sein.

Als meine Tochter drei Jahre alt war, wandte ich mich wegen meiner psychischen Probleme zum ersten Mal an einen Allgemeinmediziner. Doch ich gab mich zu munter und beschönigte die Details. Erst ein Erlebnis mit einer Rotdrossel, einem Singvogel aus der Familie der Drosseln, brachte mich dazu, erneut Hilfe zu suchen, dieses Mal mit mehr Ehrlichkeit. Die Rotdrossel war auf der Flucht vor einem Merlin mit großer Geschwindigkeit gegen unser Küchenfenster geprallt. Ich fand sie am Boden, ein Auge hing an feinen Sehnen aus ihrem zerschmetterten Schädel. Grenzen lösten sich auf, in meiner Vorstellung war ich dieser zerschmetterte Vogel.

Ich vereinbarte einen weiteren Termin bei meinem Hausarzt. Er hörte mir mitfühlend zu, bemerkte meine Scham und konnte sie mindern. Die Unterstützung und Anleitung durch zwei Mitarbeiterinnen des Community Mental Health Teams verringerte sie noch weiter. Dank dieser Hilfe bleibt eine Rotdrossel nun eine Rotdrossel, und das Meer ist für mich wieder ein Ort, den ich stets auch wieder verlassen will.

DIE EIKAPSEL

Als ich noch für den Naturschutz arbeitete, reiste ich an viele Orte, die als »Wildnis« gelten. Dass ich mit meinem Sohn schwanger war, stellte ich während einer Forschungsreise im Bale-Mountains-Nationalpark in Äthiopien fest, und meine erste Erfahrung mit morgendlicher Übelkeit hatte ich in einem Zelt in der Serengeti in Tansania. Mein Sohn reiste *in utero* mit mir in die rumänischen Karpaten. Trotzdem ist meine Gedankenwelt der wildeste Ort, an dem ich je gewesen bin.

Im Februar 2019 überrede ich meine Familie zu einem Strandgutsammler-Urlaub auf Orkney. Meine Kinder sind von der Aussicht nicht begeistert, weshalb ich sie mit einem Ausflug ins Spielzeuggeschäft von Kirkwall besteche. Mein Sohn entscheidet sich für Lego, meine Tochter für eine flauschige Plüschkatze. Ich fühle mich selbst wie ein Kind im Spielwarenladen. Ich hoffe, die beeindruckenden Eikapseln des Großen Glattrochens zu finden, des größten und seltensten Rochens der Welt. Nach mehreren Jahren Strandgutsammeln auf Shetland habe ich nur fünf Eikapseln gefunden, jede größer als meine Hand. Doch ich habe gehört, dass es auf Orkney Strände gibt, wo man gleich einen ganzen Arm voll einsammeln kann.

Auf der Website des Orkney Skate Trust heißt es, dass der Große Glattrochen weltweit stärker vom Aussterben bedroht ist als der Blauwal. Ich habe noch nie einen lebenden Glattrochen gesehen. Seine Brustflossen oder »Flügel« können eine Spannweite von zwei Metern haben. Ich würde gern einmal einem im Meer begegnen und diese typische wellenförmige Bewegung an seinen Flossenrändern sehen, wenn er durchs Wasser »fliegt«. Ein Freund hat mir erzählt, dass er Rochen vom Boot aus mit der Angelrute gefangen hat, im *voe* unter seinem Haus. Er ließ sie wieder frei, sie schwammen davon. Ich habe keine große Hoffnung, einen Rochen lebend zu sehen. Ich verbringe zu wenig Zeit auf Booten oder im Meer. Aber wenn ich mir unter allen Geschöpfen dieser Erde ein Tier aussuchen könnte, das ich unbedingt einmal sehen will, dann wäre es der Große Glattrochen.

Auf Shetland lautet der Tabuname der Fischer für den Rochen *hekla*, was im Altnordischen »Mantel« bedeutet. Einmal wurde bei Lerwick ein Großer Glattrochen angeschwemmt und vom Wasser über einen Felsen drapiert. Er lag mit offenem Maul auf dem Rücken. Die Zähne sahen aus wie in konzentrischen Kreisen angeordnete, fein säuberlich aufgestickte schimmernde Perlen. Jeder Zahn war scharf, zusammen bilden sie ein beeindruckendes Waffenarsenal, das stark genug ist, um die harten Schalen von Schnecken, Muscheln und Krebsen zu knacken. Der Rochen auf dem Felsen war nicht sehr groß, etwa einen Meter lang; zu jung, als dass er bereits für Nachwuchs gesorgt hätte.

Es ist seltsam, sich einen Fisch als ovipar, also eierlegend vorzustellen, man denkt dabei eher an Vögel. Nur die Echten Rochen aus der Familie der Rajidae (neben den Glattrochen auch der Fleckenrochen, Nagelrochen und der Kuckucksrochen, deren »Nixentaschen« besonders schön sind) und einige Haiarten legen Eikapseln. Andere Rochen sind lebend gebärend.

In der frisch gelegten Eikapsel befindet sich ein Embryo, der mit dem nahrhaften Eidotter verbunden ist. Die Wand der Eikap-

DIE EIKAPSEL

sel ist fest genug, um den Embryo zu schützen, gleichzeitig aber auch durchlässig, um ihn mit Sauerstoff zu versorgen. Wenn der kleine Fisch heranwächst und irgendwann zu groß für die enge Kapsel wird, öffnet sie sich an einem Ende und der junge Rochen gleitet ins Meer. Die »Schale« der Eikapsel besteht aus einer keratinähnlichen Substanz und fühlt sich ein bisschen wie Leder an. Sie lässt sich nur schwer zerreißen. Allerdings können Meeresschnecken mit ihren Raspelzungen Löcher hineinbohren. Ich überprüfe jede Eikapsel, die ich finde, auf diese Bohrlöcher und sehe sie relativ oft. Und jeder geraubte Embryo macht mir mehr zu schaffen, als er sollte.

Man weiß, dass weibliche Große Glattrochen ihre großen Eikapseln in Geröllfelder auf sandigem Boden ablegen. Die Felsbrocken schützen die Eikapseln vor den Gezeiten, und der fehlende Auftrieb der Eikapseln verankert sie am Meeresgrund. Die Jungen schlüpfen erst nach einem Jahr oder noch später. Doch auch an einer geschützten Stelle können Stürme die Eikapseln wegreißen oder beschädigen. Oft werden sie auch durch Grundschleppnetze oder Dredgen für den Muschelfang losgerissen. Wenn ein Großer Glattrochen aus der Eikapsel schlüpft, ist er bereits groß genug, um sich in einem Schleppnetz zu verfangen. Er muss elf Jahre lang seinen Häschern entgehen, bevor er sich fortpflanzt. Und obwohl der kommerzielle Fang von Großen Glattrochen seit 2009 verboten ist, werden erwachsene Tiere, Jungrochen und Embryos nach wie vor als Beifang aus dem Meer geholt.

Vor der Westküste Schottlands gibt es ein Meeresschutzgebiet (vom Loch Sunart bis zum Sound of Jura), das eigens für den

DIE STRANDSAMMLERIN

Schutz der Großen Glattrochen ausgewiesen wurde. Das Ernten von Muscheln, die Schleppnetzfischerei und die Langleinenfischerei sind dort seit 2016 verboten, allerdings gab es bis Anfang 2019 zweiundzwanzig Berichte über mutmaßlich illegale Fischerei. Der Fang von Rochen zu Sportzwecken ist in dem Gebiet nach wie vor erlaubt, sie müssen jedoch ins Meer zurückgeworfen werden. Die Angler werden aufgefordert, Fotos zu machen, bevor sie die Rochen wieder freilassen. So konnten mehr als 200 einzelne Rochen anhand der einzigartigen Zeichnung ihrer Rückenhaut identifiziert werden. Mit der zunehmenden Datenmenge sollte es möglich sein, die Zahl der Großen Glattrochen in einem Gebiet zu schätzen und einen Einblick in ihr Wanderverhalten zu erhalten.

Mich verfolgt immer noch ein Foto aus den Social Media, aufgenommen von einem Angler in einem Meereskajak. Die Angelrute biegt sich unter dem Gewicht eines Rochens, der mit einem Haken im Maul an der straff gespannten Angelschnur hängt. Es ist ein Weibchen, der blasse Bauch zeigt zur Kamera, aus einem Schlitz ragt halb eine Eikapsel, als ob das Weibchen durch den Schock eine Fehlgeburt hätte. Wenn ich bei unserem örtlichen Fischhändler stehe und die Rochenflügel sehe, die dort auf dem Eis liegen, denke ich an den Körper der Fische, denen sie abgeschnitten wurden. Wenn es ein weiblicher Rochen war, befand sich dann noch eine Eikapsel mit einem lebenden Embryo in ihrem flügellosen Körper, als der auf den Müll geworfen wurde?

Im Mittelmeer gibt es eine Organisation namens Sharklab-Malta, die die Eikapseln der Rochen und Haie rettet, die auf dem

DIE EIKAPSEL

Fischgroßmarkt landen. In Salzwassertanks werden die Eikapseln gehegt, die geschlüpften Jungen werden später wieder freigelassen. Das ist natürlich nur ein Tropfen auf dem heißen Stein, wenn man an die vielen gefangenen Rochen und Haie denkt, trotzdem bewundere ich dieses Engagement. Es ist ein Beispiel dafür, sich weiter um den Schutz der Tiere zu bemühen, auch wenn die Erfolgsaussichten gering sind.

Wir nehmen die frühe Morgenfähre von Kirkwall zur Insel Sanday. Die neuen Legos und die flauschige Plüschkatze sind zusammen mit meinen Kindern auf dem Rücksitz des Mietwagens verstaut. Mittlerweile sind sie fünf und acht, und ich bin so dankbar, dass es sie gibt. Selbst in den schwierigsten Zeiten spüre ich die starke Bindung zu ihnen. Sie sind eine Quelle tiefer Freude. Irgendwie haben mein Mann und ich die Stürme des Lebens mit Fehlgeburten, chronischer Krankheit und psychischen Problemen überstanden. Ich nehme seit fast einem Jahr Immunsuppressiva, die gut wirken, auch wenn ich mit Nebenwirkungen wie Übelkeit und Erschöpfung zu kämpfen habe. Ich habe schon seit längerer Zeit keine Steroide mehr gebraucht. Den Ausflug nach Sanday kann ich ohne Schmerzen genießen.

Das Meer ist außergewöhnlich ruhig, und die Sonne scheint so warm, dass ich sogar überlege, Sonnencreme zu kaufen. Eisenten, geliebte Überwinterungsgäste aus dem hohen Norden, schwimmen in dichten Schwärmen auf dem Meer. Sie wirken ein bisschen fehl am Platz, wie Partygäste, die zu lange bleiben; dabei ist es die Wärme, die nicht zur Jahreszeit passt.

DIE STRANDSAMMLERIN

Auf mich, die ich an Shetland gewöhnt bin, wirken die Landschaft und das Meer der Orkneys sanft, geradezu lieblich. Die flache Küste wird von glatten, schräg abfallenden Felsplatten umrahmt. Wenn nach einem Regen die Sonne herauskommt, bilden die Felsen einen schimmernden silbernen Ring um die Inseln. Wir kommen an vielen flachen, grasigen Inselchen vorbei. Auf manchen liegen Robben wie eine Art graue Decke.

Die Fähre läuft zuerst die Insel Stronsay an. Wir stehen an Deck und beobachten das Be- und Entladen. Ein Kalb wird an einem Strick die Rampe hinuntergeführt und einem älteren Mann übergeben, der das Tier mit gutem Zureden in seinen Lieferwagen bugsiert. Ein Mönch in langer schwarzer Kutte dirigiert einen Lastwagen mit Baumaterial von der Fähre.

Die Mönche von Papa Stronsay gehören der Ordensgemeinschaft der Transalpinen Redemptoristen an, die einer traditionellen Auslegung des katholischen Glaubens folgt. Ich betrachte das streng wirkende Kloster durch mein Fernglas. Später leitet mich meine Neugierde zu ihrem Blog. In einem Posting wird von der Teilnahme an einer Demonstration von Pro-Life-Anhängern 2013 vor einer Abtreibungsklinik im US-Bundesstaat Nebraska berichtet. Abtreibung wird als »Genozid« bezeichnet. Der Protest hatte Erfolg, wie ein Mönch triumphierend schreibt, Frauen wurden von einem Besuch der Klink abgehalten. Von der Fähre aus fällt mir auf, dass die Insel der Mönche klein ist und kaum aus dem Wasser ragt.

Als klar war, dass meine Iliosakralgelenke durch die Schwangerschaft dauerhaft geschädigt waren, sprachen mein Mann und ich darüber, was eine erneute Schwangerschaft für meinen Kör-

DIE EIKAPSEL

per und meine Psyche bedeuten könnte. Ich stünde dann vor einer schweren Entscheidung: Abtreibung oder das Risiko einer weiteren Zerstörung meiner Gelenke und einer Verschlimmerung meiner Autoimmunerkrankung. Darüber hinaus müsste ich meine Rückkehr ins Berufsleben erneut verschieben. Er entschied sich ohne zu zögern für eine Vasektomie.

Auf Shetland werden Abtreibungen aus medizinischen Gründen bis einschließlich der zehnten Schwangerschaftswoche durchgeführt, wenn keine Komplikationen drohen. Nach der zehnten Woche müssen Frauen, die einen Abbruch wollen, für einen chirurgischen Eingriff aufs schottische Festland reisen. Wie eine Geburt kann auch ein Schwangerschaftsabbruch auf den Inseln kompliziert sein.

Schon bald hat die Fähre am Pier von Stronsay gewendet und setzt ihre Fahrt nach Sanday fort, einer Insel, die an manchen Stellen so niedrig liegt, dass sie, vom Meer aus betrachtet, wirkt, als ob sie stellenweise eingesunken wäre. An der Ostküste der Insel erhebt sich ein zerfledderter Kamm aus sturmgepeitschten Sanddünen. Im Süden ragen auf einem Hügel kommunale Windräder auf, hoch über dem Pier, als wollten sie die alte Dieselfähre in den Hafen leiten.

An jenem Tag stehen die Rotorblätter still, weil der Wind fehlt. Die weißen Knochen eines Wals liegen platt wie eine Eiderdaune auf den Felsen von The Swarf. Der erste Strand, zu dem wir in Sanday fahren, ist die weit geschwungene Bucht von Lopness. Es ist gerade Flut, und wir müssen uns rutschend und schlitternd unseren Weg über den Seetang suchen, der die steile Kieselböschung im hinteren Teil des Strandes bedeckt. Binnen Sekunden haben sowohl meine Tochter als auch mein Sohn die Eikapsel eines Großen Glattrochens gefunden. Ich brauche ein bisschen länger, um sie zu erkennen, weil sie farblich kaum vom Braun des Seetangs zu unterscheiden sind. Aber nachdem ich eine gefunden habe, sehe ich sie anschließend überall. Ich drehe mich grinsend zu meinem Mann um und sehe, dass auch er schon die Hände voll hat. Wir alle lachen angesichts der Fülle. Ich schlucke ein Schluchzen hinunter.

Im höchstgelegenen Spülsaum sind die Eikapseln trocken, eingesunken und verschrumpelt. Aber die etwas tiefer auf der Kieselböschung wurden erst vor Kurzem angespült, sie sind glatt und prall, von Meerwasser gefüllt. Sie sind riesig, fast doppelt so lang wie meine Hand. Eine frische Kapsel ist intakt und schwer. Ich schlitze ein Ende vorsichtig mit meinem kleinen Messer auf. Wenn sie einen kleinen Fisch enthält, der aussieht, als ob er bald schlüpfen würde, können wir ihn im Meer schwimmen lassen. Doch die Kapsel ist leer, abgesehen von der klaren Flüssigkeit, die nach dem Messerschnitt herausquillt; sozusagen ein Windei. Wir sammeln weiter Eikapseln, bis unsere beiden Taschen randvoll sind.

In der Nähe des Parkplatzes, zwischen den Grasbüscheln einer Senke, liegen viele weitere Eikapseln. Sie sind etwas kleiner und stammen hauptsächlich von Fleckenrochen. Sie glänzen wie schwarzes Lackleder und sehen mit ihren langen spitzen Hörnern an den vier Ecken ein bisschen bedrohlich aus. Auf Orkney und Shetland wurden die Eikapseln früher *craws purses*, »Krähentaschen«, genannt. Auf der anderen Seite des Atlantiks sind sie auch als *devil's purses*, »Teufelstaschen«, oder *devil's pocketbook*, »Brieftasche des Teufels«, bekannt.

DIE EIKAPSEL

Mein Herz macht einen Sprung, als ich in einer der Senken die einzelne Eikapsel eines Kuckucksrochens entdecke: eine kleine bauchige Kapsel mit langen, gebogenen Hörnern. Wenn die Eikapsel des Fleckenrochens leicht beängstigend wirkt, dann erinnert die des Kuckucksrochens an eine Umarmung. Auf Shetland habe ich erst wenige Eikapseln des Kuckucksrochens gefunden; wenn sie frisch sind, schimmern sie manchmal wie Bronze. Im Winter kam einmal eine Meldung von der Insel Foula. An dem kleinen Strand an der Landspitze von Ham Voe waren über hundert Eikapseln des Kuckucksrochens angespült worden. Die Zahl klingt fast wie ein kleines Wunder, allerdings weiß ich nicht, ob sie beschädigt waren. Ältere Shetländer haben mir erzählt, dass Eikapseln aller Rochenarten früher viel häufiger waren und als Glücksbringer galten. Wir haben unser Glück ausgerottet.

Die Woche auf Sanday, die wir an wunderschönen weißen Muschel- und Sandstränden verbringen, vergeht wie im Flug. Meine Kinder genießen es, einmal keine Jacken und Pullover zu tragen. Ich beobachte jeden Morgen, wie die Sonne aus dem Meer aufsteigt, und jeden Abend, wie sie wieder untergeht, umkreist von Watvogelschwärmen und verschiedenen Gänsearten, die über den Himmel ziehen. Kein Hügel verdeckt den Blick auf das erste oder letzte Licht.

Es ist eine erstaunliche Insel; es gibt nur wenige Orte, an denen ich wie hier das Gefühl habe, dass Vergangenheit und Zukunft so nah beieinanderliegen. In der warmen Februarsonne hören wir die erste Feldlerche des Jahres singen, als wir bei Ebbe dem weiten Bogen der Bucht von Cata Sand folgen. Walknochen, von den Gezeiten freigelegt, liegen verstreut auf dem schmalen Streifen Sandstrand wie Markierungen für einen Wanderweg. Wir folgen ihnen und finden die Stelle, wo die Rippen eines vor langer Zeit begrabenen Wals an den Steinen einer neolithischen Feuerstelle reiben.

Oberhalb der Walgräber sind die hohen Dünen von Tresness mit Rabenkot bedeckt, in dem dicht an dicht die schwarzen Puppenhüllen der Tangfliege liegen. Wir beobachten einen Schwarm dieser Fliegen, der am Strand entlang nach Süden fliegt, unterhalb der Küstenschutzanlagen, die den Grabhügel von Quoyness sichern. Auf dem Erddamm in der Bucht von Stove, wo der steigende Meeresspiegel an den neolithischen Gräbern und Stellen nagt, an denen man menschliche Asche von Brandbestattungen entdeckt hat, findet mein Mann ein dünnes flaches Knochenstück in einer dunklen Schicht aus aschefarbener Erde. In Scar, wo das Meer ein Schiffsgrab aus der Wikingerzeit mit den Gebeinen einer Frau, eines Mannes und eines Kindes freigelegt hat, sammeln wir weiße Feuersteinbrocken, die einst ein Gletscher hinterlassen hat.

Ich fühle mich ganz benommen, weil sich hier auf dieser flachen, sanft geschwungenen Insel längst vergangene Zeiten so nah heranholen und zusammenschieben lassen. Am liebsten würde ich gar nicht wieder weg. Wenn ich könnte, würde ich hierbleiben und nach Eikapseln suchen, während das Meer ansteigt und das Land abträgt. Aber ich weiß, dass mich das Leben hier schnell wieder auf den Boden der Tatsachen zurückholen würde. Eine Insel kann nie die hohen Erwartungen erfüllen, die wir an sie stellen; früher oder später holt uns immer der Alltag ein.

DIE EIKAPSEL

Als wir nach einer Woche auf Orkney wieder am Flughafen von Kirkwall sitzen, gebe ich eine Tasche auf, die mehr als 200 Eikapseln enthält. Aber selbst mit all diesen Fundstücken in meinem Besitz will ich immer noch mehr. Ich frage meine Kinder, was ihnen an unserem Urlaub am besten gefallen hat, und beide antworten in schönster Einigkeit, im Sanday Youth Centre Mario Kart auf der Nintendo Wii zu spielen.

Rippenquallen, Flohkrebse und Salpen

Rupert Brooke sagte, das Strahlendste auf der Welt sei ein Blatt, auf das die Sonne scheint. Der Herr erbarme sich seiner Unwissenheit! Das Strahlendste auf der Welt ist eine Rippenqualle in einem Glasbehälter in der Sonne.

W. N. P. Barbellion, *The Journal of a Disappointed Man*

Auf Shetland erlebt man nur selten eine Hitzewelle, daher sind wir alle ein bisschen fassungslos, als die Temperaturen im Sommer 2019 für mehrere Tage auf 21 Grad Celsius klettern. Meine Kinder beäugen misstrauisch die Shorts, die ich ihnen hinhalte. Die Durchschnittstemperatur für Shetland im Juli liegt normaler-

RIPPENQUALLEN, FLOHKREBSE UND SALPEN

weise bei 14,4 Grad Celsius, Sommerkleidung benötigen wir nur selten.

Es weht kein Wind, der die Wärme mildern würde oder gegen den man sich stemmen müsste. Es ist eine Wonne. Meine Muskeln entspannen sich in der Wärme; ich genieße das ungewohnte Gefühl in meinem Körper, der sonst so oft verspannt vor Schmerzen ist oder steif aufgrund des Wetters oder beides zusammen.

Doch die Leichtigkeit wird von Bildern getrübt, die eine Welt in Flammen zeigen. Über hundert Brände wüten am nördlichen Polarkreis, im brasilianischen Amazonasgebiet sind es sogar über 75 000. Es gibt auch viele Fotos von Protesten, manche angeführt von Greta Thunberg und Fridays for Future, andere von den Aktivisten von Extinction Rebellion.

Selbst auf Shetland, wo Protestkundgebungen selten sind, werden sich schon bald über 200 Menschen am globalen Streik für ein besseres Klima beteiligen. Einige werden Plakate schwenken, auf denen »Wir Hame is on Fire« (»Our Home is on Fire« – »Unser Heim steht in Flammen«) steht. Ich werde einen Papageientaucher auf ein Stück Pappe malen – so als ob der Klimanotstand auf Shetland nicht für uns Menschen, sondern nur für andere Geschöpfe von Bedeutung wäre.

Ich bin mir nicht sicher, was die Klimakatastrophe für uns hier auf den Inseln bedeuten oder wie sie sich eventuell auf unseren Körper auswirken wird. Die Heftigkeit des Windes bei einem Sturm verursacht Schmerzen in entzündeten Gelenken. Ich spüre den Wind auf der Haut und tief in meinem Körper. Wenn ich bei einem Sturm draußen bin, kann ich mir vorstellen, was kommen wird; stärkere Winde werden vor allem diejenigen spüren, die ohnehin auf das Wetter reagieren. Obwohl die Wärme während dieser seltenen Hitzewelle meinem verspannten Körper gut tut, ist sie auch eine Warnung.

Wir gehen alle vier ans Meer. Der Himmel zeigt sich wolkenlos und von einem berauschenden Blau; der Atlantik ist vollkommen glatt. Ich lasse meine Gedanken über die Klimakrise zusammen mit meinem Handtuch am Strand zurück, um zu schwimmen, muss aber feststellen, dass das Wasser grünlich zäh und alles andere als einladend ist. Durch das kalte Frühjahr hat das Phytoplankton erst spät geblüht. Die Sicht unter Wasser ist miserabel. Wenn ich nicht sehen kann, was vor mir ist, füllt meine Fantasie das Meer mit Gefahren. Am Vortag wurden ein Stück weiter an der Atlantikküste von Shetland Orcas beobachtet, wie sie junge Seehunde jagten – jetzt stelle ich mir vor, wie sie sich hier im grünen Wasser verbergen.

Ich weiß, dass sie keine Menschen jagen, doch von einer Fähre, die zwischen den Inseln pendelt, haben wir einmal einen Orca vorbeischwimmen sehen, der ein Stück weißes Seehundfleisch im Maul hatte. Ein anderes Mal lockte mich eine Versammlung Raben an den Strand, wo ich den Magen einer ausgeweideten Robbe fand, die in der Dünung dümpelte, und heraushängende Därme, die sich wie Ankertaue um die Felsen geschlungen hatten. In meinen Träumen jagen Orcas meine Kinder, ihre Finnen tauchen aus dem Boden unseres Wohnzimmers auf.

Selbst wenn ich beim Schnorcheln nicht an Orcas denke, habe ich Angst. Panik steigt in mir auf, wenn ich mit dem Kopf ins Wasser eintauche. Oft verliere ich die Nerven und ziehe ihn mit einem Keuchen aus dem Wasser. Ich versuche es erneut,

RIPPENQUALLEN, FLOHKREBSE UND SALPEN

weil ich unbedingt die Unterwasserwelt sehen will. Sobald meine Schnorchelmaske untergetaucht ist, lässt auch meine Angst nach. Ich bin dann so fasziniert, dass ich meine Panik vergesse. Wenn ich an den Strand zurückkehre, bin ich in Gedanken immer noch bei all den seltsamen und schönen Dingen, die ich gesehen habe:

- das Auge eines Fischs, eines *sillek* oder jungen Köhlers, das meinen Blick erwidert,
- Licht, das an straffen *lukki lines,* den Schnüren der Meersaite (*Chorda filum*), entlangpulsiert,
- ein Seestern so winzig wie der Fingernagel eines Säuglings,
- eine Prozession rosafarbener Quallen bei Ebbe,
- schwebenden glitzernden Glimmer, der praktisch verschwindet, wenn sich eine Wolke vor die Sonne schiebt,
- eine winzige Einsiedlerkrabbe im einhornähnlichen Gehäuse einer Schraubenschnecke,
- Seetang, der sich in einen tiefblauen Abgrund ergießt,
- ein Brachvogel, der mich nicht wahrnimmt und auf einem nahe gelegenen Felsen landet.

Wenn man beginnt, das Meer aus dem Meer heraus kennenzulernen, ist das ein bisschen, wie wenn man eine neue Sprache lernt. Mit jedem Schnorcheln wächst das Wissen. Fließend wird man die neue Sprache nie beherrschen, doch kleine Anstrengungen, sie besser zu verstehen, machen enorme Freude. Durch das

DIE STRANDSAMMLERIN

Schnorcheln habe ich nach und nach meine Angst vor dem Meer verloren oder zumindest besser in den Griff bekommen.

∾

Beim Körpergefühl können schon geringste Unterschiede eine große Rolle spielen. 2017 kaufte ich mir einen Neoprenanzug, weil mein Wunsch, zu schnorcheln und die Welt unter der Meeresoberfläche zu erkunden, übermächtig geworden war. Eikapseln hatten meine Faszination fürs Meer geweckt, doch nun genügte es mir nicht mehr, nur gedanklich darin einzutauchen. Es war Jahre her, seit ich zum letzten Mal im Meer geschwommen war; was heißt geschwommen, ich war im Badeanzug kurz ins Wasser gegangen, hatte den Kopf aber immer über Wasser gehalten. Als ich in meinem neuen Neoprenanzug zum ersten Mal so richtig ins Meer eintauchte, überkam mich eine immense Freude. Das Meer war ganz glatt und ruhig; Seeschwalben flogen dicht über meinem Kopf. Ich tauchte mit Brille und Schnorchel und sah Schwärme winziger Fische mit silbernen Flanken, die zwischen Seegrassäulen hin und her schossen. Als ich an Land zurückkehrte, stellte ich fest, dass ich etwas von der Ruhe des Meeres mitgenommen hatte, vielleicht war sie mir auch geschenkt worden.

Ich gewann wieder mehr Vertrauen in meinen Körper, und auch mein Denken veränderte sich. Ich überlegte nicht mehr, was ich nicht mehr konnte, sondern was noch möglich war. Einen steifen Körper in einen engen Neoprenanzug zu zwängen ist nicht einfach, aber ich bin froh, dass ich es noch kann. Der Druck des eng anliegenden Anzugs auf meine empfindlichen Gelenke ist unangenehm, und durch den Auftrieb im Wasser verbiegen sich die

RIPPENQUALLEN, FLOHKREBSE UND SALPEN

beschädigten Gelenke in meiner Wirbelsäule und meinem Becken manchmal so stark, dass ich mich fast nicht mehr rühren kann. Meistens lasse ich mich von der Strömung und vom Wind treiben und paddle wie ein Wasserkäfer nicht gerade elegant zurück an Land. Nach einem Schnorchelausflug an einem kalten Wintertag im kristallklaren Wasser sind meine Hand- und Fingergelenke drei Tage lang steif. Trotzdem stärkt das Schnorcheln mein Vertrauen in meinen Körper mehr als alles andere. Ungeduldig warte ich auf die Gelegenheit, die Welt unter der Meeresoberfläche zu erkunden: auf einen geeigneten Moment, wenn sich der Wind draußen ebenso gelegt hat wie der Sturm in meinem Körper.

In der grünlichen Erbsensuppe, an die mich das Meer an jenem heißen Julitag erinnert, gewöhnen sich meine Augen nur langsam an die trübe Sicht. Überall pulsieren winzige Quallen; einige sind nicht größer als meine Fingerspitze, und ihre Tentakeln sind so fein, dass ich sie immer wieder aus den Augen verliere. Ich komme mir vor wie eine Riesin. Der Schirm jeder Mini-Qualle ist durchsichtig, gesäumt von einem Rand aus kleinen schwarzen Punkten. Die Schatten, die diese gallertartigen Geschöpfe werfen, scheinen mehr Substanz zu haben als sie selbst.

Erst vor Kurzem habe ich erfahren, dass Quallen zwei ganz unterschiedliche Lebensformen bilden. Zum einen sind das die uns allen bekannten Quallen-Medusen, zum anderen Polypen, die Kolonien bilden und am Meeresboden festgewachsen sind. Ich habe noch nie auf dem Meeresboden festgewachsene Polypen gesehen, doch gelegentlich werden vom Sturm losgerissene Seetangwedel angespült, die mit einem weißen Pelz aus Polypen bedeckt sind. In meinem Bestimmungsbuch gibt es Fotos von farnartigen Gebilden, die auf dem Meeresboden wachsen, ähnlich wie in einer Lichtung im Wald. Die fest angewachsenen Polypen pflanzen sich ungeschlechtlich fort und bilden einfach neue Polypen. Unter bestimmten Bedingungen können sie aber auch Medusen hervorbringen. Vor meinem geistigen Auge sehe ich Medusenfabriken, wo aus den Schornsteinen dicker Polypen kleine Quallen wie Rauchwolken aufsteigen.

Manchmal wimmelt es im Meer von diesen Mini-Quallen. Die Medusen werden in großer Zahl freigesetzt, alle auf einmal. Einige Medusen geben Spermien ab, andere Eier. Durch Zufall und das schiere Übermaß werden die im Wasser treibenden Eier von frei herumschwimmenden Spermien befruchtet und entwickeln sich zu Larven im Planktonstadium. Auch die Larven treiben umher, bis sie sich schließlich an neuer Stelle auf dem Meeresgrund ansiedeln. So ermöglicht die geschlechtliche Fortpflanzung der Polypen ihre Verbreitung, was auch eine Art Versicherung ist, falls der Elternkolonie etwas zustoßen sollte. In meinem Naturführer steht auch, dass noch nicht alle Medusen einer bestimmten Art zugeordnet werden konnten. Das Meer behält einige seiner Geheimnisse für sich.

Ich halte meinen Mund fest geschlossen und versuche, mir nicht allzu plastisch vorzustellen, dass ich in einem Meer voller Spermien und Eizellen schwimme. Einmal sah ich, wie eine gallertartige Masse winziger Medusen einen Strand säumte und sich in der Brandung sanft hob und senkte, als ob sie, vom Sex geschwächt und erschöpft, versuchen würden, an Land zu kommen.

RIPPENQUALLEN, FLOHKREBSE UND SALPEN

Ein Ruderfußkrebs taucht aus dem Grün auf und schwimmt zwischen den hoch aufragenden Seetangsäulen. Er bewegt sich ruckartig und nutzt seine langen Fühler, um mit ihnen durchs Wasser zu rudern. Ruderfußkrebse leben vom Phytoplankton, sein Anblick erinnert mich an das, was man im Wasser nicht sieht. In meiner Vorstellung löst sich die grüne Suppe auf und zeigt Milliarden mikroskopischer Lebensformen. Wieder verändern sich die Größenverhältnisse; ich werde noch riesiger.

Ein ovales gallertartiges Geschöpf treibt in mein Blickfeld, etwa so lang wie mein Daumen. Die Gallertmasse ist wolkig und im Wasser mit den Augen leichter zu verfolgen als die Quallen. Doch ich bewege mich zu schnell; ich kann nicht rechtzeitig abbremsen und stoße mit der Maske meines Schnorchels dagegen. Die Kreatur hängt nun waagrecht im Wasser, wie der Ballon eines kleinen Luftschiffs. Dann richtet sie sich langsam auf, bis sie wieder senkrecht steht, und erwacht zuckend zum Leben. Feine Linien schillernden Lichts fließen an ihren Seiten hinab.

Eine Rippenqualle, eine Ctenophora!

Aufgeregt versuche ich sie in meiner hohlen Hand zu fangen, um sie meinem Mann und den Kindern zu zeigen. Aber selbst diese sanfte Bewegung ist zu grob, ihr Körper zerreißt. Schlaff treibt er im Meer und zeigt kein pulsierendes Licht mehr. Mein Sohn entdeckt auch eine Rippenqualle, genau wie mein Mann, nur unsere kleine Tochter nicht, die enttäuscht und ein bisschen aufgebracht aus dem Wasser steigt.

Am nächsten Tag warten wir auf die Flut und gehen dann wieder schnorcheln, um eine für sie zu finden, zumindest rede ich mir das ein. Der Anblick der schillernden, leuchtenden Rippenqualle geht mir nicht mehr aus dem Kopf. Ich kann kaum noch an etwas anderes denken. Es ist ein bisschen so, wie wenn ich mich gerade frisch verliebt hätte. Ich will eine Rippenqualle fangen und sie eine Weile in einem Glas halten. Vielleicht ist es also gar keine Liebe, sondern der Wunsch oder das Bedürfnis, dieses schöne Geschöpf zu besitzen.

Vom Atlantik zieht eine riesige dunkle Regenwolke heran und lässt das silbrige Meer stumpf wirken. Wir schieben das Paddleboard ins Meer. Es ist windstill, wir gleiten unbehindert von Wellen durchs Wasser. Mein Mann paddelt, und ich suche das tiefere Wasser nach Orca-Rückenflossen ab. Unsere Kinder sitzen zwischen uns. Wenn man ins Wasser schaut, könnte man meinen, jemand hätte das Licht ausgeschaltet. Kein Seegras, kein Meeresboden ist zu sehen, nur undurchdringliches Dunkel. Dann driftet die geisterhafte Form einer Rippenqualle heran. Ich halte ihr eine Flasche mit großer Öffnung entgegen – und sie treibt hinein, sanft und ohne zu reißen. Derart ermutigt, sammle ich noch eine ein und auch noch gleich eine einzelne Mini-Meduse.

Ich treibe mit den Kindern auf dem Paddleboard, während mein Mann schnorchelt. Dann taucht er plötzlich auf und berichtet, er hätte gesehen, wie eine Rippenqualle eine andere umschlingt. Mich überkommt blanker Neid. Rippenquallen fressen andere Rippenquallen, auch ihre eigene Art. Manche Rippenquallen verlängern ihre Lebensdauer, indem sie die Jungen ihrer eigenen Art fressen. Sie fressen auch Plankton, unter anderem die Ruderfußkrebse, die wir im dunklen Wasser herumrudern sehen. Wir treiben durch ein vereinfachtes Diagramm der maritimen Nahrungskette. Ruderfußkrebse fressen Phytoplankton, Rippen-

RIPPENQUALLEN, FLOHKREBSE UND SALPEN

quallen fressen Ruderfußkrebse, Fische fressen Rippenquallen, Robben fressen Fische und Orcas fressen Robben. Und mit im Wasser baumelnden Beinen und dem Wissen, dass Orcas gerade irgendwo bei den Shetlands Robben jagen, fühlt sich das alles gar nicht so weit entfernt an.

Plötzlich setzt sintflutartiger Regen ein. Schweigend paddeln wir zurück. Im Osten ragt der eisenzeitliche Broch der Insel wie eine Brustwarze auf, und über uns grasen Schafe auf dem Hügelgrab. Zwei Menhire scheinen unser Vorankommen zu beobachten. Ein Seehund schwimmt in unserem Kielwasser und erschreckt unsere Tochter. Daheim legen wir uns der Länge nach auf den Asphalt und lachen, während Regenwasser unsere Körper umspült.

Befreit von unseren Neoprenanzügen und aufgewärmt durch eine heiße Dusche, lassen wir die Rippenquallen und die Meduse behutsam in einen großen Glasbehälter gleiten und beobachten unseren Fang. Eine der beiden Rippenquallen wirkt lustlos. Sie liegt passiv auf dem Boden des Behälters, als ob sie beim Einfangen verletzt worden wäre. Die andere Rippenqualle verfolgt die kleine Qualle, die sie jedoch mit ihrem pulsierenden Schirm verjagt. Sie gibt die Verfolgung auf und beginnt stattdessen, in dem nicht sehr tiefen Wasserbehälter auf- und abzusteigen.

Durch ein Vergrößerungsglas kann man ihre Geißeln erkennen, die winzigen haarähnlichen Strukturen, die wie bei einem Kamm angeordnet sind und den Rippenquallen ihren griechischen Namen Ctenophora (vom griechischen *ktenós*, »Kamm«) gaben. Mithilfe der Geißeln bewegen sich die Quallen durchs Wasser und »ernten« durch die wellenförmigen Bewegungsmuster das Licht – in Neontönen wie Blau, Lila, Grün, Orange, Gelb und Rosa. Die Lichtreflexe laufen seitlich an den Rippen entlang wie zähflüssige Öltropfen. Mein Herz zieht sich zusammen. Ich stelle mir vor, wie ich das ganze Haus mit diesen Geschöpfen fülle, ein Wasserbehälter in jedem Zimmer. Doch die schlaffe Rippenqualle erholt sich nicht. Mein Traum fällt in sich zusammen. Am Abend treiben mich meine Schuldgefühle ans Meer, wo ich alle drei gallertartigen Geschöpfe wieder freilasse. Als die Strömung sie zurück ins Meer zieht, fühle ich mich verlassen.

Im Januar wüten wochenlang Südweststürme. Als der Wind das letzte Mal so lange aus dieser Richtung blies, 1993, erlitt der liberianische Öltanker *Braer* an den Klippen von South Mainland Schiffbruch, wie mir eine Freundin erzählt.

Wenn der Wind so dauerhaft weht, nimmt er sämtliche Energie mit. Wir fühlen uns eingesperrt, weil wir nichts unternehmen können. Das Meer ist viel zu wild zum Schnorcheln, und selbst die Suche nach Strandgut bietet keinen Trost. Außerdem ist es für Januar beunruhigend warm. Das Gras ist grün geworden und die Schneeglöckchen haben schon früh geblüht, wurden aber vom Wind zerfetzt. Ich muss an ein Gespräch mit einem Meeresökologen denken. Wir redeten darüber, was der Klimawandel für Shetland bedeuten könnte. Er meinte, die durchschnittliche Windgeschwindigkeit könne sich erhöhen und es würde häufiger stürmen, noch dazu würden die Stürme mehr Schaden anrichten. Anscheinend hat die abstrakt scheinende Zukunft uns bereits erreicht.

An einem Tag mit schnell ziehenden Wolken und typischem trübem Winterlicht fahren mein Mann und ich zu einem Strand,

RIPPENQUALLEN, FLOHKREBSE UND SALPEN

der nach Südwesten ausgerichtet ist. Wir gehen den Weg hinunter zum Meer, vorbei an Baumkolossen, die über den Ozean getrieben und dann von einer Sturmflut weit ins Landesinnere getragen wurden. Als das Meer in Sicht kommt, sehen wir die windgepeitschten, zu Bergen aufgetürmten Wellen. Eissturmvögel fliegen über die wilde See, als würden sie das Meer auffordern, noch ein bisschen heftiger zu wüten. Es ist Ebbe, trotzdem mustere ich argwöhnisch den Kieselstrand; er fällt steil ab, und ich traue dem Meer bei diesem Wetter nicht.

Der Strand wird nicht oft besucht, aber von irgendjemandem gepflegt. Es gibt mehrere *noosts*, kleine steinerne Einfriedungen, die einst Boote vor Meer und Wind schützten. Im ersten *noost* hat sich jede Menge Meeresmüll angesammelt: Fischkisten, Plastikfässer und viele Flaschen, alle durch ein schweres Schleppnetz festgehalten.

Der nächste *noost* ist, abgesehen von einer Fischkiste voller Walknochen, leer; für einen Strandgutsammler eine Art Beinhaus mit Reliquien. Der Unterkiefer eines Zahnwals, ohne Zähne und grün von Moos, liegt zwischen Rippen und einem riesigen Schulterblatt, das bei meiner Berührung zu Staub zerbröselt.

In Reichweite der tosenden Brandung liegt eine frisch angespülte Segelqualle auf einem Haufen Blasentang. Ich hebe sie vorsichtig an ihrem Chitinsegel auf und drücke ihre blauvioletten Tentakeln auf die Haut an meinem Handgelenk, um ihren sanften Stich zu spüren. Vor Jahren fand ich am Strand in der Nähe unseres Hauses angeschwemmte Segelquallen, die in Kolonien nahe der Wasseroberfläche leben. Ich hatte gelesen, dass sie nicht stechen, stellte aber schnell fest, dass sie es doch tun, wenn auch nur ein bisschen. Doch das genügt für einen kurzen Schmerz. Hier am Strand verfängt sich der Wind im Segel der Qualle und reißt sie von meiner Haut, bevor sie stechen kann. Ich habe nur ihre klebrige Feuchtigkeit gespürt. Ich suche nach der Qualle, finde sie aber nicht wieder und verfluche den Wind.

Doch dann hinterlässt eine Welle etwas höchst Seltsames am Strand. Es strahlt in einem eisigen Licht und sieht aus wie aus einem Kristall geschnitten, es ist kleiner als mein Daumen, zäh und fühlt sich gummiartig an. Als ich es aufhebe, starrt mich ein vieräugiges Wesen an und hebt zwei muskulöse Zangen zur Verteidigung. Seine anderen Gliedmaßen spreizen sich und klammern sich an der Innenwand der gallertartigen Masse fest, als ob es sich für einen weiteren stürmischen Ritt in der Brandung wappnen würde. Es sieht aus wie ein kleiner Hummer aus kristallklarem Glas, der die Wucht der Wellen überstanden hat, ohne zu zerbrechen oder seine Schutzhülle zu verlieren.

Die nächste Welle spült eine zweite, ebenfalls tonnenförmige Kreatur an meine Füße. Das Innere dieser Mini-Tonne ist mit winzigen Eiern gesprenkelt. Ich gebe beide Gallerthülsen in eine Flasche, die ich zuvor mit Meerwasser gefüllt habe, und nehme sie mit nach Hause, ein bisschen verwirrt, dass ich einem Geschöpf begegnet bin, das ich nicht richtig einordnen kann.

Wieder daheim in der Geborgenheit meiner Küche finde ich heraus, dass die gläsernen Krebse eine Art Flohkrebse der Tiefsee sind – im Meer lebende Krebstiere und Verwandte der Strandflöhe oder Sandhüpfer, die an der Küste unter Steinen und im Seetang leben. Im Englischen werden sie auch *pram bug* (»Kinderwagen-Floh«) genannt, weil sie manchmal ihre Gallerthülle ver-

RIPPENQUALLEN, FLOHKREBSE UND SALPEN

lassen und im Meer vor sich herschieben. Im Französischen heißen sie *tonneliers de la mer*, »Küfer des Meeres«. Das »Fass«, in dem sie leben, stammt von anderen Meerestieren, den Salpen, einer Form der Manteltiere, die sich von Plankton ernähren. Gelegentlich übernehmen die Flohkrebse auch die Hülle einer Rippenqualle. Ich schaue vom Bildschirm auf und betrachte die kristallartige Gallerthülle. Ich erkenne die Ähnlichkeit zu den Manteltieren, aber nur schwach.

Fest im Meer verankerte Manteltiere wie etwa die Seescheide werden manchmal bei starkem Wind angespült, nachdem sie durch den heftigen Seegang vom Meeresboden oder vom Seetang losgerissen wurden. Liegen sie ausgetrocknet am Strand, sind sie als Lebewesen praktisch nicht zu erkennen. Sie erinnern an ein Klümpchen verschrumpeltes Fleisch und fühlen sich zäh und knorpelig an. Doch wenn sie frisch angespült wurden und voller Meerwasser sind, sehen sie aus wie pralle Säckchen mit zwei klaffenden Öffnungen. Ich verspüre immer den Drang, sie zu quetschen, und einmal habe ich es tatsächlich getan: Der Wasserstrahl schoss meterhoch in die Luft.

Die schematische Darstellung einer Seescheide in meinem Handbuch zeigt ein Herz, ein Gehirn, Hoden, Eierstöcke und einen Anus. Das Wasser tritt durch eine Einström-Öffnung ein. Beim Hindurchfließen bleiben die Nahrungspartikel aus dem Meer am Schleim einer netzartigen Kammer hängen. Anschließend wird das gefilterte Wasser durch die Ausström-Öffnung, die kleinere der beiden Öffnungen, wieder ausgeschieden. Ein weiterer Name der Seescheide lautet »Tunicata«, nach der gummiartigen Tunika, die ihren siphonförmigen Körper umhüllt. Die Larven der Seescheide sehen völlig anders aus. Sie haben die Form einer Kaulquappe und verfügen über ein Achsenskelett, eine Wirbelsäule im weiteren Sinn. Aufgrund dieses Larvenmerkmals werden die Seescheiden zusammen mit allen Wirbeltieren, einschließlich des Menschen, zum Stamm der Chordata gezählt. Mein Handbuch vermerkt, wie erstaunlich es doch ist, dass wir Menschen zur selben taxonomischen Gruppe wie die Seescheiden gehören. Auch ich bin ein wenig verblüfft.

In jüngster Zeit haben molekulare Analysen gezeigt, dass der Mensch sogar noch enger mit den Seescheiden verwandt ist als bisher angenommen. Der Evolutionsbiologe Andreas Hejnol ist deshalb der Meinung, dass man im Evolutionsdiskurs Begriffe wie »Leiter« oder »Baum« überdenken sollte. Durch sie werde eine Hierarchie suggeriert, die den Menschen als das am höchsten entwickelte Lebewesen präsentiert, wodurch sich falsche Vorstellungen von Primitivität im Denken festgesetzt hätten.

Hejnol schlägt vor, dass wir uns von der anthropozentrischen Sichtweise mit ihren hierarchischen Metaphern lösen und dadurch für die Komplexität von Lebewesen öffnen, die wir als primitiv einstufen, etwa Seescheiden und Schwämmen. Sie halten so einige Lektionen für uns bereit, und eine der ersten ist vielleicht Demut. Trotzdem werde ich wohl weiterhin versucht sein, den plumpen kleinen Körper jeder angespülten Seescheide, die ich am Strand finde, mit den Fingern zu quetschen.

༄

Es ist schwierig, die genaue Art einer als »Wirt« fungierenden Salpe oder Rippenqualle zu identifizieren, da ihnen ihre inneren Or-

RIPPENQUALLEN, FLOHKREBSE UND SALPEN

gane genommen wurden. Die Flohkrebse schneiden Löcher in beide Enden ihrer gallertartigen Beute und höhlen dann das Innere aus, um sich darin einzunisten. Seltsamerweise sind die Gallerthüllen der Flohkrebse robust, während die der Rippenquallen und Salpen leicht reißen. Möglicherweise injizieren die Krebse ihren Wirten bestimmte Substanzen, um die Hüllen widerstandsfähiger zu machen.

Die unablässigen Südwestwinde sind zwar unangenehm, haben mir aber diese seltsamen Lebewesen beschert. Ich sende ein Foto von meinen Flohkrebsen an die schottische Meeresökologin Rachel Shucksmith mit der Frage, warum diese Geschöpfe aus der Tiefsee angespült wurden. Sie erklärt mir, dass die Shetland-Inseln in der Nähe der Schelfkante liegen, der Stelle, an der der Kontinentalschelf in die Tiefe des Ozeans abfällt. Windbedingte Strömungen können Wasser aus dem Bereich der Schelfkante an die Küste leiten. Wenn die Flohkrebse an der Meeresoberfläche gelaicht haben, könnten sie von dieser Wasserbewegung erfasst worden sein.

Ich frage mich, was die Flohkrebse in ihrem Behälter auf dem Küchentisch empfinden – ob ihnen zum Beispiel das grelle elektrische Licht zu schaffen macht. Ihre beiden Augenpaare bewegen sich unabhängig voneinander. Die oberen Augen halten Ausschau nach den Umrissen von Lebewesen im verbliebenen Tageslicht, die unteren Augen erkennen Lichtimpulse von biolumineszenten Organismen. Meine eigenen Augen werden durch eine hektische Bewegung im Glas abgelenkt. Das Weibchen hat seine Gallerthülle verlassen und schiebt sie mit hoher Geschwindigkeit im Behälter herum, als ob es vor einer drohenden Gefahr fliehen würde.

Am nächsten Morgen ist es wieder in seiner Hülle, doch die Zahl der Eier ist kleiner geworden. Einige Junge sind geschlüpft, an die Innenseite der Hülle klammern sich winzige Flohkrebse. Als ich frisches Meerwasser nachgieße, kommt Leben in die beiden erwachsenen Tiere. Der eierlose Flohkrebs fächelt mit seinem Schwanz Wasser durch seine Gallerthülle. Gliedmaßen greifen ins Wasser und streichen über Mundwerkzeuge, die zu klein und zu durchsichtig sind, um sie mit bloßem Auge zu erkennen.

Bevor ich am Abend ins Bett gehe, werfe ich einen letzten Kontrollblick auf den Wasserbehälter. Der eierlose Flohkrebs versucht, sich in die Gallerthülle des eitragenden Krebses zu zwängen. Der Krebs mit Eiern dreht sich heftig in seiner engen Hülle und schlägt mit dem Schwanz auf den Eindringling ein. Ich schaue so lange zu, wie es meine Nerven zulassen, dann fische ich den eierlosen Flohkrebs heraus, setze ihn in ein zweites Glas mit Meerwasser und gebe auch seine Gallerthülle dazu.

Am nächsten Morgen sind beide Flohkrebse wieder in ihren Gallerthüllen. Die zwei sind vollkommen transparent, doch nach einer Weile sind sie mit Chromatophoren gesprenkelt: Zellen, die lichtreflektierende Pigmente enthalten. Die Chromatophoren sehen aus wie winzige, kreuzweise genähte Sterne aus feinstem orangefarbenem Faden. Wenn sie sich zusammenziehen, wird der Flohkrebs transparenter. Je transparenter ein Lebewesen im Wasser ist, desto besser ist es in der Lage, Beute zu machen und sich davor zu schützen, selbst zur Beute zu werden.

Am dritten Morgen finde ich den Flohkrebs mit den Eiern leblos im Glas. Das Weibchen liegt zusammengerollt in seiner Gallerthülle, wie ein Fötus im Uterus. Der Körper ist innen nun

RIPPENQUALLEN, FLOHKREBSE UND SALPEN

cremig-gelb. Die Jungen sind fast alle geschlüpft, die Eimasse ist verschwunden, und auf der Wasseroberfläche sitzen winzige Flohkrebse wie kleine Schaumkronen.

Der eierlose Flohkrebs hält noch zwei weitere Tage durch, bevor er lustlos wird und sich auch dann kaum noch rührt, wenn ich frisches Meerwasser zugieße. Ich warte auf seinen Tod. Ich möchte dieses glasige, durchsichtige Lebewesen in Gin konservieren. Als der Flohkrebs völlig leblos wirkt, will ich ihn mit einem Löffel aus dem Wasser fischen, doch er lebt noch, wie sich schnell zeigt. Aus dem Loch in der Gallerthülle schießen bewehrte Gliedmaßen heraus. Ich werfe ihn trotzdem in den Gin. Er kämpft einige Sekunden lang, schließlich rührt er sich nicht mehr. Die Gallerthülle, die ihr helles Strahlen ohnehin schon verloren hatte, wird im Alkohol noch trüber.

Ich bringe das Glas mit den geschlüpften Flohkrebsen auf der Wasseroberfläche an einen Strand und lasse sie im Meer frei. Wahrscheinlich eine vergebliche Mühe, aber vielleicht überleben einige und treiben zurück in die Tiefe des Meeres.

Die Insel Foula

Vom Altnordischen *Fugla-øy*, »Vogelinsel«

An dem Nachmittag, an dem wir für einen Kurzurlaub mit der Familie nach Foula fliegen wollen, an einem Sommertag 2019, ist der Himmel bedeckt. Der Pilot der kleinen Islander-Maschine entscheidet, dass er es trotzdem versuchen will. Der Flug dauert nur fünfzehn Minuten, doch sobald wir in der Luft sind, zeigt sich, dass die Sicht durch eine tief hängende Wolkendecke versperrt ist. Der Pilot schüttelt den Kopf und fliegt in einer Schleife zurück zum Start- und Landestreifen. Die Fähre zur Insel würde am nächsten Tag ablegen, doch die Überfahrt dauert zwei Stunden in einem kleinen Schiff auf dem offenen Meer und wir sind alle nicht sonderlich seefest. Wir buchen die Reise auf September um. Es ist natürlich eine Enttäuschung, dass wir nicht an Mittsommer reisen können, wenn die Meeresvögel ihre Jungen aufziehen, aber Foula ist kein Ort, der sich nach dem menschlichen Terminkalender richtet.

Im September, bei unserem zweiten Versuch, ist das Wetter wieder schlecht. Wir sitzen im kleinen Wartebereich für die Fluggäste, zusammen mit einem älteren Herrn, der sämtliche schottische Inseln bereist, und zwei Teenagern, die vom Internat in Lerwick übers Wochenende zu ihrer Familie fliegen. Meine Kinder, mittlerweile sechs und neun, können nicht stillsitzen und klagen über Langeweile, also schauen wir eine DVD an, einen Schwarz-Weiß-Film mit dem Titel *The Edge of the World*, der 1937 auf Foula gedreht wurde und davon handelt, wie die letzten Bewohner von St. Kilda in den Dreißigerjahren ihre alte Heimat verließen. Als im Film ein Mann von einer hohen Klippe stürzt und stirbt, fragen meine Kinder, ob wir nicht lieber wieder nach Hause könnten.

Als das Wetter schlagartig besser wird, fackelt die Crew nicht lange. Das Flugzeug gewinnt schnell an Höhe, die Route Richtung Westen sieht beruhigend klar aus. Der Pilot fliegt weiter. Wir sehen die Insel aus der Vogelperspektive. Unter uns zieht sich Wasser in zarten Silberfäden durch das Marschland, es erinnert mich an das schwache Schimmern von Dehnungsstreifen auf der Haut. Zwei schmale Halbinseln markieren eine Stelle, an der sich ein ertrunkenes Tal befindet. Jenseits davon liegen kleine Inseln und zahlreiche Lachskäfige in einem geschützten breiten *voe*. Und dann fliegen wir über die zerklüftete Kante der Insel, über die roten Granitklippen von Westerwick und Silwick, die spitze Felsnadel von Erne's Stack und die kleine Felseninsel Giltarump, die ihren Namen der Ähnlichkeit mit dem Hinterteil eines Schweins zu verdanken hat (*gylta* bedeutet im Altnordischen »Sau«).

Der Anblick der Meeresoberfläche ohne ein Stück Land als Sicherheitsnetz ist sowohl faszinierend als auch beunruhigend. Wir fliegen unter einer dichten Wolkendecke, aber hoch genug, um den feinen Abdruck des steten, nie endenden Wellengangs zu sehen. Gelegentlich treiben graue Schauer über das Wasser und verbinden Himmel und Meer, doch die Route vor uns wirkt ausreichend ungetrübt.

Zumindest denke ich das. Ohne Vorwarnung fliegen wir plötzlich in eine Wolke, und die Sicht ist dahin. Sekunden vergehen. Mein Mann blickt etwas zu aufmerksam auf die Instrumente des Flugzeugs. Meine Tochter sieht mich fragend an, um sich zu vergewissern, dass alles in Ordnung ist. Mein Sohn scheint völlig unbeeindruckt. Auf den Sitzen hinter uns schauen die beiden Teenager gelassen aus dem Fenster. Ich schwöre mir, meine beiden Kinder nie wieder in ein so kleines Flugzeug mitzunehmen. Doch mein Schwur ist sofort vergessen, als das Flugzeug endlich die Wolke hinter sich gelassen hat: Foula erhebt sich aus dem Meer, eine Göttin in Inselgestalt.

An vielen Tagen sehe ich Foula von meinem Küchenfenster aus. Von unserem Haus kann man allerdings nur die scharfen Konturen einer Hügelkette erkennen. Der Rest der Insel liegt verborgen hinter den niedrigen Hügeln von West Mainland, doch selbst der Blick auf diese Hügelkette ist so charismatisch, dass er wie ein Magnet den Blick auf sich zieht. Manchmal fahre ich zu den Klip-

DIE INSEL FOULA

pen von West Mainland, nur um Foula im Ganzen zu sehen. Die Insel ist klein, gerade einmal 5,6 Kilometer lang und 4 Kilometer breit, hat aber eine dramatische Landschaft. Es gibt eine Grundschule, aber keinen Laden. Eine Krankenschwester garantiert die medizinische Grundversorgung. Durch mein Fernglas erkenne ich verstreut liegende Häuser, hinter denen Hügel aufragen. Die steil abfallenden Kliffe der Westküste kann ich nicht erkennen. An manchen Tagen wirkt Foula fern und unerreichbar. An anderen Tagen scheint die Insel nahe genug, um hinüberzurudern. Ich bin mir nie sicher, ob mir die Lichtverhältnisse einen Streich spielen oder die Insel selbst.

Bei besonders schlimmen Stürmen aus westlicher Richtung wandern meine Gedanken nach Foula – wenn es bei uns schlimm ist, wie muss es dann dort sein? In ihrem Buch *Flora of Foula* schreibt die britische Naturkundlerin Sheila Gear: »Starke Winde sind üblich, Stürme sind häufig und richtig heftige Böen treten auf, wenn der Wind auf die hohen Klippen auf der Westseite der Insel trifft und dann plötzlich über die Kante entweicht.« Gewaltige *flans* (Böen) fegen die Hänge hinunter und peitschen gegen die Häuser. Ich frage mich, wie die etwa dreißig Bewohner von Foula angesichts solcher Wetterkapriolen die Nerven bewahren.

Ich hatte mir immer vorgestellt, dass ich mir bei einem Besuch auf Foula wie ein Eindringling vorkommen würde, der die Menschen genauso beobachtet wie die Vögel. Doch als ich 2016 für einen Tag auf die Insel flog, wurde ich herzlich von Fran empfangen, die als Rangerin auf der Insel arbeitet. Die junge Frau mit den langen hellen Haaren, die bei unserem Rundgang ihr älteres

Kind im Buggy schob und ihr Baby in einem Tuch auf dem Rücken trug, schätzte an ihrer Arbeit vor allem, dass sie an einem solchen Ort leben durfte – ihre sanfte, tüchtige und zuversichtliche Art machte sie mir auf Anhieb sympathisch. Der Tag, den wir bei den Vögeln auf der Insel verbrachten, war magisch, trotzdem war ich froh, als das Flugzeug kam und mich wieder nach Mainland brachte. Ich weiß, dass ich für ein Leben an einem solchen Ort nicht gemacht bin.

Kurz nach unserem Umzug nach Shetland lieh ich mir in der Bibliothek von Lerwick wiederholt ein Buch mit dem Titel *Foula: Island West of the Sun* aus. Inzwischen habe ich es mir selbst gekauft und lese immer wieder darin. Das 1983 erschienene Werk wurde ebenfalls von Sheila Gear verfasst, inzwischen eine Bewohnerin von Foula, die das Leben auf der Insel im Laufe eines Jahres beschreibt. Jahreszeiten werden von der Arbeit in der Landwirtschaft und dem Kommen und Gehen der Zugvögel bestimmt. Die Vorstellung vom »einsamen«, »abgeschiedenen« Inselleben widerlegt das Buch umgehend: »Wir betrachten uns niemals als abgeschnitten oder isoliert von der Außenwelt – wir fühlen uns ebenso als Teil davon wie die Bewohner in jedem anderen Teil des Landes.«

Als wir unsere Flüge nach Foula buchten, schrieb ich Sheila und fragte, ob sie Lust auf ein Treffen hätte. Ich wollte sie über das Vogelleben auf der Insel befragen. Sie arbeitet ebenfalls als Rangerin auf Foula und befasst sich schon seit mehreren Jahrzehnten mit der Vogelpopulation der Insel. Ich befürchtete, sie könnte mich als neugierige Außenstehende betrachten und entsprechend zurückhaltend reagieren, aber darüber hätte ich mir wirklich keine Gedanken machen müssen. Noch auf dem Landestreifen, während wir darauf warten, dass unsere Taschen und die Lieferungen für die Insel ausgeladen werden, kommt eine groß gewachsene Frau mit Brille auf mich zu, die grauen Haare zum Pferdeschwanz zusammengebunden. Sie stellt sich mit einem herzlichen Lächeln vor und sagt, sie werde abends bei uns vorbeischauen, dann könnten wir über die Meeresvögel von Foula sprechen.

Ihr Neffe Kenny nimmt unsere Taschen, und seine Frau Mai fährt uns nach Ristie, einem renovierten alten Bauernhaus, das für Kurzurlaube vermietet wird. Als wir an der Schule vorbeikommen, winken wir den Kindern auf dem Spielplatz zu. Mein Sohn und meine Tochter betrachten neidisch die Rutsche und das Klettergerüst. Neben der Straße sitzen in kleinen Gruppen *bonxies*, Große Raubmöwen, sie scheinen aber mehr damit beschäftigt, sich gegenseitig zu jagen, weil die Meeresvögel, deren Eier sie normalerweise stehlen oder deren Küken sie töten, ihre Brutplätze bereits verlassen haben. In etwa einer Woche werden auch die *bonxies* weiterfliegen und zu wärmeren Küsten in Südeuropa und Nordwestafrika ziehen.

Ristie liegt im Schutz eines Hügels namens Soberlie. Von unten wirkt seine Kammlinie wie die sanft gekrümmte Rückenfinne eines *neesick*, eines Schweinswals. Die Spitze der Flosse wird von einer überhängenden Klippe gebildet, die nach Nordwesten weist. Ein Vogel, der vom Soberlie starten und übers Meer nach Nordwesten fliegen würde, träfe bei Suðuroy, der südlichsten Insel der Färöer, wieder auf Land. Hinter dem Soberlie ragt der Kame mit

DIE STRANDSAMMLERIN

376 Metern noch höher auf. Eine schwirrende Masse Hunderter *maalies*, Eissturmvögel, umkreist ihn.

Während ich im Ferienhaus darauf warte, dass der Wasserkessel kocht, schaue ich durchs Küchenfenster. Ein Eissturmvogel lässt sich aus großer Höhe fallen und absolviert eine Bruchlandung im Garten. Er erholt sich schnell wieder, scheint aber zu wissen, dass er zwischen den Mauern festsitzt. Eissturmvögel sind an Land ziemlich unbeholfen, weil sich ihre Beine weit hinten am Körper befinden, doch in der Luft sind sie wahre Meister; sie lechzen förmlich nach Wind. Sie gehören zur Familie der Sturmvögel, die wiederum in die Ordnung der Röhrennasen (Procellariiformes, vom lateinischen *procella*, »Sturm«) fällt. Anders als etwa Möwen schlagen sie nicht so oft mit den Flügeln, sondern segeln auf ausgebreiteten Schwingen durch die Luft; je stärker der Wind, desto besser. An ruhigen Tagen muss ich beim Anblick eines Eissturmvogels, der mit den Flügeln schlägt, an einen Menschen denken, der Wasser tritt.

Der Eissturmvogel im Garten nutzt seine Flügel als Paddel, um sich zum Gartentor zu schleppen, das allerdings verschlossen ist. Er lässt sich auf den Bauch sinken und bleibt davor hocken. Langsam öffne ich die Haustür und trete in den Garten. Der Vogel dreht sich in meine Richtung und beobachtet mich. Ich traue mich nicht, direkt zu ihm zu gehen, weil er sein stinkendes Magenöl auf mich speien könnte – eine Abwehrmaßnahme, die Eissturmvögel normalerweise zur Verteidigung ihres Nests anwenden. Er lehnt am Gartentor, das sich nach innen zum Garten öffnet. Ich werde über die Mauer klettern müssen, um ihn zu befreien. Mein Mann und die Kinder beobachten mich vergnügt durchs Fenster in der Hoffnung, dass ich eine Ladung Magenöl abbekomme.

Eissturmvögel sind sehr schöne Tiere. Das übersehe ich manchmal, weil sie so zahlreich sind; ihre Anwesenheit draußen auf den Klippen ist für mich selbstverständlich. Doch wenn ich an Klippen entlanggehe, die ich nicht so gut kenne, halte ich aufmerksam nach ihnen Ausschau. Wenn sie sich scheinbar vom Boden erheben, ist das ein Zeichen dafür, dass sich abrupt ein tiefes *geo* auftut. Sie sind Schutzengel in Vogelgestalt, die mich sanft daran erinnern, dass das Land gleich zu einer Schlucht abfällt.

Kopf, Bauch und Schwanz des Eissturmvogels im Garten sind weiß; die Flügel haben ein weiches Grau. Die schwarzen Augen blicken aufmerksam. Neben jedem Auge befindet sich ein Fleck aus dunklen Federn, der dem Eissturmvogel zusammen mit der tiefen Wölbung der Augenbrauen ein grimmiges oder sanftes Aussehen verleiht, abhängig von der Situation des Betrachters und des Betrachteten. Die Schädeldecke ist gewölbt, der Schnabel ist wie eine Ritterrüstung gegliedert und scharf nach unten gekrümmt. Wie bei allen Sturmvögeln sind auch beim Eissturmvogel die äußeren Nasenlöcher röhrenartig verlängert und sitzen wie der doppelte Auspuff eines schnellen Autos deutlich sichtbar auf der Schnabelspitze. Durch diese Röhren wird das aufgenommene Salz ausgeschieden. Möglicherweise verbessern sie auch die Geruchswahrnehmung und erleichtern die Nahrungssuche. Von meinem Standpunkt aus kann ich den Eissturmvogel riechen, ein bisschen schal und abgestanden, aber nicht zu unangenehm, und er riecht mich natürlich auch – vielleicht hängt meine Angst vom Flug nach Foula noch als Geruch auf meiner Haut.

DIE STRANDSAMMLERIN

Geschützt durch die Mauer löse ich den Riegel und drücke langsam das Tor auf, aber der Vogel rührt sich nicht vom Fleck. Unter dem Tor sind rosa Schwimmfüße zu sehen. Ein weiterer sanfter Stoß und der Vogel kippt nach hinten, doch dann prescht er vor und aus dem Garten. Mit flappenden Flügeln stürmt er in die Freiheit, hockt sich dann aber wieder auf seinen Bauch und schaut Richtung Meer. Als ich kurz darauf mit einer Tasse heißem Tee in der Hand noch einmal nach ihm schaue, ist er nirgends zu sehen, nur sein Geruch hängt noch in der Luft – nicht beißend wie bei einem Raben, aber auch nicht so angenehm wie bei seinem viel kleineren Verwandten, dem Sturmwellenläufer.

Nach der aufregenden Begegnung mit dem Eissturmvogel zieht es uns zur Küste, wo ich mich wieder mehr wie ich selbst fühle. Foula mit seinen steilen Hängen und Klippen erinnert mich an die Zeit, als ich noch in den Bergen wandern konnte, doch jetzt muss ich mich damit abfinden, dass ich aufgrund meiner körperlichen Verfassung an überwiegend flaches Gelände gebunden bin. Ich würde so gerne oben auf dem Kame sitzen und nachvollziehen, was Sheila in *Foula: Island West of the Sun* beschreibt:

Auf dem Gipfel einer hohen Klippe herrscht eine
Ruhe, die man sonst nirgendwo findet: grenzenlose Weite,
die Unendlichkeit von Himmel und Meer, Freiheit.
Setz dich dort hin und betrachte den fernen Horizont,
wo sich Meer und Himmel in einer weiten, silbrigen Linie
treffen, lass deinen Gedanken freien Lauf; hier wirst du
einen Blick auf das Wesen des Lebens erhaschen, auf seine

DIE INSEL FOULA

Ewigkeit, zusammengesetzt aus Myriaden sterblicher Fragmente, ein millionen- und abermillionenfaches Leben und Sterben, Schöpfung und Zerstörung, Kommen und Vergehen – ein Sandkorn, eine Welle, ein Vogel, ein Mensch, eine Insel, sie alle tragen ihren kleinen Teil zur Ewigkeit des Universums bei.

Aber es soll nicht sein. Ich reiße mich los vom Anblick der Klippen und kehre zum Strand zurück, wo ich beim vertrauten Beachcombing Trost finde.

Am Strand bei Ristie mit seinen Felsbrocken gibt es Kiesmulden, in denen sich kleine Stücke vollkommen glattes Meerglas finden. Es ist vom Meer stark bearbeitet. Die Küste von Foula fällt steil ab. Es gibt keine natürlichen Häfen, und im Winter liegt die kleine Fähre der Insel in einem Bootslift wie in einer Wiege hoch auf dem Pier, als wolle sie die Wellen verhöhnen. Ließe man sie im Wasser, würde sie zerschmettert werden.

Mainland im Osten wirkt schmal und unwirklich, ein dünner Splitter tief liegendes Land in der Weite des Ozeans. Unsere Heimatinsel sieht verletzlich aus, Foula dagegen eher stabil. Es ist gut, die Perspektive zu wechseln und die Welt nicht nur von der Hauptinsel aus zu betrachten, allerdings ist gerade auch gutes Wetter.

Auf halbem Weg hocke ich mich in den Schutz eines *planticrub*, einer kleinen runden Trockenmauereinfassung, die früher einmal Kohlsetzlinge schützte, um zu pinkeln. Als ich wieder aufstehe, bemerke ich zwei Meter weiter einen Eissturmvogel, der mich voller Missbilligung mustert.

DIE STRANDSAMMLERIN

Als es dunkel wird, strahlt unser Ferienhaus noch mehr Geborgenheit aus, verstärkt durch den Gedanken, dass wir uns auf einer kleinen Insel befinden, die von Meer umgeben ist. Ich sitze und lese, als die Tür aufgeht und Sheila hereinkommt, begleitet von einem Schwall kalter Luft. Sie knipst ihre Taschenlampe aus und legt ihren Regenmantel ab. Wir setzen uns an den Tisch und unterhalten uns bei gedämpftem Licht mit leiser Stimme, während die Kinder auf der Klappcouch schlafen. Als ich den Eissturmvogel erwähne, der im Garten bruchlandete, erzählt Sheila, der Legende nach seien die ersten drei Eissturmvögel, die sich auf Foula angesiedelt hätten, auf einem toten Wal angetrieben.

Bis Ende des 19. Jahrhunderts hatten auf Shetland nur Männer draußen auf der *haaf*, den Fischgründen auf hoher See, Eissturmvögel zu Gesicht bekommen. Das erste Eissturmvogelnest auf Foula wurde 1878 gemeldet. Heute beherbergt die Insel über 20 000 Eissturmvögel.

Möglicherweise wurden die ersten von heimkehrenden Walfangschiffen mit ihrer Ladung aus Walfleisch und Abfall aus der Arktis nach Süden gelockt. Shetländische Walfänger brachten den Namen *malliemawk* mit, abgeleitet von *mollymawk* oder *mallemuck* (von *mal-mok*, »dumme Möwe«), ein Spitzname, den holländische Seeleute dem Eissturmvogel gegeben hatten. Heute sagt man auf Shetland *maalie*, was so weich wie eine Daunenfeder klingt. Ich ziehe die englische Bezeichnung *fulmar* vor, die sich aus dem Altnordischen ableitet und »stinkende Möwe« bedeutet.

Nach den Eissturmvögeln wenden wir uns den Meeresvögeln von Foula zu, deren Zahl im Schwinden begriffen ist. Die Bezeichnung »Katastrophe« im Zusammenhang mit dem Rückgang bestimmter Arten auf Shetland ist keine Übertreibung. Ich kenne die Meeresvogelklippen nur so, wie sie heute sind, von bestimmten Arten sind dort nur noch wenige Exemplare vertreten oder fehlen ganz. Zahlen, die das belegen, sind trocken, aber während ich Sheila zuhöre, verlieren sie ihre Abstraktheit. Ich kann mir jetzt vorstellen, was ich nie gesehen habe – ein buntes Gewimmel von Meeresvögeln, die sich auf den Klippen drängen, und eine Kakophonie von Vogelrufen und Schreien. Ich *fühle* den Verlust der Meeresvögel.

Sheila ist über siebzig und beobachtet die Meeresvögel von Foula schon seit vielen Jahrzehnten. Sie hat eine tiefe Verbindung zum Vogelleben auf der Insel und kann den Rückgang bestimmter Arten Phasen ihres Lebens zuordnen. Allerdings hätten, wie sie eilig hinzufügt, die älteren Leute von Foula ihr schon in jungen Jahren berichtet, dass die Zahl der Meeresvögel vor Beginn des industriellen Fischfangs viel höher gewesen sei. Heute kommen Touristen nach Foula und bestaunen die wenigen noch verbliebenen Papageientaucher, während früher »Myriaden von *nories* in großen Schwärmen wie Mücken um die Nort Banks flogen«. Auch ich bin eine von diesen Touristen.

Sheila kam als Kind zum ersten Mal nach Foula, um Verwandte zu besuchen. Mit ihrer Schwester wanderte sie dann zu einem Süßwasser-Loch, wo sich jede drei *fells* abstach, Torfstreifen in Schuhsohlengröße. Die *fells* verhinderten, dass sie im dicken torfigen Matsch am Grund des Lochs einsanken. Jedes *fell* wurde vom Gewicht des Fußes nach unten gedrückt; das dritte legte man vor dem nächsten Schritt aufs Wasser. Wenn das erste *fell* von der Last des Fußes befreit war, tauchte es wieder auf und kam erneut zum Einsatz. Auf diese Weise gelangten Sheila und ihre Schwester zu einer kleinen Insel, wo sie im Gras lagen und den Dreizehenmöwen zusahen, die zum Wasser kamen, um zu baden und *slie* zu holen, eine bestimmte Grasart, die sie als Nistmaterial verwenden.

Sheila lag in der Sonne und beobachtete die zierlichen weißen Möwen mit den schwarzen Flügelspitzen, die aussehen, als ob sie in Tinte getaucht worden wären. Wenn sie vom Loch wegflogen, fielen Tropfen des torfigen Wassers aus ihrem Gefieder und glänzten golden in der Sonne. In *The Atlantic Islands*, einem 1948 erschienenen Buch über die Färöer-Inseln, beschreibt der britische Ornithologe und Autor Kenneth Williamson ein Süßwasser-Loch, das von einem Kranz aus weißen Federn eingerahmt wurde, die badende Dreizehenmöwen hinterlassen hatten. Wenn eine Vogelart von einem Ort verschwindet, verlieren wir nicht nur den Anblick, die Geräusche und den Geruch, sondern auch die besonderen kleinen Details, die mit ihrer Präsenz verbunden sind.

Als Teenager warteten Sheila und ihre Schwester bei ihren Besuchen auf Foula, bis es dunkel wurde, um dann aus dem Fenster ihres Zimmers zu klettern. Sie wanderten zum Noup, dem südlichsten Gipfel Foulas, der 248 Meter über dem Meer aufragt. Auf den Klippen des Noup gibt es einige steile, grasige Stellen, die teilweise mit Geröll bedeckt sind. Dort nisteten früher Atlantiksturmtaucher. Ihr Shaetlan-Name *leeries* leitet sich von einem altnordischen Namen ab. Wie die Eissturmvögel und die Sturmwellenläufer gehören sie zur Familie der Sturmvögel. Atlantiksturmtaucher kehren im Schutz der Dunkelheit zu ihren Bruthöhlen zurück, um ihren Fressfeinden wie den Großen

DIE INSEL FOULA

Raubmöwen oder Mantelmöwen zu entgehen. Sheila und ihre Schwester kletterten im Dunkeln abschüssige Hänge und steile Klippen hinunter, um das »seltsame wilde Gelächter« der Vögel zu hören. Ich frage Sheila, ob sie ihren Eltern je von diesen gefährlichen nächtlichen Abenteuern erzählt hat. Sie muss lachen, als sie das ungläubige Entsetzen in meinem Gesicht sieht. Nein, antwortet sie, ihre Eltern hätten nie davon erfahren.

Sheila studierte Zoologie an der Universität von Aberdeen und heiratete in den Sechzigerjahren einen Mann von Foula, Jim Gear. Die beiden Frischvermählten besuchten gemeinsam die Kolonie der Atlantiksturmtaucher, um den *leeries* zuzuhören. Dann kamen die drei Kinder, und Sheila und Jim waren mit der Familie beschäftigt. Als die Kinder in den Achtzigerjahren alt genug waren, sie nachts auf den Noup zu begleiten, mussten Sheila und Jim feststellen, dass es auf den Geröllfeldern still geworden war. Atlantiksturmtaucher sind wie Sturmwellenläufer durch verwilderte Katzen und Ratten besonders gefährdet. Auch die *bonxies* trugen zu ihrem Rückgang bei. Viele Atlantiksturmtaucher versammeln sich nachts auf dem Wasser, bevor sie zu ihrer Kolonie zurückfliegen, und sind dadurch eine leichte Beute.

Ich stelle mir vor, wie die letzten *leeries* von den Wellen aufsteigen und im Dunkeln zum Noup hinauffliegen, die Kolonie still und stumm ist und die kalten Eier in der Bruthöhle liegen. Niemand weiß, ob heute noch Atlantiksturmtaucher auf Shetland brüten. Viele Klippen auf Foula und an anderen Orten Shetlands sind unzugänglich, das gibt Hoffnung, dass noch einige versteckte Paare dort brüten. Dagegen spricht jedoch, dass man keine großen Gruppen mehr sieht, die in Sommernächten auf dem Meer schwimmen. Das Wort *leerie* und seine Varianten *lyra* und *leera* markieren nun wie Gedenktafeln die Landkarte dieser Insel.

Dreizehenmöwen brüten noch auf Foula, wenn auch nicht viele. 1975 zählte Sheila 7750 gut gebaute und damit vermutlich auch besetzte Nester. 2019 registrierte sie nur noch 223. Auf der Stichprobenfläche, wo sie jedes Jahr den Bestand ermittelt – eine einzelne Kolonie an einem Ort namens In Under Da Stee –, stellte sie 1989 145 Nester fest und 2019 nur noch vier. Die Zahlen ergänzt Sheila um eine Dreizehenmöwen-Geschichte von Foula.

In den Fünfzigerjahren pendelten Dreizehenmöwen unablässig zwischen den Klippen und dem Süßwasser von Mill Loch. Sie flogen direkt über ein Bauerngut namens Leraback. Die Isbisters, die auf Leraback wohnten, konnten ihr eigenes Wort nicht verstehen, weil die Möwen so laut schrien, ein Geräusch, das sie als *lightsome* (»unbeschwert«) bezeichneten. Die Familie muss Vögel sehr gemocht haben, sie fütterte eine zahme Schmarotzerraubmöwe mit Resten von ihrem Frühstücks-Porridge.

Nachdem ich Leraback gesehen habe, kann ich mir gut vorstellen, wie am frühen Morgen Tausende Dreizehenmöwen über das Haus fliegen. Die Tür geht auf und eine Frau kommt heraus und kratzt die Porridgereste aus dem Topf auf den Boden. Eine dunkelgraue Schmarotzerraubmöwe schreitet herbei und stärkt sich. Wenn ich mir das vorstelle, überkommt mich ein bedrückendes Gefühl von Verlust, das Gegenteil von *lightsome*.

༄

In Lerwick biege ich bei Flut manchmal von der Haupteinkaufsstraße ab und gehe ein paar feuchte Stufen zu einem Strand mit

DIE INSEL FOULA

gelbem Sand hinunter, an dem man oft Meerglas und Tonscherben findet. Der Strand liegt geschützt, eingebettet zwischen den Lodberries – ins Meer hinausragenden Steingebäuden, bei denen Schiffe früher ihre Fracht entluden.

Als ich dort einmal nach Meerglas suchte, entdeckte ich Sandaale ganz nah am Strand. Sie waren so gut getarnt, dass der Schwarm im Grunde nur aus den schmalen dunklen Bändern ihrer Schatten bestand. Hier und da traf ein Sonnenstrahl auf ihre Schuppen und ließ die Sandaale silbern und in Grün-, Blau- und Rosatönen schillern. Ich war so vertieft in ihre Betrachtung, dass ich ganz vergaß, nach Meerglas zu suchen. Ein anderes Mal spülte eine Welle einen Sandaal an. Er landete neben meinen Füßen, wand sich kurz und vergrub sich dann so elegant, wie ein Alk ins Meer eintaucht, im nassen Sand.

Sandaale sind aus dem Meer um Shetland nicht gänzlich verschwunden, doch die Chancen, einen *fuglicaa* zu sehen, sind mittlerweile gering. Der verstorbene Bobby Tulloch, ein renommierter Naturforscher und Spezialist für Shetland, erklärt das Dialektwort in seinem 1991 veröffentlichten Buch *Migrations: Travels of a Naturalist*. Er beschreibt, wie man früher auf Shetland auf einer Klippe sitzen und zusehen konnte, wie Meeresvögel Sandaale zu einer brodelnden, kugelförmigen Masse »zusammentrieben«. *Fuglicaa*, erklärt er, »leitet sich vom altnordischen ›*fugl*‹ ab, was Vogel bedeutet, und von ›*caa*‹, treiben (wie in ›Schafe treiben‹) – wörtlich also ein ›Vogel-Treiben‹.« Als mir das Wort zum ersten Mal begegnete, musste ich an ein Gespräch mit der schottischen Autorin und Radiomoderatorin Mary Blance denken. Wir hatten über Küstenseeschwalben gesprochen – wie Mary einmal eine Kolonie besucht hatte, um nach den Vögeln zu sehen, und feststellen musste, dass alle Nester verlassen waren. Von ihr lernte ich das alte Shaetlan-Wort *brimbortend*, mit dem ein Fischgrund bezeichnet wird, in dem es kaum noch Fische gibt.

Sandaale sind sehr fettreich und waren einst das Hauptnahrungsmittel für viele Meeresvögel, größere Fische und Meeressäugetiere. Damit bildeten sie einen wichtigen Bestandteil der Nahrungskette. In den Siebzigerjahren begannen auf den Shetland-Inseln registrierte Fischerboote mit dem Sandaalfang. Davor hatten in diesen Gewässern nur dänische Trawler Sandaale gefangen, um sie zu Fischmehl für die industrielle Schweinezucht zu verarbeiten. Ein Beispiel für unseren extrem verschwenderischen Umgang mit der Natur ist die Verwendung von Sandaalen als Brennstoff in dänischen Kraftwerken. Die von den Shetland-Schiffen gefangenen Sandaale endeten meist als Futter für industriell gezüchteten Lachs.

1982, auf dem Höhepunkt der Sandaal-Fischerei vor den Shetland-Inseln, wurden 52 000 Tonnen aus dem Meer geholt. 1987 ergaben Zählungen in 120 überwachten Küstenseeschwalbenkolonien, dass nur ein einziges Küken flügge geworden war. Den Küken der Dreizehenmöwe erging es nicht viel besser, die meisten starben, bevor sie flügge wurden. Bei beiden Vogelarten waren die Eltern nicht in der Lage gewesen, ausreichend Sandaale in der richtigen Größe zu finden. 1988 trafen sich Vertreter des Shetland Bird Club mit Meeresvögel- und Fischereiexperten sowie mit Vertretern der Fischereiindustrie, um dem Rückgang der Sandaale auf den Grund zu gehen. Die Brutsaison von 1989 war für viele Meeresvögel erneut katastrophal verlaufen, am stärksten betroffen waren Küstenseeschwalben, Schmarotzerraubmöwen, Dreizehenmöwen und Papageientaucher. Obwohl die genauen Ursachen für den Rückgang der Sandaale unklar blieben, reichte der Shetland Bird Club 1989 eine Petition mit 4500 Unterschriften in der Downing Street Number 10 ein mit der Forderung, den Fang von Sandaalen in den Gewässern von Shetland zu verbieten.

In seinem Buch *A Naturalist's Shetland* untersucht J. Laughton Johnson den Zusammenbruch der Sandaalbestände Mitte der Achtzigerjahre und vermutet, dass das Überfischen nicht der einzige Grund für den Rückgang war. Die Sandaale von Shetland seien, wie er schreibt, kein eigenständiger »Bestand«. Die vom Plankton lebenden Sandaallarven driften von den Orkney- zu den Shetland-Inseln, aber aus irgendeinem Grund blieb dieser Strom in den Achtzigerjahren aus. Möglicherweise war dies eine frühe Form dessen, was heute vielerorts, auch auf den Färöer-Inseln, zu beobachten ist. Das Meer hat sich erwärmt, und die Planktonarten, von denen sich die Sandaale ernähren, sind in kältere Gewässer abgewandert. Ich muss wieder an das alte Shaetlan-Wort denken, *brimbortend*. Es gibt wohl mehr als einen Weg, einem Meer die Fische zu nehmen.

Als Kind fiel Sheila eine hübsche weiße Linie auf dem Wasser in der Nähe von Kittiwake Haa – dem Kittiwake House – auf, an einer Stelle an den Klippen, die Est Hoevdi genannt wurde. Die Linie folgte den Konturen der Klippen. Sheila dachte, sie bestünde aus Schaum. Als sie alt genug war, ruderte sie zusammen mit ihrem Vater im Boot um die Insel. Zu ihrem großen Kummer musste sie feststellen, dass die Linie aus den Flügeln unzähliger toter Dreizehenmöwen bestand, die auf dem Wasser trieben. Sie weiß noch, wie untröstlich sie war und wie sie auf dem Rückweg weinte.

Bonxies sind bekannt dafür, dass sie anderen Meeresvögeln den Fisch abjagen. Es macht Spaß, sich auf eine Klippe zu setzen und zuzusehen, wie die großen braunen Vögel durch die Luft gleiten und entlang der Klippen Ausschau nach Papageientauchern oder Basstölpeln halten, die vom Meer mit Fischen für ihre Jungen zurückkehren. Man kann dramatische Sturzflüge der *bonxies* beobachten, Fische, die aus Schnäbeln fallen, oder man sieht, wie sich ein *bonxie* Richtung Wasser stürzt, damit nicht etwa ein Artgenosse den gestohlenen Fisch bekommt. Doch *bonxies* töten auch andere Vögel, wie Sheila als Kind erfahren hat. Ich habe selbst gesehen, wie ein *bonxie* einen Papageientaucher ertränkte. Es dauerte eine Weile, bis er starb. Um die Sache zu beschleunigen, schlug der *bonxie* heftig mit den Flügeln, um den Papageientaucher tiefer unter Wasser zu drücken. Andere *bonxies* kamen hinzu, als ob sie sich für einen Kampf vorbereiten wollten.

Bei meinem ersten Ausflug nach Foula im Juli 2016 wollte ich meinen Augen nicht trauen. Am Himmel flogen Hunderte *bonxies*, nutzten die Thermik und kreisten um die Gipfel der Insel wie ein riesiger Geierschwarm. Am Boden waren noch viel mehr, einzelne *bonxies* saßen oder standen auf grasigen kleinen Hügeln und bewachten ihre Jungen im Nest. Ein irritierender Anblick.

Auf Foula lebt mittlerweile eine der weltweit größten Kolonien Großer Raubmöwen, über 2000 Brutpaare und mehrere Hundert nicht brütende Einzeltiere wurden gezählt. Doch wie die Eissturmvögel sind sie relative Neuankömmlinge. Archäologische

Befunde enthalten keine Hinweise auf *bonxies*. Der Ursprung der Großen Raubmöwe ist unter Ornithologen nicht geklärt, möglicherweise ist ihr engster Verwandter im Südpolarmeer zu Hause. Die ersten schriftlichen Aufzeichnungen über die Große Raubmöwe auf Shetland stammen von George Low. 1774 entdeckte er brütende *bonxies* auf Unst und notierte auch sechs oder sieben Brutpaare auf dem Hamnafield von Foula. Sheila nimmt jedoch an, dass sie damals wahrscheinlich auf den höher gelegenen Gebieten der Insel brüteten.

Es heißt, dass die Einwohner von Foula die Ankunft der *bonxies* begrüßten, weil sie die Seeadler fernhielten, von denen man glaubte, sie würden Hühner und Lämmer töten. Die Fischer von Foula betrachteten *bonxies* als Glücksbringer und fütterten sie mit Fischabfällen. Heilig waren *bonxies* dadurch aber noch lange nicht. Im frühen 19. Jahrhundert reisten Naturkundler und Sammler nach Shetland, um die damals noch seltenen Vögel zu schießen. Ende des 19. Jahrhunderts verkauften die Bewohner von Foula ausgeblasene *bonxie*-Eier an Eiersammler. Sheila erinnert sich, dass die Großeltern ihres Mannes zwei Schock, also 120 *bonxie*-Eier auf der Südseite des Hamnafield sammelten und sie an den Bäcker in Scalloway auf Shetland Mainland verkauften.

Heute ist Foula ein »Besonderes Schutzgebiet«, was unter anderem auch an den brütenden Großen Raubmöwen liegt. Sheila erzählt mir, wie die wachsende Zahl der *bonxies* die Insel im Laufe ihres Lebens verändert hat. Das Wasser von Mill Loch enthält nun deutlich mehr Nährstoffe, weshalb dort Algen überhandgenommen haben. Hunderte *bonxies* baden im Loch und versammeln sich am Ufer. Die Böden der Insel sind durch den Vogelkot gedüngt, was sich in einem kräftigeren Grün in der Vegetation bemerkbar macht.

Bei meinem ersten Besuch auf Foula sammelte ich für die Ökologin Lucy Gilbert und ihre studentische Mitarbeiterin Susanna Quer von der University of Glasgow *bonxie*-Gewölle – unverdauliche Knochen, Federn und mittlerweile auch Plastik, das die Tiere wieder auswürgen. Lucy und Susanna untersuchen die Gewölle, um herauszufinden, wie sich die Ernährung der *bonxies* auf den Shetland-Inseln verändert. Eine mühsame Arbeit: Sie müssen jedes Gewölle analysieren und die Fischüberreste anhand der einzigartigen Anatomie der Otolithen (»Gehörsteinchen«) identifizieren.

Bis vor Kurzem wurden Fische von Fangschiffen einfach über Bord geworfen, wenn sie die zulässige Mindestgröße unterschritten oder wenn es sich um Beifang und nicht um die Zielart handelte. Manchmal wurde auch die Zielart zurückgeworfen, wenn das Schiff seine Quote bereits erreicht hatte. Eine verschwenderische Praxis, aber auch ein üppig gedeckter Tisch für viele Meeresvögel – einschließlich der *bonxies*.

2015 führte die EU ein Rückwurfverbot ein, und seit dem 1. Januar 2019 müssen alle Fische, für die es eine Quote gibt, angelandet werden. Sie ins Meer zurückzuwerfen ist seitdem verboten. Die Menge der angelandeten Fische fiel jedoch geringer aus als erwartet, was vermuten lässt, dass weiterhin auch quotengebundene Arten zurückgeworfen werden. Dennoch haben Ökologen festgestellt, dass *bonxies* seit dem Rückwurfverbot vermehrt Meeresvögel jagen und kleine Schwarmfische sowie Sandaale rar geworden sind. Dieser Trend spiegelt sich auch in den von Lucy

DIE INSEL FOULA

und Susanna analysierten Daten von den Shetland-Inseln wider und verheißt nichts Gutes für die verbliebenen Populationen von Papageientauchern und Dreizehenmöwen.

Ich hatte schon einmal *bonxie*-Gewölle gesammelt, auf der Insel Fetlar, und war nun entsprechend nervös in Erinnerung daran, wie die Raubmöwen mit ihren großen Schnäbeln und scharfen Krallen damals auf mich herabgestoßen waren. Raubmöwen attackieren menschliche Eindringlinge aus großer Höhe, um erst im allerletzten Moment abzudrehen; man spürt den Luftzug auf der Haut. An jenem warmen Julitag war ein Mann vom Shetland Islands Council nach Foula geflogen, um die Straßen der Insel zu begutachten. Da die Inspektion nicht lange dauerte, ging er einen Hügel hinauf, um die Aussicht zu genießen. Als er zurückkam, blutete er am Kopf. Sheila versichert mir, dass Raubmöwen selten blutende Wunden verursachen und mit ihren Klauen oder ihrem Schnabel nicht direkt zielen – fügt allerdings hinzu, dass ein Bewohner von Foula nach dem Zusammentreffen mit einem *bonxie* im Sturzflug bewusstlos geworden war.

Meine Familie und ich sammeln bei unserem Besuch im September 2019 weitere Gewölle. Zusammenstöße bleiben aus, die Brutsaison ist vorbei und die verbliebenen *bonxies* interessieren sich nicht für uns. Meine Kinder rennen am Ufer des Lochs entlang und rufen »Hab eins!«, wenn sie ein Gewölle gefunden haben. Die meisten bestehen aus Fischgräten oder dunklen Federn, manche auch aus hellen Federn. Zwei Gewölle enthalten Plastik, eines die durchscheinenden Schalen von Entenmuscheln. In einem anderen finde ich einen kleinen, gebogenen Schnabel, den ich nicht zuordnen kann. Mir kommt ein Gedanke: Es könnte der

DIE STRANDSAMMLERIN

Schnabel eines Atlantiksturmtaucherkükens sein. Ich zeige ihn Sheila, und sie vermutet, dass er von einem Jungvogel stammt. Später bestätigt Lucy, dass es der Schnabel eines *bonxie*-Kükens ist. Sie fressen auch die eigenen Jungen.

༄

Im warmen, gemütlichen Ferienhaus frage ich Sheila mit Blick auf meine schlafenden Kinder, wie es sich anfühlt, wenn man den Verlust so vieler Meeresvögel auf Foula miterlebt und erfasst hat. Sie sagt mir, dass es heute eine Erleichterung für sie ist, wenn eine Saison vorbei ist. Das Beobachten und Zählen, das ihr früher so viel Freude machte, ist heute deprimierend. Ganz sachlich schlägt sie vor, dass man den psychischen Auswirkungen beim Verlust einer Art mehr Aufmerksamkeit schenken sollte. In ihrer Stimme liegt eine ruhige Kraft, und ihre Worte sind wohlüberlegt, doch die Art, wie sie mir dabei in die Augen sieht, verrät mir, dass sie dabei nicht nur an andere denkt.

Wir sprechen über Solastalgie, ein Begriff, der von dem australischen Naturphilosophen Glenn A. Albrecht geprägt wurde und ein Gefühl des Verlusts angesichts der Zerstörung der eigenen Heimat beschreibt. Mir fällt dabei immer eine Erzählung meines Nachbarn Michael ein. Als Kind verbrachte er jeden Sommer bei einer Tante auf der Insel Whalsay. Sie lebte am Strand von Vevoe, wo jedes Jahr im Sommer eine große Kolonie Küstenseeschwalben auf den Kieseln brütete. Der Lärm der Vögel war so gewaltig, dass er nachts nicht schlafen konnte.

Einmal arbeiteten Michael und ich gerade in unseren Gärten, als zwei Sterntaucher oder *rain geese*, wie sie auf Shetland genannt

DIE INSEL FOULA

werden, mit wilden Rufen und zwei Jungen im Schlepptau über uns hinwegflogen. Wir hatten den ganzen Sommer beobachtet, wie die beiden Altvögel unermüdlich zwischen dem Nest beim Hill Loch und dem Meer hin und her geflogen waren, wo sie nach Nahrung tauchten. Sie flogen immer tief über unsere Häuser. Im Schnabel hatten sie zwar keine Sandaale, trotzdem war es ihnen irgendwie gelungen, genügend Fische zu fangen, um die beiden Jungen großzuziehen. Michael und ich hörten beide auf zu arbeiten, um zuzusehen, wie die Eltern ihre Jungen zum ersten Mal zum Meer führten. Als alle vier sicher auf der Wasseroberfläche landeten, reckten wir beide vor Freude über den Erfolg spontan die Arme in die Luft. Der Bestand der Sterntaucher auf den Shetland-Inseln ist wie der der Dreizehenmöwen gefährdet. In manchen Jahren ziehen sie nur wenige Junge groß.

Ich muss auch an meinen Freund Oliver Cheyne denken, der mir genau die Stellen in der Heide zeigen kann, wo früher Jahr für Jahr Schmarotzerraubmöwen (*scooty alans*) im hügeligen Gelände brüteten. Schmarotzerraubmöwen sind elegantere Versionen der Großen Raubmöwen, mit stärker gewinkelten Flügeln und einem schmalen, spitzen Schwanz. Ihre Wendigkeit bei Flugmanövern, etwa wenn sie Küstenseeschwalben den Fisch aus dem Schnabel stehlen, ist erstaunlich. Doch auch die Küken der Schmarotzerraubmöwe leiden unter dem Rückgang der Sandaale und den zunehmenden Beutezügen der *bonxies*. Bei uns nisten oben in den Hügeln keine Schmarotzerraubmöwen mehr, doch Olly und ich haben beide ein helles Exemplar gesehen, mit gelblichem Bauch und dunklen Flügeln, das jeden Sommer lustlos an einem der kleinen Lochs sitzt, als wüsste der Vogel, dass er den ganzen Weg umsonst geflogen ist. Mit jedem Verlust wächst der emotionale Schmerz derer, die ihre Umwelt aufmerksam beobachten. Ich erlebe diese Verluste auf den Shetland-Inseln meist aus zweiter Hand, aber selbst mit diesem Abstand machen sie mir zu schaffen.

Doch bevor Sheila aufbricht und sich im Dunkeln auf den Heimweg macht, spricht sie noch von den schönen Erlebnissen und Beobachtungen, die es nach wie vor gibt. Sie zählt auch andere Vögel, sommerbrütende Arten, die auf Shetland weiterhin zahlreich vertreten sind: Watvögel wie die *whaups* (Brachvögel) oder *laevereks* (Feldlerchen) und *sten-shakkers* (Steinschmätzer). Im April kommen die *tysties* (Gryllteisten) auf die niedrigeren Klippen, wo sie ihren Balzplatz (Lek) haben, und später im Sommer hört man die Rufe der Schmarotzerraubmöwen-Küken (wenn es welche gibt) und der *Bonxie*-Küken. Die Altvögel beider Arten, erklärt Sheila, zeigen sich relativ umgänglich, wenn man erst einmal an ihre Küken herangekommen ist, als ob sie akzeptieren würden, dass die Jungen verloren sind. Dann fügt sie hinzu, dass sie nur noch Brillen mit Metallgestellen trägt. Ihre Brillengestelle aus Kunststoff gingen zu Bruch, wenn die *bonxies* ihr Nest verteidigten.

Ich frage Sheila, ob sie ein weiteres Buch schreiben wird. Sie lächelt und meint, sie habe immer gesagt, sie werde noch ein Buch schreiben, wenn sie achtzig sei. Aber das würde viel Zeit beanspruchen, und sie habe einfach zu viel zu tun. Sheila nimmt ihre Taschenlampe, zieht ihre Regenjacke über und verschwindet in der Dunkelheit.

Ich bleibe mit Erinnerungen zurück, die nicht meine sind. Ich bin ein bisschen trauriger als zuvor, aber auch ungemein dankbar.

DIE INSEL FOULA

An unserem letzten Tag auf Foula ist der Himmel beim Aufwachen genauso tiefblau wie das Meer. Eine steife Brise stiehlt der Sonne die Wärme und setzt den Wellen weiße Schaumkronen auf. Meine Tochter fragt, ob wir den Soberlie hinauf und dann auf dem Bergrücken entlangwandern können. Ich bin skeptisch, aber meine Familie passt sich meinem Tempo an, und wir gewinnen stetig an Höhe. Der Hang ist mit den weichen grauen Federn der Eissturmvögel übersät. In einer Grasmulde liegt ein einzelnes großes Papageientaucher-Ei, dessen Inhalt längst ausgelaufen ist. In der Nähe finden wir ein Rabengewölle, das mit winzigen weißen Knochen und violett schimmernden Käferflügeln durchsetzt ist. Eine kleine Herde Shetlandponys beobachtet unser Vorankommen.

Als wir oben auf dem Soberlie anlangen, bin ich fast außer mir vor Freude. Mein Blick und der meines Mannes treffen sich, und wir umarmen uns. Im sicheren Abstand vom Kliffrand lassen wir uns nieder und picknicken. Wir segeln auf dem Berg, der wie die Finne eines Schweinswals geformt ist, durch den Atlantik. Richtung Norden bildet der Leuchtturm auf den niedrigen Vee Skerries eine Linie mit der kahlen Felsenkuppel von Muckle Ossa. Im Nordwesten unterbricht der schemenhafte Schatten einer Ölplattform den weiten Horizont. Es ist die Clair – oder vielleicht auch die neue Clair Ridge. Die *Island Constructor*, ein riesiges Schiff, neben dem die Küste von Mainland klein wirkt, fährt Richtung Ölfeld; hoch über uns fliegt ein Jet in Richtung Kanada und zieht eine weiße Spur durch den strahlend blauen Himmel.

Die Kinder sitzen still da, ganz versunken in den Anblick der Insel, die sich unter ihnen ausbreitet. Schließlich durchbricht mein Sohn die Stille und zeigt auf die Schule mit ihrer Rutsche und dem Folientunnel auf dem Spielplatz, eine kleine windstille Oase mit Blumen und Obstbäumen, die jede Menge Äpfel und Birnen tragen. Wir entdecken von oben das sonnige Plätzchen, wo wir gestern saßen, eine Steinbank im Schutz der hohen Mauer von Sheilas Kale Yard, einem wunderschönen ummauerten Garten, der etwas von einem Zufluchtsort hat. Die Luft war erfüllt vom Duft der Minze und Geißblattblüten. Ein Zilpzalp, Vorbote des Herbstes, flatterte um die Mauer.

Oben auf dem Soberlie landet ein Distelfalter im Gras und bricht dann über den Rand der Klippe Richtung Meer auf, ein winziger Fleck Sommer, der über die Weite des Ozeans Richtung Norden fliegt. Kurz darauf, wie bei einer Wachablösung, taucht eine einzelne Schwalbe auf, und wir überlegen, wo in Norwegen sie wohl genistet hat und wo in Afrika sie überwintern wird. Allerdings erzählt mir Sheila später, dass es auch eine der Schwalben gewesen sein könnte, die in einem alten Haus in der Nähe von Ristie nisten. Die Schwalbe steigt fast senkrecht an der Klippe empor, wird langsamer und gleitet im Tiefflug übers Gras und dann den steilen Abhang hinunter zum Meer. Und währenddessen ziehen Eissturmvögel über und unter uns ihre Kreise, wieder und wieder.

Maalie – der arktische Eissturmvogel

Zwei Wochen nach unserem Besuch auf Foula fahre ich frühmorgens zum Flughafen von Sumburgh, um auf die Orkney-Inseln zu fliegen. Zu meinem Gepäck gehört ein Koffer voller tiefgekühlter Eissturmvögel, deren Mageninhalt im Rahmen eines Forschungsprojekts auf seinen Plastikanteil untersucht werden soll. Es sind insgesamt neun Eissturmvögel, die auf Shetland 2018 und 2019 tot am Strand oder auf der Straße gefunden wurden.

    Der Himmel ist zartrosa und wolkenlos, doch eine dichte Bank aus weißem *haar* liegt östlich der Shetlands auf dem Meer. Wenn sie heranrollt, wird der Flug gestrichen. Ich befürchte schon, die toten Vögel in meinem Koffer könnten auftauen und anfangen zu stinken, wodurch ich in Erklärungsnot kommen würde. Doch das Flugzeug startet, bevor uns der *haar* erreicht, der über dem Leuchtturm und den Vogelklippen von Sumburgh Head hängen bleibt. Nachdem die Brutsaison vorüber ist, versetzen mich die Klippen ohne das Gewimmel der Teisten, Papageientaucher und Tordalke in melancholische Stimmung. Ich bin froh über die Gesellschaft der Eissturmvögel im Winter, die Klippen wirken dann nicht ganz so leer und verlassen. Durchs Flugzeugfenster sehe ich Fair Isle, die sich grün wie ein Smaragd aus dem blassblauen Meer erhebt. Nach einigen Minuten kommt die Insel Sanday in Sicht, die bereits zu den Orkneys gehört, ihr gekräuselter Umriss ist gesäumt von leuchtend hellen Muschelsandstränden.

Die Gelegenheit, an einem Lehrgang teilzunehmen, bei dem ich das Sezieren und die Untersuchung toter Eissturmvögel lernen sollte, ergab sich aus meinem ehrenamtlichen Dienst für das Programm zur Erfassung angespülter Meeresvögel. Ich hatte Will Miles gefragt, ob ich beim Sezieren eines Eissturmvogels zusehen könnte, und er schlug mir, großzügig wie immer, die Teilnahme an diesem Lehrgang vor. Ich zögerte zunächst. Ich war mir nicht sicher, ob ich es schaffen würde, einen Vogel aufzuschneiden. Außerdem war es lange her, dass ich an einem Lehrgang teilgenommen hatte. Trotzdem sagte ich schließlich zu; die Chance, diese faszinierenden Vögel besser kennenzulernen, sowohl von innen als auch von außen, wollte ich mir nicht entgehen lassen. Mein Rheuma hielt nach der Runde Immunsuppressiva immer noch still; um meine Hände musste ich mir also keine Sorgen machen, ich würde ein Skalpell mit der nötigen Genauigkeit handhaben können.

MAALIE – DER ARKTISCHE EISSTURMVOGEL

Am Flughafen von Kirkwall begrüßt mich Jenni Kakkonen, eine junge finnische Meeresbiologin, die auf der Hauptinsel der Orkneys lebt und arbeitet, mit einem herzlichen Lächeln. Sie ist deutlich größer als ich und verlangsamt auf dem Weg zum Auto ihren Schritt, damit ich mithalten kann. Der Koffer mit den Eissturmvögeln aus Shetland kommt in den Kofferraum, wo bereits eine Tasche mit Eissturmvögeln liegt, die an den Stränden von Orkney aufgesammelt wurden. Wir fahren zu einer Tierarztpraxis, die in einem Schuppen in Harray untergebracht ist. Dort erwarten uns der Meeresvogelökologe und Eissturmvogel-Spezialist Jan Andries van Franeker und seine Frau Yvonne, die eigens von der niederländischen Insel Texel angereist sind, um uns beiden das Sezieren von Eissturmvögeln zu zeigen. Jan hat den größten Teil seines Arbeitslebens den Eissturmvögeln gewidmet, vor allem der Untersuchung ihres Mageninhalts auf Plastikmüll.

An einigen Orten sammelt er schon seit über dreißig Jahren Daten, doch es wird noch viel länger dauern, um die Ozeane von Plastik zu befreien. Jan wird bald in den Ruhestand gehen, seine Arbeit wird unter der Leitung seiner Kollegin Susanne Kühn fortgesetzt. Jan hat bereits viele Menschen an der gesamten Nordseeküste ausgebildet, auch Jens-Kjeld Jensen von den Färöern war bei ihm.

Wir fahren am jungsteinzeitlichen Grabhügel von Maeshowe und grasenden Rindern vorbei, unter einem hohen Himmel voller Gänse in V-Formation und hin und her schwenkenden Schwalbenschwärmen. Orkney wirkt im Vergleich zu Shetland sanfter, vermutlich ist das Leben hier auch ein bisschen angenehmer als auf Shetland. Das Wechselspiel von Wasser und Land ist ähnlich, doch der Boden ist fruchtbarer und die Küste ist weniger stark vom Meer zerklüftet.

Irgendwie könnte man meinen, die Orkney-Inseln hätten mit dem Meer ihren Frieden gemacht. Nur die Insel Hoy ragt hoch auf, wie ein Schäfer, der über seine Herde wacht. Die Fähre, die Orkney mit dem schottischen Festland verbindet, braucht nur eine Stunde, allein das weckt in mir manchmal den Wunsch, hier zu wohnen. Auch auf den Orkneys lebt man auf einer Insel, doch es wirkt so, als ob man sie leichter verlassen und auch leichter wieder dorthin zurückkehren könnte. Das schottische Festland ist an vielen Stellen in Sicht, und im Sommer gibt es Schwalben und Küstenseeschwalben. Auch am Flughafengebäude von Sumburgh nisten Schwalben, gelegentlich brütet sogar ein einzelnes Paar auf Unst oder auf Foula. Doch abgesehen davon sehen wir diese typischen Sommervögel nur, wenn sie auf der Durchreise sind. Viele dieser Begegnungen sind jedoch so kurz, dass sie vorbei sind, bevor sie richtig begonnen haben.

Andererseits habe ich bei meinen Besuchen auf Orkney festgestellt, dass es mitunter schwierig ist, hier an die Küste zu kommen. Es gibt mehr bewirtschaftetes Land, mehr Stacheldrahtzäune, die Viehweiden abgrenzen. Auf Shetland kann man sich freier bewegen.

Jenni und ich gestehen einander, dass wir ein bisschen nervös sind angesichts der Aussicht, bald an den Körpern toter Eissturmvögel herumzuschneiden. Ich bin zwar mittlerweile an die Handhabung toter Meeresvögel gewöhnt, habe aber noch nie ein Messer genommen und einen aufgeschnitten. Dass Jenni mit dabei ist, beruhigt mich. Sie ist freundlich und umsichtig. Ich frage sie nach ihrer Arbeit. Sie untersucht die winzigen wirbellosen Tiere – etwa Würmer –, die in der Bucht von Scapa Flow im Sand leben. Die Untersuchungen begannen 1974, als auf der kleinen Insel Flotta ein Ölterminal gebaut wurde. Jenni hat Daten aus vierzig Jahren ausgewertet und festgestellt, dass sich die Populationen der wirbellosen Meerestiere trotz aller Aktivitäten der Öl- und Gasindustrie in den geschützten Gewässern von Scapa Flow nicht wesentlich verändert haben. Das ist eine gute Nachricht, trotzdem schweige ich bedrückt, weil ich an die nächsten vierzig Jahre und den sich anbahnenden Klimanotstand denke. Manchmal frage ich mich, ob meine Arbeit für den Naturschutz vergeblich ist. Ich glaube das nicht, aber mitunter wirkt es so.

Bei Northvet in Harray versammelt sich eine Kuhherde hinterm Stacheldraht und sieht zu, wie Jenni und ich die Taschen mit toten Eissturmvögeln aus dem Kofferraum ihres Wagens laden. Jan und Yvonne begrüßen uns und führen uns in den kleinen Schuppen, der eigentlich für die Fleischbeschau von Rindern gedacht ist. Von der Decke hängen Ketten und Hebevorrichtungen, an der Wand ein Plakat, auf dem riesige Herzen abgebildet sind, einige gesund, andere nicht. Eissturmvögel aus dem Nordosten Englands und dem Osten Schottlands liegen ordentlich aufgereiht auf einem Metalltisch, dessen vertiefte Mitte in einen Ablauf mündet, unter dem ein Eimer steht. Auf einer Arbeitsplatte ist ein Eissturmvogel zwischen einem Metalllineal, einer Schieblehre und einem Skalpell drapiert. Als ob jemand den Tisch gedeckt hätte, mit dem Vogel als Mahlzeit. Jan kann es kaum erwarten anzufangen, also ziehen Jenni und ich unsere Laborkittel an, und Yvonne bereitet ein Datenerfassungsblatt vor. Mir ist vom frühen

DIE STRANDSAMMLERIN

Start am Morgen ohnehin ein bisschen flau im Magen, daher bin ich mir nicht so sicher, ob ich den Anblick und den Geruch eines sezierten Vogels ertragen kann.

Einige tote Vögel stinken wirklich übel. Andere haben nur ihren üblichen modrigen Geruch. Jan warnt uns, dass wir am Abend nach Eissturmvogel riechen werden und der Geruch nur schwer wieder loszuwerden ist. Er lacht, als ich sage, dass ich in einem Hostel im Mehrbettzimmer übernachte. Er spricht sanft und erinnert ein bisschen an den Weihnachtsmann, mit weißem Bart und einem Zwinkern in den Augen. Akkurate Arbeit hat bei ihm absolute Priorität, er ist aber auch ein geduldiger und motivierender Lehrer. Yvonne ist Biologin und hat sich auf Pflanzen spezialisiert. Sie ist ähnlich streng, wenn es um die Ermittlung der Daten geht, und korrigiert Jan sanft, wenn eine Messung vergessen wurde. Freundlich und aufmerksam sorgt sie dafür, dass Jenni und ich alles haben, was wir brauchen. Ich fange an, mich so weit wohlzufühlen, dass ich mich auf die Arbeit einlassen kann, und stelle fest, dass ich den durchdringenden Geruch auszublenden vermag.

Obwohl ich schon lange Vögel beobachte, weiß ich wenig über ihre Anatomie. Bei Jan sieht das alles so einfach aus, aber er hat in seinem Muskelgedächtnis ja auch schon über tausend Sektionen abgespeichert. Zunächst schrecke ich zurück, als er den Magen des Vogels entfernt, aber dann siegt die Neugier. Er greift in die Brusthöhle des Vogels, vorbei an der glänzenden Leber und dem dunklen Muskel des Herzens, und löst das Gewebe, um an die Speiseröhre zu kommen. Als er an ihr zieht, erwacht der Kopf des Vogels zum Leben, ruckt nach hinten und schiebt sich zurück in den Körper. Ein sauberer Schnitt durch die Speiseröhre und ein weiterer am Darm und die beiden Mägen sind frei – der weichwandige Drüsenmagen, in dem sich das übel riechende und fettreiche Magenöl befindet, und der Muskelmagen, in dem das Plastik zermahlen wird. Beide werden sorgfältig in kodierten Plastikbeuteln verstaut. Wenn alles Wichtige notiert ist, werden die Überreste des ausgeweideten Tieres in eine Tonne gegeben.

Jenni und ich sehen zu, wie Jan einen Magen aufschneidet und uns zeigt, wie man den Inhalt über einem engmaschigen Sieb auswäscht. Mit konzentriertem Blick durch die Brille zieht er einzelne Objekte mithilfe einer Pinzette aus der schmierigen Pampe. Jeder Fund landet in einer Petrischale aus Kunststoff:

- die Linse eines Fischauges, die eine perfekte Scheibe bildet,
- der Schnabel eines Tintenfischs, schwarz und gekrümmt,
- die winzigen Samen einer Pflanze,
- die durchnässten Federn eines Singvogels, der auf dem Zug nach Norden oder Süden an Erschöpfung starb,
- Plastikgranulat, ein Rohstoff in der kunststoffverarbeitenden Industrie,
- das scharfkantige Bruchstück eines Plastikbehälters.

Es ist ein bisschen wie beim Strandgutsammeln. Ich bin fasziniert. Ich frage Jan, ob er in einem Vogelmagen schon einmal Treibsamen aus den Tropen gefunden hat, doch er schüttelt den Kopf. Ich erwähne, dass die Bewohner von St. Kilda Mitte des 19. Jahrhunderts Treibsamen in den Mägen von Eissturmvögeln gefunden hätten, und er nickt.

Jan konzentriert sich bei seiner Forschung auf Eissturmvögel, weil Möwen und Raubmöwen unverdauliches Material wieder auswürgen – Knochen, Federn, Muschelschalen und Plastik. Eissturmvögel hingegen zerkleinern harte Materialien in ihrem kräftigen Muskelmagen. Mehr als alle anderen Vögel der nördlichen Hemisphäre fressen sie kleine Plastikteile, die auf der Wasseroberfläche treiben. Manche Wissenschaftler sind der Meinung, dass das Plastik aufgrund der Algen, die sich daran festsetzen, wie Futter riecht; die These ist jedoch umstritten. Die Gründe, warum Eissturmvögel Plastik fressen, bleiben also unklar, allerdings wissen wir mit Sicherheit, dass sie nicht an Land oder in Küstennähe auf Futtersuche gehen – das Plastik in ihren Mägen stammt aus dem offenen Meer.

Jeder intakte tote Eissturmvogel, der am Strand oder neben einer Straße gefunden wird, ist eine potenzielle Datenquelle. Der Nordatlantische Eissturmvogel wurde somit zum ökologischen Monitor für die Vermüllung des Meeres – ähnlich wie früher Kanarienvögel im Bergwerk, die vor giftigen Grubengasen warnten. Dank Jans Arbeit wissen wir mittlerweile, dass 93 Prozent der Nordatlantischen Eissturmvögel Plastik im Magen haben und dass die durchschnittliche Zahl der Plastikteile im Magen eines Vogels bei zwanzig liegt. Das durchschnittliche Gewicht der Plastikteile im Magen eines Eissturmvogels beträgt 0,2 Gramm. Auf den Menschen umgerechnet, wäre das eine Vesperdose voll mit Plastik.

Bei fast allen Vögeln, die wir aufschneiden, stellen wir fest, dass sie weder subkutanes noch viszerales Fett aufweisen; der

Brustmuskel ist konkav, nicht konvex. Das heißt, sie sind alle verhungert. Bei einigen fehlen auch die Daunen – die dunklen weichen Federn, die normalerweise ihre Haut bedecken. Möglicherweise hatten sie aufgrund des Plastiks im Magen kein Hungergefühl. Oder das Plastik im Magen verringerte die Aufnahmekapazität des Magens. Scharfkantiges Plastik kann die Magenwand verletzen, außerdem können sich auf der Oberfläche giftige Schadstoffe anreichern. Mikroplastik kann in die Organe eindringen. Meist wirken mehrere Faktoren zusammen. Das Plastik tötet die Eissturmvögel nicht direkt, wirkt sich jedoch negativ auf ihre Widerstandskraft und Fortpflanzungsfähigkeit aus. Die Vögel sterben früher, nach einem Leben, in dem sie hungern und frieren mussten.

Jans Untersuchungen haben gezeigt, dass die Plastikbelastung in der Nordsee abnimmt, wenn auch sehr langsam. Trotzdem ist das ein Hoffnungsschimmer, an den man sich klammern kann, wenn man an einem Strand voller Plastikmüll steht. Die OSPAR-Kommission, die die Einhaltung der Konvention zum Schutz der Nordsee und des Nordostatlantiks (Oslo Paris Convention for the Protection of the Marine Environment of the North-East Atlantic) überwacht, hat das Ziel festgelegt, dass weniger als zehn Prozent der Eissturmvögel 0,1 Gramm Plastik oder mehr in ihrem Magen haben sollten. Allerdings wird dieses Ziel wahrscheinlich nicht vor dem Jahr 2049 erreicht.

Man findet gar nicht so oft einen intakten toten Eissturmvogel am Strand. Meistens waren Möwen, Raben und Krähen schneller und haben daran herumgepickt, oder der Körper wird in der Brandung zerfleddert und das Meer spült nur ein Paar Flügel an, zusammengehalten durch den spitzen Brustbeinkamm. Doch eines Tages fand ich einen intakten Eissturmvogel, er lag auf dem Bauch, so wie ihn die Ebbe zurückgelassen hatte: ein Durcheinander aus nassen Federn. Ich sammelte ihn ein und brachte ihn Martin Heubeck, der ihn an Jan weiterleitete. Ein paar Monate später bekam ich eine E-Mail mit dem Bericht über das Plastik, das sich im Magen des Eissturmvogels befunden hatte: siebenunddreißig Partikel mit einem Gesamtgewicht von 0,2369 Gramm. Auch ein Foto war beigelegt. Ich erkannte einen Klumpen dunkles Styropor, einige scharfkantige harte Plastikbruchstücke, einen Fetzen, der vermutlich mal eine Plastiktüte gewesen war, und eine kleine gelbe Kugel, Munition für eine Softair-Waffe. In der begleitenden Anmerkung hieß es, dass Softair-Kügelchen regelmäßig im Magen von Eissturmvögeln gefunden werden. Im Bericht wurde zusätzlich noch der Mageninhalt zehn weiterer auf Shetland gefundener Eissturmvögel aufgelistet. Ein Vogel war verölt. Fünf waren verhungert. Einer der verhungerten Vögel, ein ausgewachsenes Weibchen, hatte fast fünf Gramm Plastik im Magen, unter anderem den zersplitterten Deckel einer Nescafé-Dose.

Beim Sezieren erzählt Jan Jenni und mir von einem besonders traurigen Vorfall auf der Orkney-Insel Papa Westray. Im Frühjahr 2016 verendeten über 460 Eissturmvögel in einem Bauernhaus, das gerade renoviert wurde. Da sie nicht mehr wegfliegen konnten, wurde das Haus für sie zur Todesfalle. Jan stellte fest, dass es sich überwiegend um junge Tiere handelte. Wahrscheinlich hatten sie nach Nistplätzen gesucht. Dabei waren wohl einige zwischen die Mauern geraten, kamen nicht mehr fort und lockten so die anderen an. Aus dem Berg toter Vögel barg Jan 117 und untersuchte deren Mageninhalt. Wie sich herausstellte, enthielten sie weniger Plastik als erwartet. Er nimmt an, dass die Muskelmägen weiterarbeiteten, während die Vögel festsaßen und verhungerten, und das Plastik zerkleinerten.

Am dritten Morgen im kalten Veterinärschuppen habe ich mich an die Arbeit gewöhnt und einen Rhythmus gefunden. Mein Eissturmvogel-»Handbuch« zieren zahlreiche blutige Daumenabdrücke und gelbliche Ölflecke, doch Jan findet das gut, es sei schließlich dazu da, benutzt zu werden. Trotz Blut und Maden war es eine schöne Zeit. Ich höre gern den finnischen und holländischen Akzent. Wir sind ein fröhliches Team.

Ich habe festgestellt, dass ich besser mit den bereits leicht verwesten Vögeln zurechtkomme. Das frische, strahlend helle Blut einiger Vögel setzt mir zu; sie riechen fast so, als ob sie noch leben würden. Ich erkenne den Geruch meines eigenen Blutes wieder. Manchmal sind meine Hände mit einer Mischung aus scheuerndem, mit Glimmer durchsetztem Sand, Blut und gelblich schleimigen Darmflüssigkeiten überzogen. Tote Läuse fallen aus den Federn, tote Maden stecken in Haut und Organen, durch das Einfrieren mitten im Leben erstarrt. Ich trage keine medizinischen Einmalhandschuhe. Jan trägt auch nie welche, er sagt, er sei dadurch weniger feinfühlig, und nach einem tapsigen Versuch verzichte ich ebenfalls darauf. Jenni behält ihre Handschuhe lieber an, sie will ein bisschen Abstand zwischen ihre Haut und den toten Vogel bringen. In den Dreißigerjahren brach auf den Färöern eine Krankheit namens Psittakose (»Papageienkrankheit«) aus, die von Eissturmvögeln auf Menschen übertragen wurde. Schwangere Frauen starben daran. Allgemein infizierten sich mehr Frauen als Männer, was vermutlich daran lag, dass Frauen mit dem rohen Fleisch in Kontakt kamen, wenn sie aus den Küken der Eissturmvögel Mahlzeiten zubereiteten.

Wir haben Vögel jeden Alters auf dem Tisch. Junge Männchen mit dunklen Hoden, nicht größer als Mäusekot. Geschlechtsreife Männchen mit großen weißen Hoden voller Spermien. Weibliche Vögel mit Eierstöcken, fast bis zum Bersten mit Follikeln gefüllt, und einem durch den Durchgang eines Eies gedehnten Eileiter, der aussieht wie ein Stück Spitze. Jan zeigt auf Lungen, die Schäden vom Ertrinken aufweisen. Eissturmvögel ertrinken in Schleppnetzen und an Langleinen. Die auf den Shetlands registrierten Schiffe betreiben keine Langleinenfischerei, doch ich habe schon verknäulte Nylonleinen gefunden, die an die Küste gespült wurden. Die langen Leinen sind in regelmäßigem Abstand mit Haken versehen. Nach dem Ausrollen bleiben die Haken mit den Ködern eine Zeit lang an der Oberfläche und locken Vögel an. Wird die Leine weiter abgewickelt, sinken die Köderhaken ab und die darin verfangenen Vögel ertrinken.

Wir kontrollieren die Unterseite jedes Schnabels auf Verletzungen durch Angelhaken, indem wir den Finger hineinschieben, um die Haut am Schnabelansatz zu dehnen. Wir finden keine Verletzungen, doch Jan bestätigt, dass auch einer der Shetland-Vögel beschädigte Lungen hat und vermutlich ertrank. Der Atlantikstrand, an dem ich ihn gefunden habe, ist einer meiner Lieblingsstrände. Allerdings wird dort auch häufig Material von der

MAALIE – DER ARKTISCHE EISSTURMVOGEL

Langleinenfischerei angespült. Einmal lag ein Basstölpel oberhalb des Spülsaums, frisch und unberührt bis auf den Angelhaken tief in der Schulter seines Flügels. Ein paar Wochen später wurde dort der Kadaver eines jungen Zwergwals angeschwemmt. Die Verletzung an seiner Schwanzflosse deutete darauf hin, dass auch er sich in einem Netz oder einer Leine verfangen hatte.

Als Jan einen weiteren Eissturmvogel von Shetland auf die Arbeitsplatte legt, rieseln mit Glimmer durchsetzter Sand und winzige Plastikteilchen aus seinem Gefieder. An den Flügeln kleben dunkle Ölklumpen. Selbst nach seinem Tod dient der Körper dieses Vogels noch als Sammelstelle für Meeresmüll.

Gegen Ende des Lehrgangs fange ich an, mir das Leben jedes Eissturmvogels vorzustellen, den wir sezieren. Es ist nicht so einfach, sich auszumalen, wie sie weit draußen über dem offenen Meer fliegen, aber ich kann sie vor meinem inneren Auge sehen, wenn sie mit eleganten Flügelschlägen in die Tiefen eines schattigen *geos* hinein- und wieder hinausgleiten und so Dunkelheit und Licht verbinden. Die Shetland-Gruppe der Royal Society for the Protection of Birds hat in Zusammenarbeit mit Ärzten und Ärztinnen eine Reihe von Tipps zur Verbesserung unseres Wohlbefindens mithilfe der Natur entwickelt. Ein »Rezept« oder besser Vorschlag lautet, *maalies* im Flug zu beobachten – sich in der Schönheit ihrer kreisenden, gleitenden Bewegungen zu verlieren. Aber es ist nicht immer leicht, das Plastik im Magen eines Eissturmvogels zu vergessen, wenn man erst einmal weiß, dass es dort ist, so faszinierend diese Vögel auch sein mögen. Im Schuppen in Harray frage ich mich, ob ich jemals wieder Eissturmvögel beobachten kann, ohne an ihren Mageninhalt zu denken.

DIE STRANDSAMMLERIN

Zwei der Vögel, die wir sezieren, sind »blaue« Eissturmvögel, dunkelfarbige Morphe, Besucher aus der Arktis. Lebendig habe ich noch keinen arktischen Eissturmvogel gesehen, ich würde sie sehr gerne einmal in ihren Brutgebieten beobachten. Aber da nichts an der Tatsache vorbeiführt, dass wir uns in einem Klimanotstand befinden, werde ich mich damit begnügen, im Winter auf einer Klippe auf Shetland zu sitzen und vielleicht, ja vielleicht fliegt einmal einer in Reichweite meines Teleskops vorbei.

Jan zeigt uns das Bild eines verwesenden Eissturmvogels an einem Sandstrand. Geborgen in einer fragilen Hülle aus zerfledderten Federn und freigelegten Knochen liegt ein einzelnes weißes Ei. Der Vogel ist einer von vielen Eissturmvögeln, die 2004 an einem Nordseestrand angeschwemmt wurden. Die toten Eissturmvögel hatten keine oder nur sehr wenige Daunen, und fast alle waren geschlechtsreife Weibchen. Jan erklärt uns, dass sich Eissturmvögel normalerweise nicht fortpflanzen, wenn sie in schlechter Verfassung sind. Ein Ei unter diesen Umständen ist seltsam. Er glaubt, dass ein Schadstoff die Hormone, die die Fortpflanzung steuern, durcheinandergebracht hat.

Das Foto erinnert mich an ein anderes Bild von einem havarierten Eissturmvogel. Im Winter 2019 wurde an einem Strand auf Shetland ein toter Eissturmvogel im Schnee gefunden, komplett mit schwarzem Motoröl überzogen. Nachdem eine Probe des Öls analysiert worden war, stellte sich heraus, dass ein Schiff verbotenerweise verunreinigtes Bilgenwasser auf dem Meer abgepumpt hatte. An einem Frühjahrstag sah ich einmal eine Trottellumme, die auf einem im Meer liegenden Felsen saß, nur ein paar Meter vom Ufer unterhalb unseres Hauses entfernt. Trottellum-

MAALIE – DER ARKTISCHE EISSTURMVOGEL

men kommen an dieser Stelle nie an die Küste, daher wunderte ich mich. Doch beim Näherkommen drehte sie sich zu mir – und ich erkannte den Grund. Die Federn eines Flügels waren mit Öl überzogen. Der weiße Bauch war braun verschmiert. Und doch hatte sie alle Winterstürme überstanden und wirkte so voller Leben. Alkenvögel wie die Trottellumme verbringen einen Großteil ihrer Zeit schwimmend auf dem Wasser und sind daher durch Ölteppiche besonders gefährdet. So wie Eissturmvögel zur Erfassung des Plastikmülls im Meer genutzt werden, dienen Trottellummen als Gradmesser für die Ölverschmutzung. Die OSPAR hat ein Ziel festgelegt: »Der durchschnittliche Anteil verölter Trottellummen in allen Wintermonaten (November bis April) sollte in jedem der 15 Nordseegebiete über einen Zeitraum von mindestens fünf Jahren höchstens 10 Prozent der Gesamtzahl der tot oder sterbend aufgefundenen Tiere betragen.« Die an den Küsten der Shetland-Inseln tot aufgefundenen und verölten Seevögel bilden praktisch die gesamte Welt der Ölförderung ab: Heizöl aus nigerianischem oder russischem Rohöl, unraffiniertes Rohöl aus dem Nahen Osten oder dem East Shetland Basin. Die Zahl der Ölkatastrophen ist seit den späten Neunzigerjahren zurückgegangen, doch sie kommen immer wieder vor.

Im Veterinärschuppen von Harray wirbeln manchmal kleine weiße Federn über den Tisch und bleiben an unseren von Innereien nassen Fingern oder am Polyester unserer Laborkittel hängen. Ich muss an die Frauen von St. Kilda denken, an das nie endende Rupfen der Eissturmvögel und an all die Federn, die an ihren Kleidern, Haaren und der Haut klebten. Die Inselbewohner aßen die Vögel von St. Kilda; die Federn, die nicht davonflogen, wurden verkauft, um die Pacht zu bezahlen, und als Füllung für Kissen und Decken verwendet. Bei einem Vogel, den wir auf den Seziertisch legen, spritzt gelbes Magenöl aus dem offenen Schnabel. Ich habe gelesen, dass die Einwohner von St. Kilda mit dem Öl rheumatische Gelenke einrieben. Ich habe nicht den geringsten Wunsch, es mir auf die Finger und Handgelenke zu schmieren, aber vielleicht wäre das an einem Tag mit Schmerzen anders.

Ich teile die Brustfedern meines letzten Vogels, finde die scharfe Kante des Brustbeins und führe das Skalpell nach unten bis zu der Stelle, wo das Brustbein endet. Ich ziehe die Haut mit den Händen auseinander. Die Flugmuskulatur ist tiefrot, eine Folie aus hauchdünnem Bindegewebe verbirgt die Organe. Ich hebe das Bindegewebe mit Daumen und Zeigefinger an, weg vom Magen, schneide es mit dem Skalpell ein und erweitere den kleinen Riss mit den Fingern, um den Magen und die Därme freizulegen. Diese schiebe ich zur Seite und ziehe vorsichtig das blutdurchtränkte Bindegewebe ab.

Der von mir sezierte Vogel ist ein Weibchen. Die Eierstöcke haben Follikel produziert, und der Eileiter ist durch ein Ei weit gedehnt worden. Das Fehlen von Fett am Körper verrät uns, dass auch dieser Eissturmvogel verhungert ist. Jan legt den Magen in einen beschrifteten Beutel, um ihn später auszuwaschen. Er wird uns zu gegebener Zeit einen vollständigen Bericht schicken. Ich kann es kaum erwarten.

Mitten in der Nacht wache ich auf und muss an den Eissturmvogel denken. Obwohl ich meine Haut geschrubbt und meine Haare vor dem Schlafengehen gründlich gewaschen habe, umhüllt mich immer noch sein Geruch.

Ein Etikett mit der Aufschrift »Netukulimk«

An meinem letzten Abend auf Orkney hält Jan einen Vortrag für die Orkney Natural History Society über seine Arbeit mit Eissturmvögeln und die Verschmutzung der Meere durch Plastik. Ich sitze neben Jenni und Yvonne im geräumigen Saal des St. Magnus Centre. Jan erzählt eher Geschichten, als einen wissenschaftlichen Vortrag zu halten, doch seine unterhaltsame Art macht die düsteren Fakten der Meeresverschmutzung umso eindrücklicher.

Angespülte Plastikobjekte können eine Geschichte erzählen, erklärt Jan. Meistens sind diese Geschichten ziemlich banal. Er geht mit uns einen Tag im Leben eines Menschen durch und verwendet dabei Fotos seiner Funde, die er am Strand von Texel gemacht hat: der Deckel einer Kaffeedose, ein Tetra Pak für H-Milch, eine Zahnbürste, eine Flasche Toilettenreiniger und eine Klobürste und so weiter. Wir lachen, wenn auch unbehaglich.

Wenn man erst einmal angefangen hat, darauf zu achten, wie viel Plastik am Strand liegt oder mit der Flut angeschwemmt wird, bemerkt Jan, wird man es nie wieder übersehen. Ich habe eine Weile gebraucht, bis mir das klar wurde, doch mittlerweile kann ich ihm nur zustimmen. Die Erkenntnis, wie viel Plastik im Meer herumschwimmt, war zunächst ein Schock. Doch mittlerweile schrecke ich vor Plastik am Strand nicht mehr zurück. Es ist nicht so, dass ich mich an den Müll und die dadurch verursachten Schäden gewöhnt hätte, doch meine Sammelleidenschaft ist stärker als meine Abscheu. Über den Fund bestimmter Plastikobjekte freue ich mich sogar: Spielzeug oder Spielzeugteile, Sicherheits-Checklisten der Öl- und Gasindustrie sowie Etiketten, die über die Wartung von Ventilen Auskunft geben, leuchtend orangefarbene Köderdosen und die bunten Fischkisten, in die ich Kräuter und Blumen pflanze. Aber am liebsten suche ich nach den Plastikschildchen nordamerikanischer Hummerfallen.

In sechs Jahren habe ich über hundert dieser Hummerfallen-Schildchen gesammelt. Meine Augen sind so auf die Form der Schildchen – dünne gebogene Plastikstreifen – trainiert, dass ich womöglich sogar Seebohnen übersehen würde. Fast die Hälfte der Etiketten in meiner Sammlung stammt aus Neufundland oder Labrador, der Rest aus Nova Scotia und Maine. Ich habe vier aus Massachusetts, drei aus Rhode Island, zwei aus New Hampshire und eine aus New York. New York!

EIN ETIKETT MIT DER AUFSCHRIFT »NETUKULIMK«

Über hundert klingt nach ganz schön viel, doch allein in Maine werden jedes Jahr über drei Millionen Hummerfallen aufgestellt. Und jedes Jahr müssen Hummerfischer in den USA und Kanada für jede ihrer Fallen ein neues Schildchen besorgen, auf das die Lizenznummer, das Jahr der Lizenz und der Code für den Bundesstaat oder die Provinz gedruckt sind. Oft gibt es für das jeweilige Jahr noch einen eigenen Farbcode. Viele gehen im Meer verloren, das lässt sich nicht vermeiden. Manchmal wird ein ganzes Bündel mit ineinander verschlungenen Etiketten angespült, und ich stelle mir vor, wie sie jemandem aus der Hand gefallen und im Wasser gelandet sind. Das Meer hält sich nicht an die zeitliche Reihenfolge, es ist gut möglich, dass ein Etikett von 2008 früher auf Shetland angespült wird als eins von 1998.

Ich habe einen ganzen Glasbehälter voll davon. Die leuchtend bunten Schildchen sind dekorativ und beschwören vor meinem geistigen Auge eine »Urlaubslandschaft« herauf: eine bewaldete Küste mit verschindelten Häusern, ein malerischer Hafen mit Booten und Hummerkäfigen, Restaurants, wo man draußen auf Picknickbänken sitzt und Hummer mit Pommes frites isst. Die einzige Ausnahme ist das Etikett aus New York, bei ihm stelle ich mir ein kleines Hummerboot vor, das an hoch aufragenden Wolkenkratzern vorbeituckert.

Manchmal erkunde ich beim Surfen im Internet die Orte, aus denen die Schildchen stammen. Bei meiner Suche stoße ich auf einen Zeitungsartikel über Hummer und den Klimawandel. Seit 2008 wurden nur noch wenige Hummer südlich von New York angelandet, während die Fangmenge nördlich von Boston deutlich gestiegen ist. Durch die Erwärmung der Ozeane haben sich die Hummervorkommen nach Norden verlagert oder weiter von der Küste entfernt, wo das Wasser tiefer und kälter ist. Doch auch der Golf von Maine hat sich bereits deutlich erwärmt. Die Hummerindustrie in Maine hat einen Boom erlebt, Experten warnen nun aber vor dem bevorstehenden Einbruch.

Durch die Versauerung des Meeres wird das Kalziumkarbonat, das die Grundlage des Hummerpanzers bildet, angegriffen, zudem machen die wärmeren Meerestemperaturen die Hummer anfälliger für bakterielle Infektionen, die die sogenannte Panzerkrankheit (Epizootic Shell Disease, ESD) verursachen.

In Maine wird vom Verzehr der Hummerleber abgeraten, die beim Abkühlen grün wird und als Delikatesse gilt. Sie enthält einen hohen Anteil an Dioxinen – Giftstoffe aus Industrieabwässern.

Irgendwann bei meiner Internetrecherche fällt mir auf, dass ich mehr über Hummer auf der anderen Seite des Atlantiks weiß als über die, die in den Fallen im *voe* unter meinem Haus gefangen werden. Ich steuere also mithilfe der Suchmaschine wieder meine Heimat an und finde einen Bericht aus dem Jahr 2017 über die Kontamination des Meeres um Schottland durch die in Lachsfarmen eingesetzten Pestizide. Im Käfig sind Lachse anfällig für Lachsläuse, kleine Krustentiere, die sich als Parasiten an die Lachse heften und von deren Haut und Blut leben. Durch die beengte Haltung der Lachse in Käfigen haben sich die Lachsläuse massiv vermehrt. Auf der Website der Salmon & Trout Conservation Scotland sind gruselige Bilder von lebenden Fischen in einem Käfig im Meer vor Skye zu sehen. Große Teile der Haut hängen in Fetzen herunter und man sieht das schiere Fleisch.

EIN ETIKETT MIT DER AUFSCHRIFT »NETUKULIMK«

Die schottische Lachsindustrie nutzt verschiedene Mittel, um die Läuse loszuwerden, darunter auch ein neurotoxisches Insektizid namens Emamectinbenzoat, das auch Hummern schadet. Der Strand, an dem wir schnorcheln, liegt an einem Sund namens Swarbacks Minn. Im Bericht von 2017 wird Swarbacks Minn als eines der Gebiete aufgeführt, die durch die neurotoxischen Pestizide kontaminiert sind. Ich wende meine Aufmerksamkeit lieber wieder der anderen Seite des Ozeans zu. Es ist einfacher, sich mit der Verschmutzung eines weit entfernten Ortes zu beschäftigen als mit der Kontaminierung des Meeres, in dem die eigenen Kinder schwimmen.

Drei Hummerfallen-Etiketten in meiner Sammlung stammen aus früherer Zeit – die Informationen auf den leuchtend orangefarbenen Schildchen sind nicht standardisiert. Sie waren Mitte bis Ende der Achtzigerjahre in Gebrauch. Darauf steht:

Jim Muise (gefunden auf Mainland, Shetland)
FV [Fishing Vessel] Elsha, J Henderson (gefunden auf Mainland, Shetland)
Travis Smith Cedar Island NC [North Carolina]
(gefunden auf Sanday, Orkney)

Ich poste ein Foto der orangefarbenen Etiketten auf der Facebook-Seite von »All Things Lobstering«, und tatsächlich meldet sich eine Frau, die mir schreibt, dass sie die Tochter von Jim Muise ist. Schon bald stehe ich im Mail-Kontakt mit Jim, der in Massachusetts lebt. Das Meer habe ihn schon immer angezogen, schreibt er mir, er begann direkt nach der Schule als Hummerfischer zu arbeiten. Mittlerweile ist er im Ruhestand. Er fischte früher von Saugus aus und stellte seine Fallen in der Massachusetts Bay oder entlang der Küste auf. Beim »Perfect Storm« von 1991 hatte Jim 800 Fallen draußen, danach brauchten fünf Taucher sieben Tage, um 240 von ihnen zu bergen. Der Sturm veränderte die Wanderbewegungen der Hummer und Fische auf Dauer, erzählt er mir, die Fischerei war danach nie wieder so wie früher.

Ich frage Jim auch nach Wildtieren, die er von seinem Boot aus sieht. Schweinswale, Grindwale und Buckelwale sind für ihn ein vertrauter Anblick, doch Glattwale wie der Atlantische Nordkaper oder Weiße Haie, Fuchshaie, Schildkröten und fliegende Fische sind selten und daher besonders interessant. Und ich frage Jim nach dem Aberglauben unter Fischern und erkläre, dass auf Shetland viele Boote ihren Liegeplatz immer noch in Richtung *sungaets* verlassen – sich also im Uhrzeigersinn drehen, dem Lauf der Sonne folgend, weil die andere Richtung Unglück bringt. Es gibt viele abergläubische Vorstellungen, antwortet Jim. Beispielsweise sollte man im Herbst wegen des Westwinds nie auf dem Boot pfeifen, außerdem sollte das Boot immer mit der Steuerbordseite am Steg liegen.

Ich schaue mir Saugus auf Google Maps an, und meine Vorstellung von einer Urlaubslandschaft weicht der Realität. Saugus liegt mitten in einer stark industrialisierten Zone zwischen Boston und Salem. Eine schnelle Suche im Internet ergibt, dass das Wasser dort stark verschmutzt ist. Die Schadstoffe einer Müllverbrennungsanlage – der ältesten ihrer Art in den USA – werden

EIN ETIKETT MIT DER AUFSCHRIFT »NETUKULIMK«

mit einem erhöhten Auftreten von Krebserkrankungen in Verbindung gebracht, was für Unruhe unter den Anwohnern sorgt. Wie auch immer, durch die Hummerfallen-Etiketten und das Internet konnte ich Kontakt zu einem Menschen auf der anderen Seite des Atlantiks aufnehmen und Einblick in das Leben an einer fernen Küste gewinnen.

Als ich die Vorwahl der Telefonnummer vom Etikett von der Elsha eingebe, lande ich in Portsmouth in New Hampshire, wo der Piscataqua River die Grenze zu Maine bildet – auch hier wirkt die Gegend relativ industrialisiert. Doch das Etikett von Cedar Island in North Carolina liefert mir schließlich einen Ort, der hervorragend zu meinem Traum vom Beachcombing an der Westküste der USA passt. Cedar Island liegt am Ende einer langen Halbinsel, die größtenteils zu einem Naturschutzgebiet gehört und vom offenen Atlantik durch die Outer Banks abgeschirmt wird, eine Kette schmaler, sandiger Barriereinseln, die sich nach Norden bis in den Bundesstaat Virginia erstrecken.

Eine Fähre verbindet Cedar Island mit Ocracoke, der südlichsten der Inseln. Folgt man der Inselkette nach Norden, gelangt man nach Hatteras Island. Nördlich von Cape Hatteras löst sich der Golfstrom von der Küste und tritt seine Reise quer über den Atlantik an. Ich stelle mir vor, wie aufregend es sein muss, von Cape Hatteras eine Flaschenpost ins Meer zu werfen, in der tollkühnen Hoffnung, dass sie quer über den Atlantik bis nach Shetland getragen wird. Der Wind würde natürlich ablandig wehen und den Wellen weiße Schaumkronen aufsetzen, und ich würde auf der sandigen Landzunge stehen und nach dem Schwarzmantel-Scherenschnabel Ausschau halten, dem *Rynchops niger* aus Rachel

Carsons Buch *Unter dem Meerwind*. Vielleicht würde einer dicht über dem Wasser vorbeifliegen, den großen schwarz-roten Schnabel geöffnet, und die Wasseroberfläche nach Futter absuchen. Auf der Website der Audubon Society habe ich gelesen, dass Schwarzmantel-Scherschnäbel manchmal zum Ausruhen bäuchlings im Sand liegen, wie erschöpfte Hunde.

Eine Zeit lang lese ich über die Outer Banks alles, was ich finden kann. Ich bestelle eine Broschüre für Touristen und erstelle in Gedanken eine Liste, wonach ich am Strand suchen würde: nach einem Sanddollar (Seeigel) und dem Gehäuse einer Meeresschnecke, *Sinum perspectivum*, die »Baby Ear« genannt wird und zur Familie der Mondschnecken gehört. Im Internet kaufe ich ein gebrauchtes Exemplar von *How to Read a North Carolina Beach*, obwohl ich natürlich weiß, dass ich vermutlich nie dorthin reisen werde. Ich verfolge den Weg der Hurrikane, wenn sie die Outer Banks treffen, und beziehe Newsfeeds, die über Inselevakuierungen informieren. Der Klimanotstand macht das Leben auf diesen Inseln extrem schwierig. Die Hummerfallen-Etiketten wecken in mir den Wunsch, über den Atlantik zu fliegen, erinnern mich aber gleichzeitig daran, dass ein solcher Flug ökologisch nicht mehr vertretbar ist.

Anfangs brauche ich eine Weile, um zu verstehen, warum manche Etiketten keinen Code für einen Bundesssstaat oder eine Provinz tragen. Auf drei Etiketten lese ich »NCC«, die Abkürzung für NunatuKavut Community Council, das Verwaltungsgremium der Inuit von Süd- und Zentral-Labrador. Eine vierte Marke, die

EIN ETIKETT MIT DER AUFSCHRIFT »NETUKULIMK«

2014 ausgestellt wurde und deren Rot verblasst ist, führt den Code »NCNS«. Ich finde heraus, dass er für Nova Scotia steht. Auf dem Etikett entdecke ich außerdem das Wort »Netukulimk«.

Gefunden habe ich es im Dezember 2018 nach einem Atlantiksturm. Nach wie vor herrscht starker Wind, als ich am Strand ankomme. Ein Otter fischt in Strandnähe in der wirbelnden weißen Gischt. Er klettert auf einen Felsen, um den gefangenen Fisch zu fressen, doch eine Welle spült ihn sofort wieder ins Meer. Draußen auf dem Atlantik treibt Foula auf einer dichten Schicht aus Nebel und Gischt. Ich freue mich sehr über zwei Ananas, die nebeneinander am Strand liegen, auf sie habe ich gewartet. Im Oktober 2017 verlor ein Schiff namens *Lombok Strait* zwei Container in der stürmischen See. Ozeanografen erstellten im Modell eine Prognose für ihren vermutlichen Kurs und ihr Eintreffen vor Shetland. Das Innere der beiden Früchte ist zu Brei geworden, aber die harte Haut ist noch intakt.

Ich fische elf Eikapseln von Sternrochen aus der Gischt und finde noch ein Feuerzeug aus Maniitsoq im Süden Grönlands. Eine Gummiente liegt in einem Helm neben den Überresten eines Wetterballons. Außerdem sammle ich insgesamt sieben Hummerfallen-Etiketten, darunter das mit dem Aufdruck »Netukulimk«.

Wieder daheim erfahre ich, dass das Netukulimk-Etikett von Mime'j Seafoods Limited ausgestellt wurde, einem Unternehmen des Native Council of Nova Scotia, das es sich zur Aufgabe gemacht hat, die indigene Bevölkerung bei der Beantragung von Genehmigungen und Lizenzen zu unterstützen und den Fischern auch bei der Ausrüstung unter die Arme zu greifen. Ich finde es bemerkenswert, dass von den etwa hundert

DIE STRANDSAMMLERIN

Schildchen in meiner Sammlung nur vier von indigenen Gemeinschaften stammen.

Ich recherchiere weiter und erfahre, dass die Netukulimkewe'l Commission mehrere Funktionen hat, unter anderem will sie über die indigenen Mi'kmaq und ihre Rechte aufklären, etwa das über den Zugang und die Nutzung von natürlichen Ressourcen. Ich schicke Tim Martin, dem Vorsitzenden von Mime'j Seafoods, der auch als Kontaktperson angegeben wird, eine E-Mail. Tim antwortet mir sehr ausführlich, und als ich ihn nach der Bedeutung des Begriffs »Netukulimk« frage, schickt er mir ein Textdokument mit dem Titel *Mi'kmaq Fisheries, Netukulimk: Towards a Better Understanding*. Darin wird Netukulimk folgendermaßen definiert: »Ein Konzept der Mi'kmawey, das die Nutzung der vom Schöpfer zur Verfügung gestellten natürlichen Gaben für die Selbsterhaltung und das Wohlergehen des Einzelnen und der Gemeinschaft als Ganzes beinhaltet.« Der Schöpfer Niscaminou gilt als Sonne und Spender des Lebens, und die Weltanschauung der Mi'kmaq »umfasst alle Lebewesen. Da wir wissen, dass alle belebten und viele unbelebte Wesen Leben in sich tragen und vom Geist durchdrungen sind, sind wir verpflichtet, sie zu respektieren und zu ehren.« Weiter wird erklärt, dass ein Baum lebendig ist, bis er stirbt. Wenn sein Holz zu einem Gegenstand verarbeitet wird, wird er wieder lebendig, durchdrungen von der Kraft seines Schöpfers und von der Bedeutung seiner neuen Funktion, zum Beispiel als Bogen oder Schale.

Mi'kma'ki, die angestammte Heimat der Mi'kmaq, so heißt es in dem Dokument, ist die Welt am östlichen Rand Kanadas, der Ort der aufgehenden Sonne. Die Mi'kmaq sind die Verwalter

EIN ETIKETT MIT DER AUFSCHRIFT »NETUKULIMK«

des Mi'kma'ki, eines Gebiets, das sich über fünf Provinzen erstreckt. »Für die Mi'kmaq sind unser Land und seine Lebewesen keine Handelsware, sondern das Erbe unserer Gemeinschaft. Die Mi'kmaq vertreten die Haltung, in Harmonie mit der Erde und ihren Ressourcen zu leben, während die Briten es als ihr Vorrecht betrachteten, das Land auszubeuten und als ihr Eigentum zu nutzen.«

Ich erfahre aus dem Schriftstück von Tim weiter, dass die britischen Kolonisten die Mi'kmaq von ihrem Land vertrieben. Die Mime'j Seafood Company wurde gegründet, weil ihnen der vollständige Zugang nach wie vor nicht wieder gewährt wurde. Auf neun Seiten werden die in der Verfassung verankerten Rechte der Mi'kmaq auf Jagd, Fischerei und Vogelfang sowie auf das Sammeln von Früchten und Pflanzen aufgeführt, die ihnen in verschiedenen Verträgen verbrieft worden waren. Doch die Liste der Fälle, in denen indigene Völker ihr Recht auf Fischfang und Jagd verteidigen mussten, ist lang.

Im Oktober 2020 wird in einem Zeitungsartikel berichtet, wie Hunderte von Hummerfischern, allesamt Siedler, ein Lagerhaus in der Nähe von Yarmouth in Nova Scotia umstellten und zwei indigene Hummerfischer und vier Siedler darin festhielten. Sie stellten den Strom ab, schlugen Fenster ein, urinierten auf ein Fahrzeug, schlitzten die Reifen auf und drohten, das Lagerhaus niederzubrennen. Die Mi'kmaq-Hummerfischer haben das Recht, das ganze Jahr über zu fischen und sich damit ein bescheidenes Auskommen zu sichern. Kommerzielle Fischer wehren sich gegen den Fallenfang außerhalb der Saison mit der Begründung, dass dadurch die Hummerbestände dezimiert würden –

DIE STRANDSAMMLERIN

eine Behauptung, die von Fischereiwissenschaftlern zurückgewiesen wird. Die Anzahl der Fallen, die von indigenen Fischern aufgestellt werden, ist winzig im Vergleich zur Anzahl der Fallen, die von kommerziellen Unternehmen ausgebracht werden.

Bei der Suche nach Strandgut freue ich mich jedes Mal über den Fund von Rindenstücken der Papierbirke (*Betula papyrifera*), die in Kanada und in den nördlichen Bundesstaaten der USA wächst. Wenn sie hier angespült wird, sieht sie noch immer so lebendig aus, sie leuchtet geradezu und strahlt die Lebenskraft eines wachsenden Baumes aus. Manchmal sind die Stücke ordentlich aufgerollt wie Schriftrollen, manchmal bilden sie ein wirres Durcheinander. Ein ganz besonderer Schatz sind für mich die seltenen flachen und starren Stücke mit einem Knoten in der Rinde, weil der Knoten eine unheimliche Ähnlichkeit mit einem menschlichen Nabel aufweist.

Ein Shaetlan-Name für diese angeschwemmten Birkenrindenstücke ist *neverspel*, abgeleitet vom altnordischen *næfr*, was »Birkenrinde« bedeutet, und *spila*, ein dünner Streifen oder ein Stückchen Holz. Es gibt noch viele andere Bezeichnungen, von denen einige auch mit Licht zu tun haben: Loki's Candle (»Lokis Kerze«), Gooniman's Candle und Willie Gun's Candle. *Neverspel* wird auf Shetland immer noch zum Feueranzünden gesammelt, ich hingegen bewahre die kostbaren Fragmente aus fernen Wäldern lieber auf. Ich würde gerne nach Kanada reisen und durch die Papierbirkenhaine wandern. Dann würde ich ihre Stämme nach den in Ringen angeordneten Löchern des Gelbbauch-Saft-

EIN ETIKETT MIT DER AUFSCHRIFT »NETUKULIMK«

leckers absuchen, einer Spechtart, die sich vom Baumsaft ernährt. Und vielleicht bekäme ich auch einen Rubinkehlkolibri zu sehen, der seinen winzigen gebogenen Schnabel in eines der Löcher steckt, um Baumsaft zu naschen.

Meine Neugierde, mehr über *neverspel* zu erfahren, führte mich zur Historie der Beothuk, die in einem Gebiet lebten, das heute Neufundland genannt wird. Ihre Kultur war stark von der Verwendung der Birkenrinde geprägt. Von den europäischen Siedlern vertrieben, zogen sie sich, um Zusammenstöße zu vermeiden, ins Landesinnere zurück, wo sie ohne Zugang zum Meer nicht überleben konnten. Die letzte bekannte Vertreterin der Beothuk starb 1829 als junge Frau an Tuberkulose.

2019 erklärte sich das National Museum of Scotland endlich bereit, die Schädel von zwei Angehörigen der Beothuk, dem Stammesführer Nonosabasut und seiner Frau Demasduit, zurückzugeben. Ich habe versucht, die Geschichte dieser Rückführung zu verfolgen, doch die schottische Presse berichtete über die Rückgabe der Schädel in einer Form, als ob es sich um einen Akt wohlwollender Großzügigkeit gehandelt hätte. Also informiere ich mich lieber im Internet.

Demasduit wurde von einem europäischen Pelztierjäger namens John Peyton jr. entführt. Ihr Ehemann Nonosabasut war von ihm oder einem von Peytons Männern getötet worden, als er versucht hatte, seine Frau zu retten. Sie soll sich vor ihren Entführern auf den Boden gekniet und ihre Brust entblößt haben, um zu zeigen, dass sie ein Kind stille.

In einem Bericht der Canadian Broadcasting Corporation über die Rückgabe der Schädel heißt es lediglich, anschließend habe sie »mit ihrem Entführer zusammengelebt«. Hinter dieser neutralen Formulierung verbergen sich zweifelsohne Misshandlungen und Traumata. Ihr Schädel und der ihres Mannes wurden von einem schottischen Siedler aus ihrer Grabstätte gestohlen und gelangten so in den Besitz des National Museum of Scotland.

Um die Rückgabe der Schädel musste Häuptling Mi'sel Joe von der Miawpukek First Nation fünf Jahre lang kämpfen – ein weiteres Detail, das in den meisten Berichten schottischer Medien fehlt.

In meinem Glas mit am Strand gefundenem Plastikspielzeug befinden sich auch Puppenteile oder ganze Puppen. Die Arme und Beine sowie ein Oberkörper mit schmaler Taille und üppiger Oberweite haben immer eine weiße Hautfarbe. Eines Tages fand ich ein blaues Plastikfigürchen, ein junges Mädchen mit zwei langen Zöpfen und einem Stirnband – die Karikatur einer »Indianerin«. Auf dem Rücken ist »BONUX« in Großbuchstaben eingeprägt. Meine Recherche im Internet ergab, dass es sich um eine Sammelfigur handelt, aus einer Reihe von Monchhichi-Plastikfigürchen, die ein französischer Waschmittelhersteller in den Siebzigerjahren den Packungen beigab. Das Meer hat die Federn aus dem Stirnband gerissen und ihr den Speer aus der Hand geklaut.

Man geht davon aus, dass 6000 indigene Kinder in kanadischen Internatsschulen starben, von denen die letzten erst in den Neunzigerjahren geschlossen wurden. Diese von der Kirche geführten und vom Staat finanzierten Einrichtungen entrissen die Kinder ihren Familien, um sie von ihrer indigenen Kultur zu trennen. Die kanadische Autorin Tanya Talaga berichtet in ihrem Buch *All Our Relations: Indigenous Trauma in the Shadow of*

EIN ETIKETT MIT DER AUFSCHRIFT »NETUKULIMK«

Colonialism, dass die Selbstmordrate unter den Inuit heute zehnmal so hoch ist wie der nationale kanadische Durchschnitt. Eine Inuk-Frau berichtet, dass ihre Eltern vor der Entscheidung standen, sie freiwillig wegzugeben oder zu warten, bis die Polizei kam und sie mitnahm. Von ihren eigenen sieben Kindern haben drei Selbstmord begangen.

Es gibt Schätzungen, dass in den vergangenen dreißig Jahren über 4000 indigene Frauen und Kinder ermordet wurden oder spurlos verschwanden. 2019 schlussfolgerte eine offizielle Untersuchungskommission, die National Inquiry into Missing and Murdered Indigenous Women and Girls, dass das einem Völkermord gleichkomme. Die indigene Journalistin Brandi Morin berichtete 2020, dass ein Aktionsplan, der auf dem Untersuchungsbericht fußte, angeblich wegen der Covid-19-Pandemie aufgeschoben wurde. Es wurden keine Mittel dafür bereitgestellt, aber Milliarden von kanadischen Dollar für den Ausbau der Ölpipeline Trans Mountain bewilligt. Die Arbeitskräfte auf dieser Baustelle sind ausschließlich männlich, was wiederum ein erhöhtes Risiko für die indigenen Frauen vor Ort bedeutet.

In dem Textdokument *Mi'kmaq Fisheries, Netukulimk* lese ich einen Absatz, bei dem ich sowohl an *neverspel* als auch an Seebohnen denke:

Man weiß, dass Gegenstände, die man bei seiner persönlichen spirituellen Reise im Leben findet, Kraft besitzen. Wenn sie verschenkt oder als persönliche

DIE STRANDSAMMLERIN

Medizin aufbewahrt werden, indem sie auf die Kleidung genäht oder zu Amuletten verarbeitet werden, besänftigen sie die Geisterwelt, ehren sie oder rufen sie um Hilfe an.

Da ich immer noch keine Seebohne gefunden habe, habe ich immer ein Stück *neverspel* in Reichweite. Das Etikett der Mi'kmaq-Netukulimk-Hummerfalle liegt mittlerweile auf dem Fenstersims über meinem Schreibtisch neben einem besonders schönen Stück *neverspel*. Das kleine blaue Figürchen starrt aus dem Glas mit den am Strand angespülten Spielsachen. Für mich ist das Meer mittlerweile eine Art Archiv. Hin und wieder bietet es mir ein Objekt, das mich auf etwas aufmerksam macht, was ich ansonsten übersehen hätte.

Strandjutter – Strandgutsammler

In der Zwischenzeit kommen und gehen die Wellen an der Küste von Ardnamurchan wie an der Ägäis, und das Meer entledigt sich seiner Last.

Alasdair Maclean, *Night Falls on Ardnamurchan*

Als wir vier an einem Februarabend 2020 im Hotel De Waal auf der niederländischen Insel Texel ankommen, ist es dunkel und es gießt wie aus Kübeln. Die Lichterketten, die die Dachtraufe eines nahe gelegenen Hauses schmücken, werden vom Wind hin und her gepeitscht. Wir flogen im Gefolge des Orkans »Dennis« in die Niederlande, die Landung auf dem Amsterdamer Flughafen

Schiphol war beängstigend. Der Sturm schüttelte das Flugzeug durch wie ein Spielzeug. Ich hatte das Gefühl, das sei die Strafe dafür, dass ich eine so unnötige Reise machte. Doch ich hatte mich schon so lange danach gesehnt, im Winter nach Texel zu reisen. Auf der Insel ist das Strandgutsammeln sehr verbreitet.

Im Flughafen wurden wir, weniger als einen Monat nach dem Brexit, höflich zur Passkontrolle für Mitglieder der Europäischen Union geleitet. Eine elegant gekleidete Frau, die vor uns in der Schlange stand, drehte sich um und bemerkte, wie nett das doch angesichts der Umstände sei. Ich war abgelenkt von den Menschen mit Gesichtsmasken und den Nachrichten über die Ausbreitung von Corona – schon bald würde die Epidemie zur Pandemie erklärt werden.

Der Zug von Schiphol in die Stadt Den Helder mit ihrem Öl- und Gashafen hatte Verspätung und war sehr voll. Wir rauschten durch eine Landschaft, die von der Agrarindustrie geprägt ist. Jede Parzelle kultivierten Landes war von einem Netz aus Wasserwegen umgeben. In gewisser Weise wirkte es trostloser als auf Shetland, obwohl es eine Freude war, so viele Wasservögel zu sehen – Blässhühner, Teichhühner, Haubentaucher, Enten, Reiher und Silberreiher. In Den Helder brachte uns ein Bus im Handumdrehen direkt vom Bahnhof zum Fährhafen. Wir folgten einem Strom von Radfahrern auf die Fähre und machten es uns in der palastartigen Passagierlounge bequem, wo wir zwischen Plastikbäumen saßen und Schüsseln voll dampfender Erbsensuppe mit Räucherwurst aßen. Das Wattenmeer war trotz des Wetters ruhig und hatte eine seltsam milchig-braune Farbe. Die Vertrautheit mit dem langsamen und gleichmäßigen Tempo der

STRANDJUTTER – STRANDGUTSAMMLER

Fähre war eine Wohltat nach dem unruhigen Flug und der rasanten Zugfahrt.

∽

Maarten und Belinda, die Eigentümer des Hotels De Waal, führen uns in einen gemütlichen Aufenthaltsraum, wo wir an einem Tisch aus Treibholz sitzen. Die beiden bilden ein schönes, wenn auch sehr ungleiches Paar. Maarten kann von sich behaupten, der größte Mensch der Insel zu sein, während Belinda wie ich eher klein ist.

Ich bin begeistert, jemanden zu treffen, der schon sein Leben lang Strandgut sammelt. Ich bewundere den Tisch aus Treibholz, und Maarten erklärt, dass der Großteil der Möbel im Hotel aus Treibholz ist, das er am Strand von Texel gesammelt und als Schreiner selbst bearbeitet hat.

Außerdem macht Maarten Führungen zum Strandgutsammeln. Der Stress der vom Orkan durcheinandergewirbelten Reise fällt von mir ab – und mich überkommt eine große Vorfreude. Ich kann es kaum erwarten, an der Küste von Texel auf Schatzsuche zu gehen. Als ich das Maarten erkläre, lächelt er und verschwindet kurz, um bald darauf mit einer großen hölzernen Schatztruhe zurückzukehren. Belinda, die mit heißer Schokolade und Kuchen aus der Küche kommt, muss laut lachen, als sie sieht, wie wir uns um ihren breit grinsenden Mann drängen.

Maarten greift in die Truhe und reicht meiner Tochter eine Gummiente, die bei einem Entenrennen in einem Fluss in Cornwall verloren ging, und meinem Mann einen großen Mammutknochen. Er erklärt, dass am Strand von Texel sogar ein Stück von einem Neandertaler-Schädel gefunden wurde. Mein müder Mann wird plötzlich wieder ganz munter. Meinem Sohn gibt Maarten eine Dose mit Lego, die 1997 ins Meer geriet, als das Containerschiff *Tokio Express* zwanzig Seemeilen vor Land's End an der Küste Cornwalls von einer Monsterwelle getroffen wurde und mehrere Container über Bord gingen. Mir zeigt er einen Kiefernzapfen, so groß wie ein Igel und ganz ähnlich geformt. Er stammt von einer Monterey-Kiefer, die wahrscheinlich immer noch irgendwo in einem Garten oder Park an der südenglischen Küste wächst. In der Truhe befindet sich auch eine haarige Kokosnuss mit maritimem Bewuchs, ein Hinweis darauf, dass es sich tatsächlich um einen Treibsamen handelt und nicht um Müll, der über Bord geworfen wurde.

Die Truhe enthält auch zwei Ringordner mit Flaschenpost-Botschaften, die Maarten gefunden hat. Ich frage ihn, ob er selbst auch Flaschenpost verschickt. Er nickt. Es ist zusätzlicher Müll im Meer, da sind wir uns einig, trotzdem sind wir beide so fasziniert, dass wir nicht davon lassen können. Wir beide kennen puristische Strandgutsammler, die der Ansicht sind, dass Müll nun einmal Müll ist und im Meer nichts zu suchen hat, und die sich auch daran halten. Aber zum Glück denke ich nicht so.

Während sich Maarten um andere Gäste kümmert, blättere ich durch die Ordner. In einer englischen Zeitung ist ein Foto zu sehen, auf dem Maarten mit einer Flasche posiert, die laut Bildunterschrift die Asche eines Postboten aus Dorset enthält. Der Sohn des Mannes hatte sie ins Meer geworfen, weil der Vater sein Leben lang gern gereist war. Mit dem Einverständnis des Sohnes gab Maarten die Flasche einem Fischer von Texel, der sie wieder der Nordsee übergab.

STRANDJUTTER – STRANDGUTSAMMLER

Die meisten Botschaften, die Maarten gefunden hat, wurden von Kindern oder von Erwachsenen ins Meer geworfen, die sich einen kindlichen Enthusiasmus bewahrt haben. Sie sind kurz und sachlich, mit Namen, Adresse und einem hoffnungsvollen, höflichen Gruß. Andere sind schon etwas aufschlussreicher. Eine junge Frau berichtet, sie sitze auf einer Insel irgendwo vor der englischen Küste fest, zusammen mit Freunden und einigen »totalen Wichsern«.

Am nächsten Morgen schlendern wir durch die engen Gassen von De Waal mit seinen alten Backsteinhäusern und den steilen, ziegelgedeckten Dächern. Ein bitterkalter Wind bläst von der Nordsee, sehr zur Freude der Dohlen, die mit lauten »Tjack«-Rufen in den schwankenden Ästen eines hohen Baums herumflattern. Ein Kormoran zieht dank Rückenwind schnell über unsere Köpfe hinweg, er überquert die Insel von einem Meer zum anderen. Von der Kirche aus gehen wir eine Straße entlang, die sich wie ein Damm zwischen versunkenen Feldern erstreckt. Texel ist eine junge Insel, genau wie das Wattenmeer ein junges Meer ist. Die Allerheiligenflut von 1170, eine der größten bekannten Sturmfluten der Nordsee, trennte Texel vom Festland ab. Eierland im Norden von Texel war einst eine eigene Insel, auf der Möweneier gesammelt wurden. Die englischen Seefahrer gaben ihr den Spitznamen »Damn Egg Island« (»Verdammte Eierinsel«), weil so viele hier Schiffbruch erlitten, und der Eierland-Leuchtturm markiert den Ort, an dem englische Seeleute begraben liegen. Im 17. Jahrhundert wurde auf der Sandbank zwischen Texel und Eierland ein Deich gebaut, wodurch der Kanal zwischen den beiden Inseln versandete. Als dieser Deich zusammen mit vielen weiteren bei der Sturmflut von 1697 brach, wurde der Nordteil von Texel überflutet.

Texel ist mit seinen 463 Quadratkilometern und über 13 000 Einwohnern eine große Insel. Doch trotz des bewirtschafteten Landes, der gezähmten Natur, der viel befahrenen Straßen und einer Atmosphäre zeitloser Beständigkeit ist die Gefährdung Texels durch Stürme stets greifbar. Das Meer ist vielleicht außer Sicht, aber immer zu spüren. Zur Nordseeküste hin bilden Dünen eine fragile Barriere. Das Wattenmeer wird durch Deiche von insgesamt sechsundzwanzig Kilometer Länge und mehrere Pumpstationen im Zaum gehalten. Auf einer Satellitenkarte ist Texel überwiegend in Blautönen eingefärbt, von denen die dunkelsten für Gebiete unter dem Meeresspiegel stehen. Man könnte meinen, die Insel wäre bereits an das steigende Meer verloren oder hätte sich die Zeit, in der sie existiert, nur geborgt. Der höchste Punkt ist der De Hoge Berg, der Hohe Berg, ein Hügel aus eiszeitlichem Geschiebelehm, der sich 15,3 Meter über dem Meeresspiegel erhebt. Es gibt kein höher gelegenes Land, wohin man flüchten könnte. Die hoch aufragenden Klippen von Foula und Nólsoy hatten etwas Beunruhigendes für mich, Texel wiederum liegt viel zu tief, als dass ich mich entspannen könnte.

Später am Tag fährt Maarten uns vier zum Nordseestrand der Insel. Mein Sohn blättert in einem Lego-Heft, das Maartens Tochter auf dem Rücksitz liegen ließ. An einem Ständer hinten am Koffer-

STRANDJUTTER – STRANDGUTSAMMLER

raum des Volvos ist ein klassisches Hollandrad festgeschnallt. Mein Mann wirkt stoisch, wie immer, wenn meine Strandgut-Obsession uns an bitterkalten Tagen zum Strand führt. Doch ich spüre, dass er bei dem Gedanken an angeschwemmte Mammutknochen auch ein bisschen gespannt ist.

Während der Fahrt erläutert uns Maarten die Feinheiten des Strandgutsammelns auf Texel. Es gibt viele Regeln, die Insel hat dafür sogar eine eigene offizielle Einrichtung, *strandvonderij* genannt. Der oberste Strandgutsammler und seine sechs Assistenten werden *strandvonders* genannt. Alle sind Männer, jedoch steht einer kurz vor dem Ruhestand und möglicherweise wird seine Tochter den Posten übernehmen. Jedem *strandvonder* ist ein bestimmter Küstenabschnitt zugeteilt, an dem er auf Patrouille geht.

Wird etwas angespült, versucht der *strandvonder* den Eigentümer ausfindig zu machen. Gelingt dies nicht, wird der Fund von der Kommune Texel verkauft. Ein *strandvonder* darf am Strand mit dem Auto oder dem Traktor fahren, was sonst verboten ist. Als inoffizieller Strandgutsammler oder *strandjutter* darf Maarten sein Fahrrad am Strand nur entlangschieben und allenfalls wertlose Gegenstände mitnehmen. Maarten erzählt uns, wie die *strandjutters* früher größere Treibholzstücke in den Dünen versteckten und erst nach Einbruch der Dunkelheit holten, wenn die *strandvonders* weg waren.

In einem Artikel über Strandgutsammler auf Shetland während des Ersten Weltkriegs schreibt Ian Tait, Kurator des Shetland Museum and Archives: »Ich habe von Männern gehört, die große Holzstücke in Torfbänken vergruben, und ich habe Luken in Giebeln gesehen, durch die Holzstücke hereingeholt wurden. Sobald das Holz drin war, wurden sie zugemauert.«

Manchmal, wenn ich mit einem Stück Holz oder einem anderen Fundstück vom Strand heimkomme, fragt mich mein Nachbar Michael, ob ich guten *scran* entdeckt hätte – allerdings steckt dahinter eher gutmütiger Spott als Neid. Ian Tait definiert *scran* als »Krimskrams, der zufällig gefunden oder kostenlos beschafft wurde, insbesondere wenn er aus dem Meer geborgen wurde« – wobei er betont, dass es vor allem darum geht, dass die Funde nützlich sein und nichts kosten dürfen. Was ich nach Hause bringe, ist meist kein *scran*, sondern *bruck*, also eigentlich Müll, den man wegwerfen könnte.

Zu Beginn des 20. Jahrhunderts gab es auf Shetland vierzehn District Deputy Receivers, die für den Receiver of Wreck tätig waren, eine Abteilung von His Majesty's Customs and Excise, des königlichen Zoll- und Verbrauchssteueramts. Damals war ein Strandgutsammler gesetzlich verpflichtet, einen Fund dem zuständigen Deputy Receiver zu melden, der dann dessen Wert schätzte, bevor er ihn zum Verkauf ausschrieb. Der Finder hatte oft ein Vorkaufsrecht. Doch wie Ian erklärt: »Natürlich hatte ein Großteil des Holzes und anderer Funde theoretisch einen Besitzer, doch Verluste auf See gehörten zur Handelsschifffahrt und waren einkalkuliert. Den Besitzer dieser oder jener Planke zu ermitteln war meist unmöglich. Und die Inselbewohner hatten dafür immer Verwendung. Vorschriften passten nicht unbedingt zum traditionellen Rechtsverständnis auf Shetland, daher unterwarfen sich Shetländer den Vorschriften nur, wenn ihnen nichts anderes übrig blieb.«

Wie würden wir uns heute auf Shetland verhalten, wenn wertvolle Fracht angeschwemmt würde? Würden wir sie vor unseren Nachbarn und dem Auge des Gesetzes verstecken? Früher hatte ich absolutes Vertrauen in die auf Shetland gültige Regel, dass alles, was jemand den Strand hinaufgeschleppt und oberhalb der Flutlinie gelagert hat, auch ihm gehört. Doch dann ging ich eines Tages hinunter zum Strand und musste feststellen, dass der kleine Stapel Treibholz, den ich zusammengetragen hatte, verschwunden war. Die Kränkung machte mir noch lange zu schaffen. Doch in den meisten Fällen wird das ungeschriebene Gesetz respektiert. Das geht sogar so weit, dass auf manchen verlassenen Treibholzstapeln bereits Gras wächst. Der Finder ist womöglich schon lange tot, doch die Stapel bleiben unberührt.

Ich habe am Strand noch nie etwas von finanziellem Wert gefunden, doch ein Strandgutsammler auf Yell entdeckte im Spülsaum am Otterswick Beach einmal einen Verlobungsring mit Diamanten, er war noch in der Schatulle eines Juweliers aus Manhattan. In *Night Falls on Ardnamurchan*, den bewegenden Erinnerungen an eine Kindheit und Jugend auf dem Land, erzählt der schottische Schriftsteller Alasdair Maclean vom Heuen per Hand und vom »Strandlaufen«:

Wenn man am Strand etwas Wertvolles entdeckt, ist
das etwas ganz anderes, als wenn man Geld auf der Straße
findet, zumindest kann man sich das leicht einreden.
Die moralische Verpflichtung des Finders gegenüber dem

ursprünglichen Besitzer ist weniger offensichtlich und deutlich schwächer. Außerdem ist der Besitzer vermutlich keine einzelne Person, sondern irgendeine Firma und damit nicht gerade ein Sympathieträger, und seltsamerweise hängt unsere Ehrlichkeit auch davon ab, wie wir die Besitzverhältnisse desjenigen einschätzen, der etwas verloren hat.

Heute ist es dank Social Media einfacher, die Eigentümer wertvoller Fundstücke ausfindig zu machen, vielleicht hat sich das auch ein bisschen auf die Moral der Strandgutsucher ausgewirkt. Hätte ich den Diamantring gefunden, hätte ich versucht, die Person ausfindig zu machen, die ihn verloren hat? Vielleicht ja, vielleicht auch nicht.

Wir erreichen den Strand bei ablaufendem Wasser. Vom Meer her bläst ein starker Wind. Der Himmel ist strahlend blau, doch das Wasser sieht schlammig aus, reich an Sedimenten, die Oberfläche ist windgepeitscht und schäumend weiß. Eine Wolke von Heringsmöwen flattert über den Wellen. Schaumklumpen treiben über den gelben Sand, vorbei an Austernfischern, die dem kalten Wind reglos zusammengekauert trotzen. Einige Sanderlinge laufen hin und her, als würden sie jede Welle herausfordern, und meine Kinder tun es ihnen nach.

Ich spüre Maartens Anspannung. In mir prickelt es genauso. Ich brenne darauf, etwas für mich Neues und Ungewöhnliches zu finden. Der Strand scheint endlos und ist es in gewisser Weise auch. Er würde sich in gerader Linie auf dreißig Kilometern erstrecken, wenn er nicht durch die Salzwiesen von De Slufter unterbrochen würde. Bereits nach einer kurzen Strecke verliere ich die Orientierung und kann nicht mehr sagen, an welcher Stelle der Dünen wir an den Strand gekommen sind. Für mich sieht alles gleich aus. Die Kilometer sind durch dicke nummerierte Pfähle, *strandpalen,* markiert, die als Wegmarke dienen. Doch der erste Pfahl, an dem wir vorbeigekommen sind, ist mir nicht aufgefallen. Ich bin froh, dass Maarten uns führt. Ich genieße die Kälte, trotzdem denke ich, dass das Strandgutsammeln für mich hier nicht einfach wäre. Der Sand gibt nach und ist ein schwieriger Untergrund für entzündete Gelenke. Und wie weiß man, wann man aufhören soll? Maarten gesteht, dass er manchmal Belinda anruft und sagt, dass es noch eine Weile dauern wird, bis er nach Hause kommt. Das kann ich gut nachvollziehen, mir geht es genauso.

Wie bei unseren Stränden daheim liegt ziemlich viel Müll herum. Wir sammeln ihn ein und verstauen ihn in den Satteltaschen von Maartens Fahrrad. 2005 sammelten 600 Kinder an den Nordseestränden von Texel dreißig Tonnen Müll. Mir kommt es unfair vor, dass Kinder den Dreck der Erwachsenen wegmachen müssen, aber wie auch immer, 42 Prozent des Mülls stammten aus den Niederlanden und 14 Prozent waren vom Vereinigten Königreich angeschwemmt worden. Jedes Jahr im Frühling tun sich viele Shetländer zum Da Voar Redd Up zusammen, zum großen Frühjahrsputz, und sammeln den angeschwemmten Müll an gut zugänglichen Stränden ein. 2019, bei der letzten Aktion vor der Pandemie, sammelten 4500 Freiwillige über achtundvierzig Tonnen Müll. Eine beeindruckende Zahl, aber leider wird in jedem Winter neuer Müll angespült, außerdem sind weite Teile der Küste Shetlands nur schwer oder gar nicht zu erreichen, geschweige denn zu säubern.

Eine Zeit lang gehörte der Plastikmüll an unserem Heimatstrand für mich einfach dazu, er war ein Teil davon. Doch eines Tages im Frühling hob ich einen leuchtend orangefarbenen Fischkorb aus Plastik hoch, der einen kleinen Bach aufstaute. Darunter lag ein Aal mit nassem, glänzendem Körper in einem perfekten »S«. Ich griff danach, um ihn meinen Kindern zu zeigen, aber er glitschte mir aus der Hand und zwängte sich zwischen den Kieselsteinen in die Tiefe.

Das Leben dieses Aals begann in der Sargassosee, einem Meeresgebiet, das mittlerweile noch einen weiteren Namen hat: North Atlantic Garbage Patch, Nordatlantischer Müllstrudel. Der Aal schlüpfte in einem Strudel aus Plastikmüll aus dem Ei, und der Golfstrom und der Nordatlantikstrom trugen die kleine Larve Richtung Norden. Wenn sie den europäischen Kontinentalsockel erreicht, beginnt die Metamorphose zum winzigen Glasaal. Dieser kleine und wunderschön transparente Glasaal wandert Richtung Land und schwimmt flussaufwärts in die Binnengewässer. In dieser Zeit bilden sich Pigmente, der Glasaal wird zum Jungaal. Im Süßwasser verwandelt sich der Aal erneut, er wird zum Gelbaal mit gelber Bauchfärbung.

Der Aal am Strand war ein Süßwasseraal. Ich stelle mir gern vor, dass er kurz vor der Geschlechtsreife stand und sich bald in einen Silberaal verwandeln würde. Dass er sich auf das Salzwasser und die lange Wanderung zurück in die Sargassosee vorbereitete,

STRANDJUTTER – STRANDGUTSAMMLER

wo er sich paaren und dann sterben würde, falls er nicht schon unterwegs umgekommen war. Der Anblick des Aals zwischen dem ganzen Plastikmüll rüttelte mich auf. Mit der Unterstützung von Robbie und Kath, die das Land entlang der Küste bewirtschaften, sammelten wir das Plastik an dem kleinen Strand ein. Es füllte mehrere große schwarze Müllsäcke, und die Plastikeimer, Fischkisten und -körbe bildeten einen hohen Stapel. Einen kleinen Spielzeugsoldaten aus Plastik behielten wir.

Zwischen der Herbst-Tagundnachtgleiche 2018 und der Frühjahrs-Tagundnachtgleiche 2019 habe ich jedes Stück Müll gezählt, das ich an diesem kleinen Strand fand. Das war natürlich keine wissenschaftliche Erfassung. Das Meer holt manchmal das von einer früheren Flut zurückgelassene Plastik wieder zurück, und ich war auch nicht jeden Tag am Strand. Trotzdem habe ich von einem Strand, der nur dreißig Schritte breit ist, 627 Stück Müll mit nach Hause geschleppt. Das meiste davon, 98 Prozent, war Plastik. Etwas weniger als die Hälfte, nämlich 41 Prozent, konnte eindeutig der Fischerei oder Aquakultur zugeordnet werden.

Anfangs übersah ich kleine Plastikstücke, die wie Kiesel aussahen. Plastiglomerat entsteht, wenn sich geschmolzenes Plastik mit Sedimentkörnern oder anderem natürlichen Material verbindet. Das Plastik, das ich am Strand eingesammelt habe, lässt sich unter der Bezeichnung »Makroplastik« zusammenfassen. Ich habe gar nicht erst versucht, Mikroplastik zu sammeln, da wäre ich verrückt geworden. Wir düngen unsere Gemüsebeete mit Seegras und Algen, und ich bin endlos damit beschäftigt, die feinen Plastikfasern aus der Erde zu ziehen – die Fäden sich zersetzender

DIE STRANDSAMMLERIN

Polypropylen-Leinen aus der Fischerei. Ich bemitleide den Aal, der durch ein Meer voll Plastik schwimmen muss, und ignoriere das Mikroplastik, das vermutlich in meinem Körper herumschwimmt.

∞

Am Strand von Texel sucht Maarten vor allem nach Treibholz, doch viel ist an diesem Tag nicht zu finden. Er hebt ein kurzes Stück auf und erklärt, dass er früher nie so kleine, ramponierte Teile gesammelt hätte. Auf See wurde Holz bis vor Kurzem auf offenem Deck transportiert, wo es sich mit Wasser vollsaugen und schwer werden konnte. Bei rauer See drohte es das Schiff zu destabilisieren und zum Kentern zu bringen, oft ging es auch über Bord. Seitdem Holz sicher in den Laderäumen verstaut ist, hat Maarten Mühe, genug für seine Schreinerei zu finden.

Maarten ist stolz auf seine Identität als Strandgutsammler. Im Aufenthaltsraum des Hotels De Waal liegt ein prächtiger Bildband, der diese Tradition auf Texel feiert und die vielen Strandgutsammler der Insel porträtiert, darunter auch Maarten und seinen verstorbenen Vater. Es gab jedoch auch eine Zeit, in der man Strandgutsammlern nicht mit Respekt, sondern mit Geringschätzung begegnete. In dem 1972 erschienenen Roman *Ein Sommer in Greenvoe* des schottischen Dichters George Mackay Brown ist der auf Orkney lebende Strandgutsammler Timmy Folster ein Alkoholiker, der Brennspiritus trinkt. Und in dem 1940 erschienenen Roman *Feðgar á ferð* (*Des armen Mannes Ehre*, Neuübersetzung 2015: *Vater und Sohn unterwegs*) des färöischen Schriftstellers Heðin Brú ist die Bezeichnung »Strandgut-

STRANDJUTTER – STRANDGUTSAMMLER

sammler« eine Beleidigung. Strandgutsammeln wird zum Kennzeichen derer, die auf der Strecke blieben beim Übergang von der bäuerlichen Subsistenzwirtschaft zur modernen Lebensweise mit steigendem Konsum und Krediten.

Mir ist noch nicht zu Ohren gekommen, dass Strandgutsammeln auf Shetland stigmatisiert wurde. In *The Coastal Names of Fair Isle* listet der schottische Autor Jerry Eunson die *geos* in Küstennähe auf, in denen sich Treibholz sammelt. Sompal Geo ist ideal bei Südwestwind, Geo o'Busta bei Südostwind. Heswills Geo ist der beste Sammelort für Treibholz an der Ostküste, Hyukni Geo für den Westen der Insel. Krogi Geo, schreibt Eunson, ist nie ein guter Ort für Treibholz. Mittlerweile kenne auch ich die besten Strände für Treibholz, obwohl ich wenig Verwendung dafür habe; vielleicht ist es besser, es am Strand zu lassen, als Lebensraum für Wirbellose.

Noch immer verdienen einige Menschen auf Shetland mit Strandgutsammeln ihren Lebensunterhalt oder bessern damit ihre Rente auf. Meerglas wird gesammelt und zu Schmuckstücken verarbeitet. Markierungsbojen für Fischkörbe und Netze, Bootsfender und Schwimmer für Muschelleinen werden eingesammelt, um sie weiterzuverkaufen. Doch für die meisten ist das Strandgutsammeln ein schönes Hobby. In jüngster Zeit hat das Beachcombing durch die sozialen Plattformen zusätzlich an Ansehen gewonnen. Die digitale Vernetzung ist nützlich, es ist gut zu wissen, was man anderswo finden kann. Strandgutsammler von unterschiedlichen Küsten können ihre Funde vergleichen. Ich folge gern einem Beachcomber aus Japan und anderen, nicht ganz so weit entfernten Strandgutsammlern. Wie so vieles lässt sich

DIE STRANDSAMMLERIN

Beachcombing auf schöne Bilder und Lifestyle-Content reduzieren, doch im Spülsaum des Internets findet man durchaus auch die echten Freuden des Strandgutsammelns.

Der schmale Spülsaum am Strand von Texel wirkt gleichzeitig vertraut und voller neuer Möglichkeiten. Zu meinem Ärger findet Maarten deutlich interessantere Sachen als ich. Er entdeckt die erste Eikapsel, doch zu meiner Enttäuschung ist es die bekannte Eitasche des Kleingefleckten Katzenhais mit ihren langen Tentakeln. An diesem Küstenabschnitt kann man auch die wunderbar großen Eikapseln des Blondrochens mit ihren spitzen langen Haftfortsätzen finden, die ich noch nicht in meiner Sammlung habe. Ich brauche eine Weile, bis ich meinen Neid wieder im Griff habe und nicht allzu unhöflich reagiere. Dieser Strand schuldet mir nichts; ich kümmere mich nicht um ihn. Und selbst bei einem Strand, um den ich mich kümmere, zahlt es sich nie aus, wenn man zu hohe Erwartungen hat.

Maarten reicht mir ein dickes Band, das aus Glibber und Sand zu bestehen scheint – ein »Sandkragen«, das Gelege einer Halsband-Mondschnecke. Mein Sohn findet die Eikapsel eines Nagelrochens vergraben in den Dünen. Ich überreiche meinem Mann einen durchweichten Rosenstrauß, der vermutlich vor ein paar Tagen, am Valentinstag, von irgendjemandem verschmäht wurde. Meine Tochter findet einen noch fest geschlossenen Kiefernzapfen. Auf Shetland mit seinen wenigen Bäumen wäre das ein traumhafter Fund.

Wir entdecken eine LED-Glühbirne mit zwei Stiften, und dann noch eine und noch eine, bis schließlich zehn oder mehr in den Satteltaschen landen. Maarten vermutet, dass sie aus einem

STRANDJUTTER – STRANDGUTSAMMLER

Frachtcontainer stammen, den ein Schiff auf hoher See verloren hat. Er hat schon merkwürdige Szenerien an den Nordseestränden von Texel gesehen, wenn auf Containerschiffen eine Ladung über Bord gegangen ist. Einmal war der ganze Strand übersät mit Bananen, ein anderes Mal lagen überall Fernsehgeräte verstreut im Sand.

Während Maarten sein nun voll beladenes Fahrrad über den Strand schiebt, erzählt er uns, dass er damit rechnet, schon bald die Hinterlassenschaften der Stürme »Ciara« und »Dennis« zu finden – Gegenstände, die in englische Flüsse geschwemmt und dann hinaus in den Ärmelkanal gespült wurden. Ich überlege, was wohl über den Ozean nach Shetland getrieben würde, wenn eine Großstadt wie New York von einer Flutkatastrophe betroffen wäre. Manchmal scheint es durchaus möglich, dass das Sammeln von Strandgut eines Tages wieder zur Notwendigkeit werden wird. Ich stelle mir vor, wie die Leute eigens früh aufstehen, um als Erste am Strand zu sein und freie Auswahl bei den Plastikbehältern zu haben. Unser letzter Fund am Strand von Texel ist ein Beutel mit Trinkwasser für Notfälle.

Zurück im Schutz des Autos dreht Martin mit uns eine kleine Runde über die Insel. Wir sitzen eingeklemmt neben einem langen Stück Treibholz, das vom Beifahrersitz bis zur Kofferraumklappe reicht. Meine Kinder lassen sich davon nicht irritieren, sie sind daran gewöhnt, den Platz im Auto mit allen möglichen Strandfunden zu teilen, die mitunter auch noch ziemlich übel riechen. Maarten fährt zum Wattenmeer, wo er in einer Haltebucht neben einem hohen Deich parkt. Wir steigen über einen niedrigen Zaun und klettern die steile, grasbewachsene Böschung hinauf. Nach den sanft geschwungenen Dünen auf der Nordseeseite empfinde ich die strengen Linien dieser Küste als irritierend.

Von der Deichkrone aus sieht man Den Helder und das seltsame Bauwerk des Afsluitdijk, des Abschlussdeichs. Dieser zweiunddreißig Kilometer lange Damm riegelt die Zuiderzee gegen die Nordsee ab, um das Landesinnere vor einer Überflutung zu schützen. Auf der landwärtigen Seite des Damms ist das Salzwasser zu Süßwasser geworden und das Meer zu einem See. Eine Autobahn führt über die gesamte Länge der Dammkrone. Sie soll demnächst erhöht werden.

An der Meerseite des Damms wurde ein neuer Strand aus gelbem Sand aufgeschüttet, der an anderer Stelle abgebaut wurde. Das ist Küstenschutz im Stil des »Soft Engineering«, im Stil nachhaltiger ökologischer Prinzipien. Maarten ist skeptisch; er sorgt sich, dass die Dünen auf der Nordseeseite der Insel bei einer weiteren katastrophalen Sturmflut zerstört werden könnten. Wir stehen stumm da und beobachten eine Schneeammer bei der Futtersuche zwischen den aufgeschütteten Felsbrocken.

Einen Tag vor unserer Reise in die Niederlande las ich im *Guardian* einen Artikel, in dem ein niederländischer Ozeanograf namens Sjoerd Groeskamp seinen Plan beschrieb, fünfundzwanzig Millionen Europäer vor dem Anstieg des Meeresspiegels zu schützen. Zwei riesige Dämme in der Nordsee sollen errichtet werden, einer zwischen Schottland und Norwegen, der andere zwischen Frankreich und England. Mit der Zeit würde sich das eingeschlossene Meer in einen Binnensee verwandeln. Groeskamp behauptet, sein Plan sei technisch und finanziell umsetzbar,

STRANDJUTTER – STRANDGUTSAMMLER

gibt aber auch zu, dass er damit schockieren will, damit wir uns der Realität des Klimanotstands stellen.

Mittlerweile haben Klimawissenschaftler herausgefunden, dass sich der Golfstrom verlangsamt und dass die riesige Relaisschleife verschiedener miteinander verknüpfter Meeresströmungen, die Atlantische Umwälzzirkulation, instabil geworden ist. Die Umwälzzirkulation verteilt Wärme und Energie rund um den Globus. Diese Zirkulation ist die Grundlage für das Klima, das dem Leben, wie wir es kennen, so förderlich ist. Wenn der Golfstrom einen Kipppunkt überschreitet, indem er sich zu stark verlangsamt, wird das katastrophale Folgen haben. Jüngste Analysen deuten darauf hin, dass der Golfstrom »kurz vor dem Versiegen« steht. Ein Ereignis, das für das 21. Jahrhundert nicht einmal vorhergesagt wurde, könnte nun innerhalb von Jahrzehnten eintreten. Einige der Wissenschaftler, die darüber berichten, klingen alarmiert. Ich weiß nicht, was ein solcher Zusammenbruch für die Shetland-Inseln oder für Texel bedeuten würde. Vielleicht müsste man am Ende die Bevölkerung evakuieren, fragt sich nur, an welchen Ort man dann noch gehen kann.

Wir steigen den Deich hinunter, und Maarten fährt uns durch das schöne Küstendorf Oudeschild mit seiner traditionellen Windmühle. Haubentaucher mit anmutig langen Hälsen schwimmen im ruhigen Wasser des Hafens. In diesem Teil des Wattenmeers gingen einst die Schiffe der Niederländischen Ostindien-Kompanie vor Anker, um auf günstiges Wetter zu warten, bevor sie auf der Nordroute über Shetland in die kolonialisierten Gebiete fuhren. *De Liefde* und die *Kennemerland* hatten hier in Texel Süßwasser für die lange Reise an Bord genommen, doch ein paar

DIE STRANDSAMMLERIN

Tage später ergoss sich dieses Frischwasser bei den Out Skerries ins Meer.

Durch das Strandgutsammeln und die Suche nach einer Seebohne habe ich begonnen, die Verbindungen zwischen den Ozeanen zu sehen, doch diese Schiffsuntergänge haben mich dazu gebracht, die Zusammenhänge noch besser zu verstehen – auch in sozialer und politischer Hinsicht. Ich denke oft an die Karibik, weil ich mir vorstelle, dass dort Seebohnen wachsen. Der Reichtum, den die Kolonialisierung Europa brachte, diente als Treibstoff für die Industrialisierung, die Ursache für den heutigen Klimanotstand. Die Karibik hat bereits unter den zunehmend extremen Wetterereignissen zu leiden. In einer gerechten Welt würden das Vereinigte Königreich und die Niederlande – und alle anderen ehemaligen europäischen Kolonialstaaten – finanzielle Entschädigungen zahlen, und zwar bevor sich die Klimakrise noch weiter zuspitzt.

Maarten verlässt die Küste und fährt zurück ins Landesinnere nach De Waal. Wir kommen an vielen Silberreihern vorbei, die auf ihren langen Beinen an den Wassergräben stehen, die das kultivierte Land einrahmen. Die Reiher sind Neuankömmlinge, das sich erwärmende Klima hat sie hergeführt. Maarten lief als Kind auf den Wassergräben Schlittschuh. Seine eigenen Kinder hatten noch nie die Gelegenheit dazu – die Wassergräben frieren mittlerweile zu selten zu.

Ich bedauere, dass wir keine Flaschenpost in die südliche Nordsee geworfen haben, doch während unseres Aufenthalts blies der Wind zum Land hin. Ich wünschte, es wäre möglich gewesen. Die Flaschenpost wäre während der Pandemie durchs

Meer getrieben. Vielleicht hätte sie jemand an der Küste der Niederlande, Deutschlands oder Dänemarks gefunden und der- oder demjenigen einen seltenen Moment der Freude geschenkt. Wenn ich heute eine Flaschenpost von Shetland aus auf die Reise schicke, stelle ich mir manchmal vor, wie sie in zehn Jahren oder noch später gefunden wird. Verschickt in einer Zeit, als wir noch die Chance hatten, die Erderwärmung zu verlangsamen.

Neesick – der Gewöhnliche Schweinswal

Bevor wir Texel verlassen, besuchen wir noch das Ecomare, ein Aquarium und Naturkundemuseum mit einer Seehundauffangstation. Die Sonne scheint, doch von der Nordsee bläst ein kalter Wind. Auf den Seehundbecken sind kleine Wellen. Wir gehen direkt zum Walsaal, um die imposanten Skelette zu bestaunen. Ich posiere neben dem aufrecht stehenden Penis eines Pottwals für ein Foto. Ich bin zwanzig Zentimeter kleiner als das verschrumpelte Exemplar. Aber Größe ist bekanntlich nicht alles, mich fesselt besonders das kleine Skelett eines weiblichen Gewöhnlichen Schweinswals. Mit Fleisch auf den Rippen wäre sie fast genau so groß wie ich. Das winzige Skelett eines Schweinswalkalbs ist an ihrer Seite, die Rippenknochen sind dünn wie Draht.

Anschließend gehen wir zu einer Reihe interaktiver Displays, die die verschiedenen Auswirkungen des Menschen auf die Meereswelt veranschaulichen. Dort stoßen wir auf einen Pappaufsteller von Jan Andries van Franeker und eine Nachbildung seines Labors, sogar ein präparierter Eissturmvogel ist zu sehen, der auf einem Metalltablett zwischen einem Skalpell und einem Messschieber liegt. Doch wir halten uns nicht lange auf, denn durch eine Scheibe blickt man in die Tiefen des großen Außenbeckens, das uns magisch anzieht. Das Wasser des Beckens ist klar, Sonnenlicht kräuselt sich auf den weißen Wänden. Es sieht so verführerisch aus wie ein blauer Swimmingpool an einem heißen Sommertag.

Sobald ein Schweinswal heranschwimmt, wird der Pool zum Aquarium. Als der zweite Wal näherkommt, vergleichen wir die beiden mit den Bildern auf der Infotafel. Bei Michael ist das dunkle Grau des Rückens vom hellen Grau des Bauchs durch eine deutliche Trennlinie markiert, ähnlich wie der Horizont zwischen Himmel und Meer an einem klaren Tag. Bei Dennis ist die Färbung diffuser, das Grau des Rückens geht fließend in das blasse Grau des Bauchs über wie bei einer grauen Wolke, aus der Regen fällt. Er schwimmt dicht am Fenster vorbei und dreht den Kopf, als ob er uns en passant betrachten würde.

Michael dreht seine Kreise knapp unter der Wasseroberfläche. Mit den kräftigen Auf-und-ab-Bewegungen seiner Schwanzflosse erzeugt er eine große Bugwelle. Die Wasseroberfläche wirkt unberührt vom Wind, doch durch die beiden Schweinswale kommt Leben ins Becken. Meine Fantasie versetzt meinen Körper ins Wasser – und ich schaudere. Wenn ich ins Becken schaue, liegt die Macht bei mir. Im Becken läge sie komplett bei ihnen.

DIE STRANDSAMMLERIN

Im Niederländischen heißt der Schweinswal *bruinvis*, was »Braunfisch« bedeutet. Auf Shetland werden Schweinswale *neesicks* genannt, vom altnordischen *hnísa*, »nießen« oder »schnauben« wegen des Geräuschs beim Ausatmen. Hin und wieder strecken Michael und Dennis bei ihren Runden durch das Becken den Kopf aus dem Wasser, um Luft zu holen. Es ist etwas ganz anderes, als wilde Schweinswale zu beobachten, die mit gebogenem Rücken durch die Wellen gleiten. Dennis nickt manchmal mehrfach mit dem Kopf.

Auf seiner Haut sind blasse Narben zu erkennen. Er wurde mit nur wenigen Monaten an einem niederländischen Strand gefunden, die Wunden, die er hatte, ließen vermuten, dass er sich in einem Fischernetz verfangen hatte. Auch Michael strandete als Kalb an einem Strand. Beide waren noch auf Muttermilch angewiesen. Ihre Retter entschieden sich, sie großzuziehen, obwohl das bedeutete, dass die Wale ihr weiteres Leben in Gefangenschaft verbringen würden.

Die Sprache, mit der in der Wissenschaft die Gefahren für Schweinswale beschrieben werden, klingt meist neutral. Der Mensch wird zum passiven Akteur, und der Tod der Schweinswale wird zum unvermeidlichen, wenn auch bedauerlichen Kollateralschaden. Bei »kollidierenden Interessen in der Fischerei« sind Schweinswale »Beifang« oder gehen »zufällig« ins Netz. Das Ausmaß des Schweinswal-»Beifangs« ist »nicht nachhaltig«. Weniger verklausuliert ausgedrückt: Die Zahl der Schweinswale, die wir in Fischernetzen ertränken, ist weitaus höher als die Zahl der Jungtiere, die geboren werden – der Verlust kann nicht ausgeglichen werden.

In Kiemennetzen ertrinken mehr Schweinswale als in jeder anderen Art von Netz. Manchmal finde ich solche Netze am Strand, ein Berg aus feinen Maschen aus einem dünnen Nylonfaden, dem sogenannten Monofilamentgarn – Garn aus einem einzigen Kunststofffaden, das so fest und scharf ist, dass es tief in die Haut schneidet, wenn man daran zieht. Mit einem Gewicht am unteren Ende und Schwimmern an der Wasseroberfläche stehen die Netze wie senkrechte Mauern im Meer. Wenn ein Fisch in ein Kiemennetz schwimmt, geht sein Kopf durch die Maschen, aber seine Kiemendeckel verfangen sich darin.

Bei einer Überprüfung des Beifangs auf Schweinswale in britischen Gewässern im Jahr 2019 wurde das Gebiet nordwestlich der Shetland-Inseln als eines von drei Gebieten identifiziert, in dem für Schweinswale ein hohes Risiko besteht, sich in Kiemennetzen zu verfangen. Aufgrund fehlender Überwachung ist dies schwer zu beweisen, doch wenn Kiemennetze in Gebieten ausgebracht werden, in denen Schweinswale schwimmen, sterben Schweinswale darin. Auch viele Seevögel und Seehunde kommen in den Netzen um.

Ich weiß wenig über die Methoden und Auswirkungen der industriellen Fischerei rund um die Shetland-Inseln, stoße aber hin und wieder in Lokalzeitungen oder in Gesprächen auf Informationen. Kein Fischerboot der Shetlands verwendet Kiemennetze. Die Schiffe, die in den Gewässern um die Inseln Kiemennetze ausbringen, sind meist unter spanischer Flagge unterwegs und fangen verschiedene Arten von Seeteufel. In einem Artikel einer Lokalzeitung erklärt ein Vertreter der Shetland Fisherman's Association, dass ein einziges Schiff mit Kiemennetzen bis zu 777 Quadratkilometer Meeresboden abdecken kann. Ein Screenshot von einer digitalen Karte zeigt den Weg, den ein solches Schiff vor der Nordwestküste der Shetlands zurückgelegt hat. Es fährt mit seinen Netzen in langen, parallelen Linien hin und her und deckt dadurch ein riesiges Gebiet ab. Es sieht aus, als ob das Meer selbst in der Falle säße.

Man mutmaßt, dass die spanischen Fangschiffe kaputte Netze einfach über Bord werfen, zusammen mit dem übrigen Müll, der sich während einer Fahrt ansammelt. Nach meinen Erfahrungen beim Strandgutsammeln treffen diese Gerüchte zu.

In dem Buch *Unter dem Meerwind* der US-amerikanischen Biologin und Autorin Rachel Carson gibt es einen Abschnitt, der sich mit dem Schicksal eines Fischs in einem Kiemennetz befasst. Eine Alse versucht sich freizukämpfen, aber dadurch schneidet das Netz nur noch tiefer in ihre Kiemen. Carson verwendet Wörter wie »brennendes Band« und »erwürgen«. Wenn Menschen nur knapp dem Ertrinken entgangen sind, erzählen sie mitunter auch von einem brennenden Gefühl, als Wasser in ihre Lungen geriet. Empfinden Schweinswale beim Ertrinken auch so?

Wir töten Schweinswale noch auf andere, subtilere Art und Weise. In *Der Wanderfalke* schreibt der Brite J. A. Baker: »Ein böses Gift brannte in ihnen wie eine sprühende Lunte.« Er spricht von DDT, einer chlororganischen Verbindung, die als Pestizid verwendet wurde und sich in den Fünfziger- und Sechzigerjahren im Körper von Greifvögeln anreicherte, die daraufhin Eier

NEESICK – DER GEWÖHNLICHE SCHWEINSWAL

mit dünneren Schalen legten. So behutsam ein Wanderfalke seine Eier auch ausbrütete, die Schalen zerbrachen.

DDT reichert sich auch im Fettgewebe von Schweinswalen an. Als ich anfange, mehr darüber zu lesen, stoße ich auf eine Forschungsarbeit über Neurotoxine bei jungen Schweinswalen im Vereinigten Königreich. In dieser Studie geht es um PCB, polychlorierte Biphenyle. Sowohl DDT als auch PCB verbleiben in der Umwelt und akkumulieren sich in den Zellen von Menschen und anderen Lebewesen. Als Raubtiere, die an der Spitze der Nahrungskette stehen, tragen Schweinswale eine hohe toxische PCB-Belastung in sich, obwohl die Chemikalie im Vereinigten Königreich schon 1981 für die meisten Verwendungszwecke und dann im Jahr 2000 vollständig verboten wurde. Einige der PCB, die noch immer in der Umwelt vorhanden sind, stammen aus frühen Versionen von Flammschutzmitteln. Aufgrund unserer zunehmenden Abhängigkeit von synthetischen Materialien ist auch die Entflammbarkeit unserer Lebens- und Arbeitsbereiche gestiegen. Wir haben PCB verwendet, um unseren Körper vor Verbrennungen zu schützen, doch damit haben wir eine giftige Lunte gelegt, die noch heute brennt.

Eine zweite Untersuchung kommt zu dem Schluss, dass die Anhäufung von PCB in weiblichen Schweinswalen zur »Einschränkung der Fortpflanzung« führen kann, was im Klartext bedeutet, dass die Föten im Mutterleib sterben, der Körper der Mutter den Fötus abstößt oder die Kälber bei der Geburt ums Leben kommen. Das Immunsystem der überlebenden Kälber kann geschwächt sein. Bestimmte chlororganische Verbindungen können von der Schweinswalmutter über die Plazenta auf den Fötus übertragen werden. Und nach der Geburt gehen weitere Schadstoffe über die Milch von der Mutter auf das Kalb über. Auf diese Weise geben die Schweinswalmütter einen Teil ihrer eigenen toxischen Belastung über ihre Milch ab. Erstgeborene Kälber bekommen die höchste Dosis an Schadstoffen ab.

Ich habe beide Kinder gestillt – allerdings nicht sehr lange, weil ich meine Probleme damit hatte. Es war schmerzhaft und anstrengend, außerdem fragte ich mich, was sie neben all dem Wasser, den Kohlenhydraten, Fetten und Proteinen noch aufnahmen. Jahre später las ich einen Zeitungsartikel, der meine Befürchtungen bestätigte: Britische Frauen haben weltweit mit die höchsten Konzentrationen an Flammschutzmitteln in ihrer Muttermilch, und zwar in Form von mittlerweile verbotenen polybromierten Diphenylethern (PBDE).

Auf den Färöer-Inseln ist den Frauen viel bewusster, dass sich in ihrem Körper Giftstoffe ansammeln können. 1998 wurde Frauen und Mädchen der Färöer empfohlen, auf Walspeck zu verzichten, um ihre zukünftigen Kinder vor Schäden durch PCB zu bewahren. Schwangeren und Stillenden wurde geraten, auch nicht das mit Quecksilber belastete Walfleisch, die Walleber und -nieren zu verzehren. Im November 2008 aktualisierte die Regierung der Färöer ihre Empfehlungen um den Zusatz, dass das Fleisch von Grindwalen aufgrund seiner Schadstoffbelastung generell nicht verzehrt werden sollte.

∾

Im Ecomare gehen wir nach draußen, um bei der Fütterung von Michael und Dennis zuzusehen. Um das Becken drängen sich die

Menschen. Silbermöwen fliegen herbei, mit einem hörbaren Platschen landet weißer Vogelkot auf der Jacke eines Mannes. Michael und Dennis kreisen schneller und schneller und wühlen das Wasser im Becken auf. Einer der beiden, ich bin mir nicht sicher, welcher, bremst schließlich abrupt ab und reckt den Oberkörper dicht am Beckenrand aus dem Wasser. Ein Mädchen im Teenageralter beugt sich über die Absperrung und sagt voller Hingabe »Hallo«.

Zwei Tierpfleger betreten den abgesperrten Bereich, jeder mit einem Zinkeimer voll kleiner Fische. Dennis und Michael hören auf zu kreisen und stehen, den Kopf aus dem Wasser gestreckt, reglos im Wasser, während einer der Tierpfleger über Schweinswale und ihre Umwelt spricht. Als sich beide Pfleger hinknien und eine Hand heben, öffnen Michael und Dennis die Schnauze und lassen sich die Zähne kontrollieren. Sie drehen sich auch auf den Rücken oder stehen mit dem Kopf nach unten im Wasser. Nach jedem Trick werden sie mit einem Fisch belohnt. Ein Pfleger erklärt, dass sie auf Kommandos trainiert wurden, damit sie jederzeit und ohne Stress auf Krankheitsanzeichen untersucht werden können. Michael und Dennis wird es nie an Fisch mangeln, ihren wilden Artgenossen hingegen droht aufgrund der Überfischung der Hungertod, zudem kann der Lärm des Schiffsverkehrs sie aus ihren Jagdgründen vertreiben.

Im Ecomare scheint man nach ethischen Grundsätzen zu arbeiten, trotzdem fühle ich mich unwohl, wenn ich Michael und Dennis dabei zusehe, wie sie in ihrem Becken kreisen, gefangen zwischen unserem Mitleid und unserem Staunen. Wenn ich die wilden Schweinswale in unserem *voe* daheim beobachte, ist mir allerdings auch klar, dass sie wahrscheinlich mit Giftstoffen belastet sind und dass einige in Netzen verenden werden. Ich frage mich, was ich getan hätte, wenn ich Michael und Dennis am Strand gefunden hätte. Wenn es an mir gewesen wäre zu entscheiden, hätte ich sie dann am Leben gelassen, obwohl ich wusste, dass sie nur in Gefangenschaft leben würden? Oder hätte ich mich dafür entschieden, sie auf der Stelle zu töten?

Im Sommer 2019 sehe ich die Ankündigung für einen Erste-Hilfe-Kurs für Meeressäuger. Ich melde mich an, um zu lernen, was ich tun kann, wenn ich einen gestrandeten Schweinswal finde, obwohl ich befürchte, dass meine Kräfte womöglich nicht ausreichen werden. Doch an einem kühlen Augusttag mache ich die Erfahrung, dass meine Kraft genügt, wenn ich sie mit der anderer bündele.

Der Kurs wird von Jan und Pete Bevington angeboten, die das Hillswick Wildlife Sanctuary leiten. Mitglieder der British Divers Marine Life Rescue (BDMLR), einer Organisation, die sich der Rettung von Meerestieren verschrieben hat, sind nach Shetland gekommen, um uns die Grundlagen beizubringen. Den Vormittag verbringen wir mit Theorie und hören Vorträge über Biologie, Ökologie, Rettung und Behandlung von Walen und Robben. Vielleicht liegt es am Raum an sich, mit seinen Steinwänden und dem offenen Torffeuer, den Lichterketten und der Kunst zum Thema Tiere, dass ich das Gefühl habe, weniger bei einer Schulung zu sein als bei einer Art Andacht.

Jans und Petes Engagement ist auf jeden Fall von Ehrfurcht vor dem Leben geprägt. Jan ist Mitte siebzig und begann 1987,

NEESICK – DER GEWÖHNLICHE SCHWEINSWAL

sich um Wildtiere zu kümmern, als sie einen verlassenen Heuler am Strand von Hillswick fand. Seitdem ist sie dafür bekannt, kleine Seehunde wieder aufzupäppeln, und schon bald nahm sie auch Otterwelpen auf. 1993 kümmerte sie sich um die Robben und Otter, die bei der Havarie des Öltankers *Braer* an den Klippen von South Mainland verölt wurden. Alle Seehunde, Robben und Otter, die sie und Pete in der Auffangstation pflegen, werden wieder freigelassen.

Mir fällt auf, dass Jan eine tiefe spirituelle Verbindung zu den Ottern und Seehunden in ihrer Obhut hat – sie erkennt in diesen Geschöpfen eine Art Verwandtschaft. Ich kenne sie nur mit einem ruhigen Lächeln auf den Lippen, die welligen Haare, durch ein buntes wollenes Stirnband gebändigt und vor dem Wind geschützt. Sie strahlt den gleichen Frieden aus, den ich empfinde, wenn ich bei ruhigem Wetter Schweinswale beobachte. Pete verfügt über eine ähnlich würdevolle Ruhe: ein großer Mann mit grauem Bart, der aufgrund seiner Brille weise und immer fragend wirkt. Beide inspirieren mich mit ihrer Hingabe.

Nach dem Mittagessen geht es nach draußen und in den Toilettenraum, wo wir unsere Neoprenanzüge anziehen – oder in meinem Fall einen alten Überlebensanzug, den ich mir von meinem Mann ausgeliehen habe. Auf dem Kiesstrand werden wir in zwei Gruppen aufgeteilt. Kurz darauf stehe ich neben einem Langflossen-Grindwal aus Plastik, der mit Wasser gefüllt und zusätzlich mit Druckluft aufgepumpt wurde. Er wirkt ziemlich lebensecht, ist mehrere Meter lang, schwarz und hat einen runden Kopf und eine stumpfe Schnauze. Als wir uns gegen die Flanke des Wals lehnen, um ihn aufrecht zu halten, merken wir schnell, wie unglaublich schwer er ist. Ich fühle mich geradezu heldenhaft, bis mir einfällt, dass sich ein lebend gestrandeter Langflossen-Grindwal winden und mit den Flossen schlagen oder Atemluft durch sein Blasloch ausstoßen könnte.

Dan, einer der Lehrgangsleiter von der BDMLR, zeigt uns, wie man eine große, rechteckige Schlinge unter den Bauch des Wals schiebt, indem man ihn sanft von einer Seite auf die andere schaukelt. Das ist Schwerstarbeit, und mein Körper meutert, aber schon bald ist die Schlinge an Ort und Stelle. Vier von uns bleiben im Wasser und stützen den Wal, während die anderen zwei riesige aufblasbare Pontons holen und sie rechts und links vom Wal platzieren. Die Pontons sind leuchtend gelb und tragen das grüne Helios-Logo von BP. Mein Zynismus beim Anblick des Logos der Ölgesellschaft währt nur kurz – schließlich trage ich einen Überlebensanzug der Öl- und Gasindustrie. Die gelben Pontons werden in einer bestimmten Reihenfolge an der Schlinge befestigt. Der Plastikwal ruht nun gestützt und sicher in der Vorrichtung. So langsam glaube ich, dass wir diesen gestrandeten Wal zurück ins Meer kriegen.

Wir nutzen jede zurücklaufende Welle, um den Wal vom Strand Richtung Meer zu schieben. Es funktioniert, das Wasser nimmt uns nach und nach seine Last ab. Es hat etwas Beruhigendes, hüfttief im Wasser zu stehen, warm und trocken in meinem Überlebensanzug. Die anderen in ihren Neoprenanzügen beginnen zu frieren, mit Ausnahme von Dan, der so entspannt wirkt, als würde er den Großteil seines Lebens im Salzwasser verbringen. Zwischen meinen in den Kies gestemmten Beinen pulsieren blassrosa Ohrenquallen. Eine rücklaufende Welle hebt den Wal schließlich endgültig vom Land, und als er nach vorn springt, verliere ich den Halt und platsche neben seinem glänzenden Leib ins Wasser. Und obwohl der Wal aus Plastik ist und schon oft gerettet wurde, strahlen wir vor Freude.

Nach der erfolgreichen Rettung des Grindwals machen wir uns an die Rettung eines Plastik-Schweinswals, vielleicht soll es auch ein kleiner Delfin sein. Ich entspanne mich, das wird nicht ganz so anstrengend werden wie das Schieben des Wals. Zuerst bedecken wir ihn mit Seetang, damit er nicht überhitzt, dann begießen wir ihn mit Wasser. Cat, die Kursleiterin, achtet darauf, dass wir kein Wasser ins Blasloch schütten und den Plastik-Schweinswal auf trockenem Land ertränken. Dann legen wir ein Handtuch unter seinen Bauch und tragen ihn zum Wasser.

Nicht alle Wale, die lebend stranden, sind so fit, dass man sie wieder zurück ins Meer manövrieren kann. Doch sie zu töten ist nicht ganz einfach. Kleinere Wale kann man mit einer großkalibrigen Waffe erschießen. Ansonsten können Barbiturate intramuskulär injiziert werden. Bei großen Walen muss man eine Nadel nehmen, die lang genug ist und durch den Speck bis in den Muskel reicht. Pete erinnert sich, wie ein Langflossen-Grindwal am Strand von Hillswick nach dem Einschläfern plötzlich aus allen Körperöffnungen zu bluten begann. Es erschien ihm brutaler als der natürliche Tod eines anderen Langflossen-Grindwals, den er und Jan begleitet hatten. Die beiden blieben bis zum Schluss bei dem sterbenden Wal, sprachen leise mit ihm und gossen ihm Wasser über den Rücken, um ihn zu kühlen. Wale wissen, wie man stirbt, fügt Jan hinzu, und es ist besser, sie bei einem natürlichen Tod zu begleiten.

∞

Zwei Monate nach unserer Rückkehr von Texel schickt mir ein Freund eine Nachricht, dass seine Kinder nicht weit von unserem Haus einen toten Schweinswal am Strand gefunden haben. Ich warte, bis es hell wird, und fahre dann mit dem Auto los, auch wenn das im Lockdown verboten ist. Der Strand ist keine fünf Kilometer entfernt, ich könnte hinlaufen, wenn ich fit wäre. Aber wir alle haben gerade erst eine Atemwegserkrankung überstanden, von der wir annehmen, dass es Corona war. Meine Gelenke schmerzen, mein Rheuma flammt so intensiv wieder auf wie seit Jahren nicht mehr. Die Entzündung hat sich vor allem in den Rippen-Wirbel-Gelenken eingenistet. Zu Fuß schaffe ich es nicht bis zum Schweinswal.

Bei meiner Fahrt auf der verwaisten Straße spüre ich förmlich die Blicke der anderen im Ort. Auch ich habe angefangen, jedem einzelnen Wagen nachzusehen, der vorbeifährt.

Ich parke in einer Bucht am Straßenrand und gehe über eine Schafweide langsam zum Strand. Die kalte Luft ist unangenehm; meine Lungen brennen. Der tote Wal ist schnell gefunden, er wurde weit genug hochgezogen, damit ihn die Flut nicht erreichen kann. Nun liegt er auf einem grasbewachsenen Vorsprung unter einer niedrigen Böschung aus dunklem Torf. Eine Mantelmöwe kreist hoch am Himmel und schimpft über die Störung. Ihre Flügel spannen sich so weit wie meine ausgestreckten Arme.

NEESICK – DER GEWÖHNLICHE SCHWEINSWAL

Am Körper des Wals haben bereits Vögel auf der Suche nach Aas herumgepickt. Scharfe Schnäbel haben überall in der dicken Haut V-förmige Male hinterlassen. Das Fleisch zwischen Anus und Genitalschlitz ist weggefressen. Die Augenhöhlen sind leer; das Blasloch wurde vergrößert. Winzige Zähne grinsen durch ein zerklüftetes Fenster in der Haut und im Muskel des Kiefers. Eine Brustflosse hängt schlaff an einer blutigen Sehne wie an einem Faden. Nur die Schwanzflosse blieb unversehrt.

Der Wal wirkt klein, die Familie, die ihn fand, hat ihn vermessen und Fotos an das Scottish Marine Mammal Stranding Scheme geschickt, ein Programm zur Erfassung gestrandeter Meeressäuger. Die Antwort bestätigt die Vermutung, dass es sich um ein Kalb handelt, das im vorigen Sommer geboren wurde. Es wirkt unterernährt. Ein Schweinswal in guter Verfassung hätte auf beiden Seiten der Rückenflosse eine schöne Wölbung. Bei diesem hier sieht der Rücken flach und mager aus. In den vergangenen Monaten haben wir einen jungen Schweinswal an der Seite seiner Mutter beobachtet. Es muss nicht derselbe sein, trotzdem berühre ich das tote Kalb sanft am Rücken.

Im Winter, an *days atween wadders,* halte ich nach Schweinswalen Ausschau. Wenn ich welche sehe, die zum Atmen an die Oberfläche kommen, atme auch ich tief ein, in einen Körper, der nicht gegen den starken Wind gewappnet ist. Manchmal schwimmen mehrere Wale an der Oberfläche des *voe;* mit geradem Rücken, die stumpfen Schnauzen aus dem Wasser gereckt, ruhen sie sich aus, wie ein Floß aus kleinen U-Booten. An windigen Tagen sind sie schwer zu erkennen, weil ihre kleinen Rückenflossen zwischen den Wellen verschwinden. Ich kann mir ihre Körper nicht in einem tosenden Sturm vorstellen, aber vielleicht kartieren auch sie ihr wässriges Zuhause und kennen geschützte Stellen.

Auf der Website des Ecomare lese ich, dass Arbeiter auf einer Bohrinsel beobachteten, wie eine Schweinswalmutter ihrem Jungen das Fischen beibrachte. Sie ließ das Kalb zurück und kam wenig später mit einem lebenden Fisch im Maul wieder an die Oberfläche. Manchmal fing das Kalb den Fisch; manchmal entkam die Beute. Der junge Schweinswal, der hier tot am Strand liegt, war vermutlich noch nicht lange entwöhnt. Es erscheint merkwürdig, dass Schweinswalkälber zwischen Februar und April entwöhnt werden, also dann, wenn das Meer am kältesten ist. Aber vielleicht würde es die Mütter zu viel Kraft kosten, sie länger zu säugen, und es würden mehr Weibchen sterben. Vielleicht hatte dieser kleine Wal Mühe, genügend Fische zu fangen. Schweinswalen schwinden schnell die Kräfte, wenn sie kein Futter finden. Ihre große Oberfläche im Verhältnis zu ihrem Körpervolumen macht sie anfällig für Unterkühlung.

Ich könnte heimfahren und ein Messer holen. Wenn ich den Schweinswal aufschneiden würde, könnte ich wahrscheinlich den Mageninhalt erkennen, falls überhaupt etwas drin wäre. Ich könnte Fischreste oder auch nichts finden. Aber ich bin dafür nicht ausgebildet und ich weiß auch nicht, ob das überhaupt erlaubt ist. Der Körper von Walen ist im Leben wie im Tod durch das Gesetz geschützt. Es ist sogar verboten, auch nur einen einzigen Walknochen vom Strand mitzunehmen. Damit will man den Handel mit Walteilen unterbinden, für den sie gezielt getötet werden könnten. Es fällt schwer, einen vom Meer gereinigten Walknochen im Spülsaum zurückzulassen. Ihre Wirbel sind regelrechte

Skulpturen. Ich hätte gern einen für mein Regal. Man kann eine Genehmigung für den Besitz von Walknochen beantragen, doch die wird nur für wissenschaftliche oder pädagogische Zwecke erteilt. Sanftes Staunen als Begründung reicht nicht.

Ich schleife den Schweinswalkadaver zurück ins Meer, damit das faulende Fleisch nicht von den örtlichen Hunden gefressen wird. Die Möwe, die immer noch über mir kreist, schimpft noch mehr. Das Meer strömt durch die ausgehöhlten Körperöffnungen des Schweinswals, als ob es ihn zu sich holen wollte, und er sinkt durch eine dunkle Masse von Seegras nach unten. Ölblasen steigen auf und zerplatzen in leuchtenden, schillernden Regenbögen an der Oberfläche. Der Wind bläst das Öl aufs Meer hinaus, es bildet eine schimmernde Bahn auf dem Wasser, die sich durch die Wellen zieht. Ich wünschte, Jan und Pete wären hier bei mir. Man kann sich gut vorstellen, wie der Geist des jungen Schweinswals zurück ins Meer geführt wird. Über mir kreist die Möwe, der kalte Ostwind trägt ihr Wehklagen davon.

Einen Monat später werde ich zum ersten Mal zu einem Einsatz als freiwillige Meeressäuger-Ersthelferin gerufen. Als das Telefon klingelt, beobachte ich den Wal bereits vom Küchenfenster aus. Er kreist sehr nah am Land im flachen Wasser der Bucht – aus Sicht des Wals eine Sackgasse. Ich nehme meine Tasche mit dem alten Überlebensanzug meines Mannes, einer Schwimmweste, Masken, Handschuhen, einem Drahtschneider für den Fall, dass er sich verheddert hat, und einem Evaluierungsbogen mit Checkliste und Schritt-für-Schritt-Anleitung. Auch meinen Mitgliedsausweis von BDMLR packe ich ein, nur für den Fall, dass die Polizei wissen will, warum ich gegen die Lockdown-Regeln verstoße. Auf der Fahrt zum *voe* bin ich sehr angespannt. Wenn dieser riesige Wal strandet, wird es sehr schwer, ihn wieder zurück ins Meer zu bringen. Hoffentlich muss er nicht getötet werden.

Am *voe* angekommen, stelle ich zu meiner Erleichterung fest, dass der Meeresbiologe, Tierfilmer und Naturfotograf Richard Shucksmith bereits mit einer Drohne vor Ort ist, um zu schauen, ob der Wal Probleme hat. Jan und Pete aus Hillswick kommen gerade und schließen sich uns an. Sie haben einen Anhänger mit dem gelben Rettungsponton dabei, doch der wird nicht nötig sein. Richard bestätigt, dass es dem Wal gut geht. Er ist nicht in Fischernetze oder -leinen verstrickt und wirkt gesund. Er frisst eifrig Plankton.

Der Buckelwal saugt das Plankton in großen »Schlucken« ein und filtert es dann. Manchmal so nah am Strand, dass er über Seetang schwimmt. Seine riesigen Kiefer klappen in einem unvorstellbar weiten Winkel auf und schließen sich dann wieder. Gelegentlich rollt er sich auf den Rücken und hebt eine lange weiße Brustflosse, um sie dann auf die Wasseroberfläche zu schlagen. Wir alle wollen seine Schwanzflosse sehen. 2016 machte der Naturforscher und Tierfotograf Brydon Thomason auf Shetland ein Foto von einer Schwanzflosse, die zu einem Wal passte, der vor der Küste der Karibikinsel Guadeloupe schwamm. Aber dieser Buckelwal hier ist zu sehr mit Fressen beschäftigt, seine Schwanzflosse bleibt im flachen Wasser verborgen.

Richard mutmaßt, dass der Wal vielleicht von einem Teppich aus lipidreichem Plankton angelockt wurde. Er zeigt auf einen schmalen Streifen glattes Wasser auf der Meeresoberfläche, der in der Mitte des *voe* entlangführt. Der Wind bläst in der richtigen Stärke aus der richtigen Richtung, um diese Planktonspur zu bilden, und dann schwamm zufällig ein Buckelwal vorbei.

Der Buckelwal frisst den ganzen Tag, während sich Leute aus der Umgebung am Ufer versammeln und ihn bestaunen. Mein Mann kommt mit den Kindern angefahren, gemeinsam beobachten wir den Wal. Ein Streifenwagen fährt vor, und wir sind kurz nervös, weil wir fürchten, dass die beiden Polizisten uns nach Hause schicken werden. Doch sie bestaunen ebenfalls den Wal und fahren dann weiter. Kinder stehen am Meer und kreischen vor Freude, wenn der Wal nur wenige Meter entfernt auftaucht und seinen Atem hoch in den Himmel bläst. Alle, die den Wal beobachten, können für einen kurzen Augenblick die Pandemie und die damit verbundene Belastung vergessen.

Bei Sonnenuntergang schwimmt der Wal davon, er folgt dem Planktonteppich hinaus ins offene Meer. Die Fontänen aus feuchter Atemluft, die er ausstößt, glitzern im Licht der tief stehenden Sonne. Eine kleine Menschenmenge sieht zu, wie er durch Swarbacks Minn schwimmt, den engen Sund, der nach der Mantelmöwe benannt ist. Seine Flosse hebt sich noch einmal kurz, als wolle er zum Abschied winken. Minuten später taucht ein Schweinswal auf, um Luft zu holen.

Meerglas

Heutzutage gibt es draußen so viele Lichter, dass man durch ihren Schein manchmal geblendet und verwirrt ist. Und doch muss ich immer wieder daran denken, wie es vor vielen Jahren war – bevor wir Strom hatten.
Chrissie Sandison

Für manche Menschen haben auch die Hügel und Moore eine Seele – sie wollen nicht, dass sie entweiht werden.
James Mackenzie

Der Strand, an dem meine Familie und ich nach Meerglas suchen, ist klein und im Vergleich zu anderen Stränden auf Shetland nicht sonderlich »ergiebig«, doch für uns ist er etwas Besonderes, weil er nur einen kurzen Spaziergang von unserem Haus entfernt liegt. Wir vier halten alle gern Ausschau nach Meerglas, den kleinen Glasstückchen, die vom Meer glatt geschliffen und durch das Salzwasser matt wurden. Wir gehen langsam über den Strand, gedankenverloren und mit gesenktem Kopf. Wenn es Zeit zum Aufbruch wird, präsentieren wir den anderen auf der geöffneten Handfläche unsere schönsten Funde. Seltene Farben – Lila, Aquamarin und Kobaltblau – bewahren wir in Gläsern auf. Die häufigeren Farben – Weiß, Grün und Braun – lassen wir neben der Haustür, wo uns ein kleiner Strand aus Muscheln und Meerglas empfängt.

Selten bin ich so im Hier und Jetzt wie bei der Suche nach Meerglas. Mein Kopf wird frei, meine Sorgen verschwinden, Stress fällt von mir ab. Wenn meine Aufmerksamkeit derart gefesselt ist, kann ich leichte Schmerzen ignorieren. Manchmal bin ich fast schon zu versunken. Einmal bemerkte ich erst nach einer Weile, als ich kurz vom Strand aufsah, dass mich ein Otter von einer Welle aus anschaute. Ein anderes Mal fielen mir Orcas nur deshalb auf, weil sie direkt an mir vorbeischwammen.

Es kann Jahrzehnte dauern, bis Meerglas vom Salzwasser matt und glatt geschliffen ist. Bei besonders glatten Stücken frage ich mich, wie alt sie sind und wie Shetland damals wohl aussah. Doch wenn das Glas noch klar und scharfkantig ist, denke ich an die Zukunft. Wie wird es in einigen Jahrzehnten sein, auf dieser Insel zu leben?

Der Meerglasstrand, den meine Familie und ich besuchen, liegt unterhalb des Hauses, in dem die mittlerweile verstorbene Chrissie Sandison lebte. In späteren Jahren schrieb sie ihre Erinnerungen unter dem Titel *Slyde in the Right Direction* auf. Darin schildert sie lebendig und detailreich ihre Kindheit und ihr Leben als junge Erwachsene in den Zwanziger- und Dreißigerjahren hier in der Gegend. Chrissies Erinnerungen haben mein Verständnis von Shetland auf eine ganz andere Art und Weise vertieft, anders als das Strandgutsammeln oder die Vogelbeobachtung. Wenn ich ihre Texte lese, fühle ich mich weniger als Eindringling. Das Sammeln von Meerglas am Strand unterhalb von Chrissies Elternhaus ist meine Art, eine Verbindung zwischen ihr und dem Ort herzustellen, an dem ich lebe.

Chrissies Großeltern väterlicherseits kamen hierher, weil sie von ihrem Hof im Kergord Valley vertrieben worden waren. Per Luftlinie liegt Kergord gar nicht so weit weg, aber um zu Fuß dort hinzukommen, muss man durch steiles Gelände. Es gibt einen Pass namens Muckle Scord – eine Kerbe in der Hügelkette unterhalb des Scallafield, des höchsten Berges in diesem Teil Shetlands. Das Hochland ist *scattald*, gemeinschaftliches Eigentum, auf dem die Bauern ihre Schafe weiden, ein Deckenmoor mit Heidekraut und Torfmoos. Versteckt in den Hügeln liegen viele Süßwasser-Lochs, wo Sterntaucher, *rain geese*, nisten. Der Anblick des Scallafield ist fester Bestandteil meines Tages und gibt mir Halt.

Fast 200 Menschen mussten im 19. Jahrhundert ihre Häuser in Kergord und in der Nähe von Weisdale verlassen, um Platz für die Schafhaltung zu machen. *Shadowed Valley*, ein Roman von John J. Graham, liefert eine atmosphärisch dichte Schilderung der Zwangsumsiedlung. Chrissies Memoir ist da sachlicher, doch die Details des *flitting*, des Umzugs von einer Siedlung zur nächsten, führen anschaulich den Kummer und die Sorgen von Chrissies Großeltern vor Augen, beispielsweise musste der gesamte Hausrat zu Fuß über hügeliges und sumpfiges Gelände transportiert werden.

1869 gab der Laird David Dakers Black, der als Landbesitzer über bestimmte feudale Rechte verfügte, dem jungen Ehepaar und der Familie nur achtundzwanzig Tage Zeit, bevor sie ihr Heim verlassen mussten. Es war Winter, und Chrissies Großmutter Mergat war schwanger. Mergat und ihr Mann Robbie mussten die Strecke – einen steilen Hang hinauf und über unebenes Hochgelände – mehrfach zu Fuß zurücklegen, um ihr Vieh, das Futter und ihr Hab und Gut an ihren neuen Wohnort zu transportieren. Sie waren zu neunt: Mergat und Robbie, ihre beiden Kinder im Alter von sechs und vier Jahren, Robbies Mutter Johanna und deren vier andere Kinder.

Ich erinnere mich nur allzu gut an meine Schwangerschaft. Vielleicht fühlte sich Mergat einigermaßen wohl und sie war körperlich fit, aber selbst dann muss es schwer, ja sogar schmerzhaft gewesen sein, in ihrem Zustand ihr Hab und Gut über dieses Gelände zu schleppen. Befürchtete sie in ihrer Erschöpfung, sie könnte zusätzlich zu ihrem Heim auch ihr Kind verlieren?

Doch Mergat behielt ihr Kind und brachte einen Jungen namens Thomas zur Welt, Chrissies Vater. Er wurde in einem heruntergekommenen Haus an der Küste geboren, ein Jahr später zogen Mergat und der Rest der Familie ein Stück weiter zum Hof von Slyde, wo meine Familie und ich nach Meerglas suchen. Chrissie erinnerte sich, wie ihre Großmutter in Slyde am Herd saß, mit einem Fußschemel aus Holz, das *cam wi da sea*. Dort ruhte sie sich aus, strickte und sang, während sie mit dem Fuß ein Kind in der Wiege schaukelte. Mergat starb mit dreiundachtzig an der Grippe.

Es gibt Geschichten über die Vertreibung auf Shetland, die nicht so gut enden. Wendy Gear, eine Autorin und pensionierte Lehrerin, hat ein Buch über John Walker verfasst, einen besonders berüchtigten Verwalter im Norden der Insel Yell. Im Vorwort ihres Buches wird Walker mit den Worten zitiert: »Ich sah, dass das Gemeindeland den Leuten keinen Nutzen brachte und ihnen sogar schadete ... Ich beschloss sofort, ihnen das Gemeindeland wegzunehmen.« Das *scattald* war für die Bauern lebenswichtig. Dort weidete man in den Sommermonaten das Vieh und stach Torf zum Heizen im Winter.

Das erste Kapitel in Wendy Gears Buch beginnt so: »Jane Mary Spence starb im Alter von sechs Wochen am ersten Dezembertag 1868. Ihre Mutter sagte immer, das Kind habe sich ›auf der Reise‹ verkühlt.« Die Mutter ist Wendys Urgroßmutter Margaret, und die »Reise« ist die Vertreibung aus Bigsetter auf Yell. Margaret und ihr Mann William mussten ihr altes Heim an einem kalten Novembertag räumen und mit der wenige Wochen alten Jane Mary den Basta Voe bei schlechtem Wetter in einem kleinen offenen Boot überqueren. Das Baby »lag in einem Ledereimer, um es vor der salzigen Gischt zu schützen«. Ich stelle mir vor, wie Margaret sich an einem neuen Ort zurechtfinden musste, denke an die Trauer, die sie gefühlt haben muss, und daran, wie ihr Körper, immer noch von der Geburt und dem Stillen des Neugeborenen geschwächt, sie den Verlust noch stärker spüren ließ.

Chrissie Sandisons Großvater Robbie war Mitte zwanzig, als er und Mergat umgesiedelt wurden. Er verdingte sich bereits seit mehreren Jahren als Fischer und arbeitete auf Schiffen, die zu den Färöern und sogar bis nach Grönland fuhren. Robbies Mutter Johanna war eine *howdie*, eine Hebamme ohne offizielle Ausbildung. Seebohnen oder andere Amulette werden nicht erwähnt. Wir erfahren nicht, wie Chrissies Vorfahren ihre Ängste bewältigten, ob ihr Großvater einen Treibsamen bei sich trug, wenn er auf große Fahrt ging, oder ob ihre Urgroßmutter Treibsamen verwendete, um Frauen in den Wehen zu beruhigen.

Doch dank Chrissies Buch weiß ich, dass zwei Frauen im Haus unterhalb von unserem bei der Geburt ihrer Kinder starben. Ich denke oft an sie. Als eine Frau in einer benachbarten Ortschaft bei der Geburt starb, ging Chrissies Großmutter viele Kilometer durch sumpfiges Gelände, um den Witwer zu besuchen. Das Neugeborene, ein kleines Mädchen namens Baabie, nahm sie mit zu sich nach Hause und kümmerte sich darum. Da es keine Amme gab, wurde »der Federkiel aus einem Entenflügel benutzt, um dem Baby Milch aus der Flasche einzuflößen«. Damit sich das Kleine nicht am Mund verletzte, wurde der Federkiel mit einem Tuch umwickelt. Säuglinge »lernten schnell, aus einer Tasse oder Untertasse zu trinken«. Die Stoffwindeln wurden mit saugfähigem Torfmoos und weichem Wollgras ausgelegt.

Chrissies Mutter Ann brachte zehn Kinder zur Welt, zwei waren Totgeburten. Als Chrissie gerade einmal neun Monate alt war, starb Ann an einem Nierenleiden. Zwei Brüder ertranken mit dem Boot, als Chrissie elf war. Sie wollten ein Paket Strümpfe, angefertigt von den Frauen der Familie, zum Laden bringen, um sie gegen Lebensmittel einzutauschen. Damals gab es noch wenig Straßen, daher wurden viele Fahrten per Boot gemacht. Die Leiche des einen Bruders wurde gefunden. Der Vater ging den ganzen Sommer über die Küste ab und suchte nach dem Leichnam des anderen Sohnes, doch das Meer gab ihn nicht wieder her. Das Paket mit den Strümpfen wurde nicht weit von ihrem Haus in Slyde angespült.

Ich würde gern den Weg abgehen, den Chrissies Großmutter bewältigen musste, als sie und ihre Familie aus Kergord vertrieben wurden, doch die Strecke schreckt ab, wenn man sich nicht auf seinen eigenen Körper verlassen kann. Das Deckenmoor mit seinen vielen tiefen Rinnen und sumpfigen Tümpeln kann sich als endloses Labyrinth voller Hindernisse entpuppen. Dazu kommt ein neues Hindernis: Das Energieunternehmen Scottish and Southern Electricity (SSE) baut auf einer riesigen Fläche in der Mitte von Mainland einen Windpark mit 103 Windrädern, die jeweils 155 Meter hoch sein werden. Ein Wegenetz mit einer Gesamtlänge von siebzig Kilometern wird dafür neu angelegt. Für jeden Windradsockel werden 700 Kubikmeter Beton benötigt. Die Wege werden mit Gestein aus neun neu erschlossenen Steinbrüchen geschottert.

Im Herbst 2020 stieß man beim Wandern in den Hügeln auf Schilder mit der Aufschrift: »Aufgrund laufender Bauarbeiten ist der Zugang zu dem rot eingegrenzten Gebiet auf nebenstehender Karte nicht mehr erlaubt. Land Reform (Scotland) Act 2003.

Section 6.« Die Verweigerung des Zugangsrechts verstieß jedoch gegen eine Planungsauflage, daher wurde der Zugang nach öffentlichem Protest wieder gewährt.

Ich kenne mich im Hinterland nicht so gut aus wie an der Küste, doch ich war dort schon häufig genug zu Fuß unterwegs, um viele schöne Erinnerungen daran zu haben. Wenn ich an die Hügellandschaft denke, denke ich an Geräusche. An den kaskadenartigen Trillergesang eines Regenbrachvogels oder die scharfen, schnellen Töne, wenn ein Merlin Alarm schlägt. Ein Ort, an dem der Goldregenpfeifer in seinem Sommergefieder gut getarnt ist: Der torfbraune Bauch und der grüngolden gefleckte Rücken in der Farbe des Torfmooses, gesäumt von einem quarzgrauen Rand, passen perfekt zu den Farben der Moorlandschaft. Ohne seinen pfeifenden Warnruf würde ich ihn glatt übersehen. Es gibt auch leisere Töne: das murmelnde Schnattern zweier Sterntaucher, die sich im Wasser eines Lochs ausruhen, den Kopf unter die Flügel gesteckt. Und das alles in einer Stille, die so tief ist, dass sie mehr als nur Stille ist.

An einem warmen Sommertag ging ich zum Lamba Water hinauf und saß dort eine Weile neben einem Haufen rubinrotem Torfmoos. Ich wurde zur Riesin, die auf eine Zitadelle hinabblickt. Ameisen und Spinnen waren an den Hängen geschäftig unterwegs, als ob sie es eilig hätten. Hin und wieder verschwanden sie im verschlungenen Dickicht blasser Rentierflechten. Aus dem Torfmoos ragten die klebrigen Blätter des Sonnentaus, besetzt mit schimmernden Tropfen klebrigem Sekret und den Leichen winziger Fliegen. Die Oberfläche des Haufens fühlte sich warm an.

Ohne zu überlegen steckte ich die Finger tief ins Moos. Innen war es nass, als ob meine Finger durch Haut gestoßen wären und nun in die feuchte Wärme eines Körpers eintauchten. Das Moos schien ähnlich verletzlich wie ein lebender Organismus. Als ich die Finger zurückzog, hinterließen sie eine klaffende Lücke, die sich nicht wieder schloss. Ich fühlte mich ähnlich schuldig wie damals, als ich auf gefrorenes Torfmoos getreten war, das aufbrach wie eine Wunde nach einem Messerschnitt.

Während des Ersten Weltkriegs wurde Torfmoos in großen Mengen gesammelt und zur Behandlung von Wunden verwendet. Es wirkt blutstillend und kann das Zwanzigfache seines Trockengewichts an Wasser und vermutlich auch an Urin aufnehmen, aber vielleicht ist diese Absorptionsfähigkeit für zähflüssiges Blut und Eiter geringer. Ich spiele mit dem Gedanken, ein bisschen Moos zu sammeln und zu trocknen, um auszuprobieren, wie gut es mein Menstruationsblut aufnimmt.

Torfmoos ist wichtig für unsere Gesundheit und die unzähliger anderer Lebewesen. Es ist gleichzeitig tot und lebendig. Die Spitzen der Pflanzen wachsen nach oben, während der untere Teil abstirbt und den Torf bildet, die Grundlage aller Moore, auch der Deckenmoore, die einen Großteil Shetlands überziehen. Bei diesem Prozess des gleichzeitigen Wachsens und Absterbens wird Kohlenstoff gebunden, und zwar so viel, dass Torfmoore die wichtigsten CO_2-Speicher zu Land sind. Wird ein Moor beschädigt, trocknet es aus und das Kohlendioxid wird wieder freigesetzt. Die Wasserqualität verschlechtert sich und das Risiko für Überschwemmungen steigt. Wenn wir die Moore dieser Welt zerstören, schaden wir auch uns selbst.

Der Windpark Viking wird auf tief reichenden Torfschichten gebaut, die über Jahrtausende entstanden sind, und auf Torf, der sich noch aktiv bildet. Es gibt zwar auch Stellen, auf denen früher zu viele Schafe weideten und der Torf ohne Grasnarbe den Elementen ausgesetzt ist, erodiert und ebenfalls Kohlendioxid in die Atmosphäre abgibt, doch der Weidedruck wurde in den letzten Jahren reduziert. Es existieren sogar Gebiete auf Shetland, wo die erodierten Torfmoore erfolgreich wiederhergestellt wurden.

Die Scottish and Southern Electricity behauptet, dass die durch den Bau des Windparks verursachten Schäden durch die Wiederherstellung von Moorgebieten ausgeglichen werden. Doch bis zum Baubeginn im Jahr 2020 hatte SSE es versäumt, einer Vereinbarung zuzustimmen, mit der die Finanzierung der Maßnahmen zur Wiederherstellung der Moore und zur Renaturierung der Fläche nach der Stilllegung des Windparks geregelt wird. Zwei Jahre nach Baubeginn gibt es immer noch keine Verpflichtungserklärung. Selbst wenn es zu einer Abmachung kommt, bin ich skeptisch, dass die Moorgebiete nach einer so gravierenden Schädigung renaturiert werden können. Ich frage mich, ob der Windpark überhaupt CO_2-Einsparungen bringen wird. SSE schätzt, dass für den Bau 2,3 Millionen Kubikmeter Torf abgetragen werden.

Die ökologischen Vorteile des Windparks Viking sind also zweifelhaft, doch auch die finanziellen Vorteile für die Einwohner Shetlands sind fraglich. Auf der Website von Viking Energy wird der Windpark beschrieben als »Joint Venture zwischen der Shetland Community und dem Energieunternehmen SSE«. In diesem Zusammenhang sollte man klären, wer oder was mit »Community« gemeint ist, selbst wenn man dafür tief ins Detail gehen muss.

DIE STRANDSAMMLERIN

Als mit der Planung für den Windpark begonnen wurde, schloss sich der Shetland Islands Council mit SSE und Shetland Aerogenerators, dem Eigentümer des Windparks Burradale mit fünf Windrädern bei Lerwick, zur Viking Energy Partnership zusammen. Diese Entscheidung war keine große Überraschung. In den Siebzigerjahren führten geschickte Verhandlungen mit den Ölgesellschaften nach der Entdeckung und Erschließung der Ölvorkommen in der Nordsee dazu, dass ein beträchtliches Vermögen nach Shetland floss. Um die »Ausgleichszahlungen« für die mit der Ölförderung verbundenen Schäden zu verwalten, wurde der Shetland Charitable Trust gegründet, der seitdem mehr als 320 Millionen Pfund an lokale Wohltätigkeitsorganisationen, andere Organisationen und Einzelpersonen verteilt hat. Mit dem Geld der Ölunternehmen wurden Pflegeheime in ländlichen Gebieten, Freizeitzentren und das Shetland Museum and Archives finanziert.

Die letzte Ausgleichszahlung erfolgte im Jahr 2000, mittlerweile ist der Trust auf Kapitalerträge angewiesen. Auf Shetland herrscht an Wind kein Mangel, daher ist es nur natürlich, dass der Council vom Ausbau der erneuerbaren Energien profitieren wollte. Anfänglich erwartete der Shetland Charitable Trust jährliche Einnahmen in Höhe von dreiundzwanzig Millionen Pfund vom Viking Windpark.

2007 verkaufte der Council seinen Anteil an Viking an den Shetland Charitable Trust für den symbolischen Preis von einem Pfund. Der Trust investierte daraufhin zehn Millionen Pfund in die Entwicklung des Windparks. Hier sollte man festhalten, dass zweiundzwanzig der vierundzwanzig Mitglieder des Trust-Kuratoriums auch dem Council angehörten. Bei der Entscheidung für oder gegen den Windpark war die Zusammensetzung von Council und Trust praktisch identisch. Das Office of the Scottish Charity Regulator, eine Aufsichtsbehörde für Wohltätigkeitsorganisationen, verlangte später, genauer gesagt 2012, dass sich der Trust umstrukturiert und die Mehrheit des Kuratoriums unabhängig vom Council ist.

In den folgenden Jahren wurden die Subventionen für Windparks an Land gekürzt, wodurch das Projekt weniger lukrativ wurde. Im Mai 2019 zog sich der Shetland Charitable Trust aufgrund fortwährender Unwägbarkeiten aus der Partnerschaft mit Viking Energy zurück. Der Windpark Viking, in dessen Entwicklung die bereits genannten zehn Millionen Pfund an öffentlichen Geldern geflossen war, gehört nun fast komplett einem multinationalen Energieunternehmen.

Man sollte meinen, wenn öffentliche Gelder in den Windpark Viking investiert wurden, hätten gewählte Ratsmitglieder im Interesse der Gemeinschaft gehandelt, der sie dienen sollten. Doch die Realität sieht in diesem Fall leider etwas anders aus. Die Planungs- und Entwicklungsabteilung des Shetland Islands Council sprach sich gegen den Windpark aus mit der Begründung, dass er »inakzeptable Auswirkungen auf die Umwelt« habe. Dennoch stimmten die Council-Mitglieder 2010 gegen die Empfehlung ihrer eigenen Planungsabteilung. Neun Mitglieder waren für den Windpark, drei dagegen und weitere neun enthielten sich aufgrund von Interessenskonflikten. Zu dem Zeitpunkt war der Trust bereits an der Entwicklung des Windparks beteiligt.

2008 hatten Gegner des Windparks eine Protestgruppe namens Sustainable Shetland gegründet. Die Gruppe schlug alternative Formen der Energiegewinnung vor – die lokal verankert waren und wirklich den Einwohnern zugutegekommen wären. Die Vorbehalte von Sustainable Shetland gegenüber Viking wurden nicht nur von der Planungsabteilung des Council, sondern noch von zwei weiteren Behörden geteilt, von der Scottish Natural Heritage und der Scottish Environment Protection Agency. Der Shetland Amenity Trust und der Shetland Bird Trust wandten sich ebenfalls gegen das Projekt, ebenso wie die Royal Society for the Protection of Birds, der John Muir Trust und der Mountaineering Council of Scotland.

In der Anfangsphase der Projektentwicklung gingen bei der Energy Consents Unit, der schottischen Behörde, die über die Genehmigung entschied, 2772 individuelle Einwände und 1109 Unterstützungsschreiben ein. Die Viking Energy Partnership veranstaltete vier öffentliche Konsultationen an verschiedenen Orten auf Shetland. Im Durchschnitt sprachen sich 75 Prozent der Teilnehmer an diesen vier Veranstaltungen gegen die Errichtung eines Windparks dieser Größe auf Shetland aus.

Der Trust mit seiner Mehrheit an Kuratoriumsmitgliedern, die gleichzeitig dem Council angehörten, machte trotzdem weiter. Die schottische Regierung war nicht verpflichtet, eine öffentliche Anhörung vor Ort durchzuführen, da die Ratsmitglieder des Shetland Islands Council keine Einwände gegen den Windpark Viking erhoben und der Entwicklung des Projekts zugestimmt hatten.

Die Menschen von Shetland brachten den bemerkenswerten Betrag von über 200 000 Pfund auf, um eine juristische Überprüfung der Genehmigung des Windparks zu finanzieren. Viele Spenden kamen von Landbesitzern, die im Fall einer Umsetzung des Projekts sogar finanziell profitieren würden. Die juristische Überprüfung fiel zugunsten von Sustainable Shetland aus, wurde dann aber in der Berufung von schottischen Ministern verworfen. Der Oberste Gerichtshof unterstützte die Entscheidung zugunsten der schottischen Minister, und die Genehmigung für den Windpark wurde 2015 erteilt. Die Anfechtung durch Sustainable Shetland war letztlich erfolglos, bleibt jedoch als Akt des Protests und Widerstands in Erinnerung.

Ein Einspruchsrecht, das für alle gleichermaßen gilt, hätte eine öffentliche lokale Untersuchung ermöglicht, doch derzeit haben nur Antragsteller das Recht, gegen Planungsentscheidungen Widerspruch einzulegen. Gleichberechtigung bei Einsprüchen hätte auch ein stärkeres Eintreten für andere Lebewesen ermöglicht, seien es die nistenden Sterntaucher oder ein mikroskopisch kleines Lebewesen in einem Wassertropfen an einem Torfmoosblättchen.

Windräder auf Inseln können auch Symbole der Selbstbestimmung sein, etwa die Dancing Ladies auf der Hebriden-Insel Gigha, der erste kommunale Windpark in Schottland, der an das Energienetz angeschlossen wurde, oder die kommunale Windkraftanlage auf der Orkney-Insel Westray. Auf Shetland zeugen die fünf Windräder des Windparks Garth von der Beharrlichkeit und harten Arbeit der Menschen auf North Yell. Hier ist jedes Windrad nach einem der lokalen Schiffe benannt, die mit der gesamten Besatzung im großen Sturm von 1881 untergingen. Damals waren die Landpächter auf Shetland noch der Brutalität der Lairds ausgeliefert. Die Namen der Windräder von Garth sind ein starkes Symbol für Autonomie und Würde.

DIE STRANDSAMMLERIN

Die Viking-Windräder hingegen werden aus meiner Sicht die Entmachtung der Menschen vor Ort symbolisieren. Und sie werden für die Unmöglichkeit stehen, Torfmoor als gemeinschaftliches Eigentum zu verteidigen, wenn Unternehmen sich mit Vertretern der Verwaltung verbünden und den Menschen jegliche Mitsprache nehmen. Der Wind, von dem wir auf Shetland so viel haben, wird genutzt, um die Taschen der Aktionäre eines multinationalen Energieunternehmens zu füllen. Unsere Torfmoore und alles, was sie bedeuten, werden für eine kapitalistische, gewinnorientierte Entwicklung zerstört. Kein noch so umfangreiches Greenwashing oder die Behauptung, der Windpark sei ein kommunales Projekt, kann über diese traurige Tatsache hinwegtäuschen. Es ist schwierig, die Auswirkungen einer solchen anhaltenden Entmachtung auf eine Person oder eine Gemeinschaft zu quantifizieren. Doch in qualitativer Hinsicht lässt sich sagen, dass damit auch Depressionen und eine Form der kollektiven Trauer einhergehen.

Der Windpark erhielt im Juli 2020 endgültig grünes Licht, als das Office of Gas and Electricity Markets (Ofgem), die Regulierungsbehörde für den britischen Gas- und Strommarkt, das 600 Millionen Pfund teure Verbindungskabel genehmigte, mit dem die im Windpark erzeugte Energie auf das schottische Festland geleitet wird. Am Tag der Entscheidung hörte ich tiefe Trauer in den Stimmen der Menschen, die hier leben. Auch ich spüre diesen Kummer, obwohl ich die Hügellandschaft weniger gut kenne als diejenigen, die hier aufgewachsen sind. Es ist nicht verwunderlich, wenn die Einwohner im Zusammenhang mit dem Windpark Viking die Zwangsumsiedlungen im 19. Jahrhundert erwähnen. Die Fundamente des letzten geräumten Farmhauses in Kergord wurden jetzt von Bulldozern abgetragen, weil an der Stelle eine Umspannstation gebaut werden soll.

Die Bauarbeiten für den Windpark beginnen im Sommer 2020. Ich würde gern noch einmal in der Hügellandschaft rund um den Scallafield wandern, bevor die Baumaschinen anrücken, bin aber seit dem Frühjahr nicht fit genug für eine lange Tour. An einem sonnigen Apriltag verursachte der Vollmond eine Ebbe, die den Meeresarm beim Haus so vollständig leerte, wie ich es noch nie erlebt hatte. Es war ein Schock, aus dem Fenster zu schauen und einen so großen Teil des Meeresbodens freigelegt zu sehen. Watvögel zogen über unserem Haus eine Flugshow ab, als ob sie auf die ungewohnte Wärme der Sonne reagieren würden. Ein Brachvogel hob und senkte sich auf seiner wellenförmigen Flugbahn, ähnlich wie beim Ein- und Ausatmen. Wir entdeckten eine Bekassine, die über uns kreiste, und öffneten ein Fenster, um dem ungewöhnlichen Wummern ihrer Schwanzfedern zu lauschen, die im Luftstrom vibrierten.

Mein Sohn lag mit Fieber und Schüttelfrost auf der Couch. Einige Tage zuvor hatte er über ein beklemmendes Gefühl in der Brust geklagt. Auf Shetland grassierte Corona, und ich vermutete, obwohl es zu der Zeit keine Tests gab, dass wir uns ebenfalls infiziert hatten. Ich hatte eine kleine Tasche mit Waschzeug und Kleidung zum Wechseln gepackt, für den Notfall. Auf Shetland gibt es keine Intensivstation. Die Entfernung zum schottischen Festland fühlte sich so gewaltig und unüberwindbar an wie bei der Geburt meiner Tochter. In der Nacht wachte ich am Bett meines Sohnes. Glücklicherweise ging das Fieber zurück. An dem Tag, an dem

DIE STRANDSAMMLERIN

unsere Quarantäne endete, beschlossen wir, alle zum Meerglasstrand zu gehen.

Mein Mann und meine Tochter erholen sich schnell von ihrer Erkrankung. Mein Sohn brauchte zwei Monate, um seine bleierne Müdigkeit loszuwerden. Mein Körper reagierte mit einem akuten rheumatischen Schub. Darauf musste ich mich erst wieder körperlich und seelisch einstellen, nachdem die Krankheit fast ein Jahr lang in Remission war. Die Zeit am Meerglasstrand half mir, den Rückschlag zu verkraften. Der Strand war mir wohlgesonnen, ich fand ein seltenes Stück lavendelblaues Meerglas. Am Tag der Sommersonnenwende warf ich eine Flaschenpost ins Meer. Die Botschaft, die ich mitsandte, war emotionaler als sonst.

Ende Dezember sind die Bauarbeiten am Windpark in vollem Gang. Auf der Fahrt von Lerwick zu unserem Haus wird mir mit einem Mal klar, dass es nur noch wenige Wochen dauern wird, bevor die schweren Maschinen die Hochebene des Scallafield erreichen. Mein Körper fühlt sich weiterhin steif und wund an vom Rheumaschub. Eine lange Wanderung in unebenem Gelände ist nicht sonderlich verlockend, doch wenn ich die Gelegenheit nicht nutze, ist sie verstrichen. An einem kalten Morgen Anfang Januar schnüre ich meine Wanderstiefel und stapfe los. Die Sonne ist noch nicht über der schneebedeckten Kammlinie des Scallafield aufgegangen. Eis ummantelt die Küste und den eisenzeitlichen Broch der Insel. Die Ebbe zieht Eisschollen aus dem Meeresarm hinaus aufs offene Meer. Gänsesäger eilen über die freie Wasseroberfläche. Ich bin glücklich, dass ich an einem solchen Morgen unterwegs bin, habe aber gleichzeitig das Gefühl, dass ich zu jemandem gehe, den ich liebe, aber nie wiedersehen werde.

MEERGLAS

Der Weg beginnt an der schmalen Straßenbrücke über den Burn of Lunklet. Das Wasser des Burn ist dunkel und torfig und fließt unter zerbrochenen Eisplatten Richtung Meer. Ich drehe dem Meer den Rücken zu und gehe den Pfad hinauf. Ein Rothuhn fliegt in einem niedrigen Kreis über meinem Kopf, den Bauch herausgestreckt, und ruft, es klingt wie »Geh zurück, geh zurück«. Doch ich gehe weiter, vorbei am Wasserfall von Ramnahol, dem Hügel der Raben. Das Wasser stürzt durch eine Umarmung aus Eis.

Die Grenzsteine aus Quarz, die die Ruinen einer bronzezeitlichen Siedlung markieren, liegen unter dem Schnee verborgen. Ich spreche im Vorbeigehen einen Gruß. Sie wurde vor etwa 3000 Jahren errichtet, in einer Zeit, als das Klima auf Shetland kühler und nasser wurde und sich das Deckenmoor von den Hügelkämmen und feuchten Senken weiter ausbreitete. Eine Steinlampe, grob behauen und schwer in der Hand, wurde hier gefunden. Der Viking-Windpark hat eine projektierte Lebensdauer von fünfundzwanzig Jahren, und wenn ich an diese kurze Zeitspanne denke, fällt mir die Steinlampe ein. Sie hat womöglich über viele hundert Jahre Licht gespendet. Torf bildet sich mit einer Geschwindigkeit von einem Millimeter pro Jahr; eine ein Meter dicke Torfschicht entspricht also tausend Jahren. Ein Bagger kann in wenigen Minuten jahrtausendealten CO_2-speichernden Torf abbauen.

Der Autor und Singer-Songwriter Malachy Tallack geht der Bedeutung des höher gelegenen Hill Ground für die Bewohner von Shetland in seinem Buch *60° Nord* auf den Grund. Er beschreibt, wie wir mit dessen »ständiger Präsenz« umgehen, wie wir in der Landschaft leben und die Landschaft in uns. Sie ist da, wenn ich sie brauche, selbst wenn ich sie nur durchs Fenster sehe. Manchmal, wenn das Meer zu viel oder nicht genug ist, finde ich das, was ich brauche, im Hill Ground. Es ist ein metaphysischer Ort, weitgehend frei von den Ablenkungen, die der Lärm, das ewige Hin und Her und das allgemeine menschliche Durcheinander verursachen. Oder wie Tallack schreibt: »Und dann wieder gibt es Orte, wie etwa hier auf dem Hügel, wo die Zeit sich zu sammeln scheint, sich zugleich zusammenzieht und ausdehnt. Hier ist die Vergangenheit näher.« Ich grüße die Überreste der eisenzeitlichen Siedlung, weil es falsch wäre, sie nicht zu grüßen; das ist ähnlich, wie wenn man an einem Nachbarn vorbeigehen würde, ohne »Hallo« zu sagen.

Die Oberfläche des Loch of Lunklet erinnert an eine Eislaufbahn. An einigen Stellen sind die Spuren eines Schneehasen zu sehen. Manche halten auf halbem Weg inne und führen zum Ufer zurück, als ob der Hase den Mut verloren hätte. Ich verliere auch manchmal den Mut. Der Schnee gleicht Bodenunebenheiten aus, verbirgt aber auch Löcher, Bäche und kleine Tümpel.

Beim Butter Stane, einem großen Stein aus rauem Schiefer, durchzogen von glattem Quarz, der die Grenze zum *scattald* markiert, lege ich eine Rast ein. Ich höre ein seltsames Geräusch, fast wie das Wummern einer Bekassine beim Balzflug. Aber dafür ist es noch zu früh im Jahr. Ich lausche angestrengt – das ist keine Bekassine. Es klingt mehr wie das Echo eines Lieds. Aufgeschreckt schaue ich mich um, sehe aber nichts. In einer *trow*-Geschichte von dieser Seite des Scallafield wird ein Fiddle-Spieler namens Magnie o' Lunklet am Yule-Morgen, dem Tag der Wintersonnenwende, vom Hügelvolk, keltischen Fabelwesen, die in Höhlen und unter der Erde leben, entführt. Seine Häscher zwingen ihn, ihnen mit seiner Fiddle eine ganze Woche lang zum Tanz aufzuspielen, bevor sie ihn wieder laufen lassen. Dabei hat er noch Glück: Manche werden vom Hügelvolk jahrelang festgehalten, einige kehren sogar nie zurück.

Früher hieß es, dass eine Frau kurz vor und während der Geburt besonders gefährdet war, von den *trows* entführt zu werden. Die *howdie* oder die Frauen der Familie beschützten sie mit Gebeten oder Amuletten. Eine Bibel und ein Messer wurden in ihr Bett gelegt. Vielleicht wurde auch ein schwarzer Hahn von einem Nachbarn geborgt, weil schwarze Hähne den *vaam*, den bösen Zauber der *trows*, spüren können. Auf den Färöern behaupten manche, das Huldufólk sei in den Fünfzigerjahren ausgestorben, als Elektrizität auf die Inseln kam. Auf der Insel Nólsoy sollen damals die Sturmwellenläufer aufgehört haben, in den Mauern der Häuser zu brüten.

Ich verlasse den Butter Stane mit seinem seltsamen Lied und gelange schon bald zum Muckle Scord – dem Pass, den Chrissies Großmutter und ihre Familie überquerten, als sie von ihrem Land in Kergord vertrieben wurden. Das Geräusch von Metall auf Stein wird lauter, doch selbst mit dieser Vorwarnung ist der Blick vom Scord ein Schock: Die klare Kammlinie im Osten wird von vielen Baggern unterbrochen; orangefarbene Arme graben sich in den Boden; Kabinenfenster blitzen in der Sonne auf. Der schmale Bergrücken des Mid Kame ist von hohen Torfwänden gesäumt; sie werden für eine neue Trasse abgebaggert, die direkt durch die Nistgebiete von Brachvogel, Alpenstrandläufer und

DIE STRANDSAMMLERIN

Goldregenpfeifer führt. Die Maschinen dröhnen unablässig. Auch auf einem mit Pfählen markierten Gebiet, ganz in der Nähe der Stelle, wo ich stehe, wird bald der Torf abgetragen und der Fels weggesprengt werden.

Solastalgie reicht nicht, überlege ich, um diesen Verlust zu beschreiben. Man muss schon von einem tieferen Trauma sprechen, wenn das Land, mit dem man emotional verbunden ist, ein kohlenstoffspeicherndes Torfgebiet ist, das aus Profitgründen zerstört wird. Und doch spüre ich tief in mir auch Zweifel. In mir nagt das Bewusstsein, dass auch ich auf vielerlei Art Strom verbrauche und manchmal sogar verschwende. Ich bewundere die Leistung derjenigen, die ein Leben unabhängig vom Stromnetz führen. Aber das ist nichts, was ich physisch aushalten könnte, es sei denn, ich hätte keine andere Wahl. Mein Protest kommt aus einer sehr komfortablen Position, einer Position des relativen Wohlstands, ermöglicht durch die Arbeit meines Mannes als Hubschrauberpilot in der Öl- und Gasindustrie. Doch es bleibt die Tatsache, dass dieser Windpark nicht dazu beitragen wird, den shetländischen Haushalten zu helfen, die von Energiearmut betroffen sind. 2021 war das einer von drei Haushalten, und alles deutet darauf hin, dass es noch schlimmer werden wird. Der Viking Energy Community Fund wird Shetland Geld für neue Computer an Schulen oder neue Ausrüstung für Sportvereine bringen, doch das ist eine sehr spärliche Entschädigung.

Unterhalb der Stelle, an der ich stehe, sehe ich zwei Häuser Seite an Seite. Ich wäre in wenigen Minuten dort. Die schottische Regierung empfiehlt, dass der Abstand zwischen Windrädern und Häusern zwei Kilometer betragen sollte, schreibt es aber nicht vor. In England beträgt der Abstand drei Kilometer. Mehrere Viking-Windräder werden mit weniger als zwei Kilometern Abstand zu Häusern stehen. Ich würde gern wissen, warum unsere Häuser hier auf Shetland weniger zählen. Und ich würde gern wissen, wie sich die tieffrequenten Geräusche von mehr als hundert riesigen Windrädern auf unseren Körper und unsere Psyche auswirken.

Die Hügel, auf denen die Windkraftanlagen stehen werden, sind nicht sonderlich hoch. Der Scallafield erhebt sich auf 281 Meter. Die Windräder werden jeweils 155 Meter in die Höhe ragen. In meiner Vorstellung werden sie wie aufgespießte Motten in der Sammlung eines Schmetterlingsforschers wirken. Wenn die Menschen auf Shetland, darunter auch die Mitarbeiter der Planungsabteilung des Shetland Islands Council, davon sprechen, dass der Viking-Windpark überdimensioniert sei, dann ist auch das damit gemeint. Sowohl die Ausdehnung in der Fläche als auch in der Höhe ist gewaltig und steht in keinem Verhältnis.

Markierungspfosten für den Windpark ziehen sich am sanft aufsteigenden Hang des Scallafield hinauf. Ich scheuche einen Schneehasen aus seinem Versteck auf, im Sprint hinterlässt er weit auseinanderliegende Abdrücke im Schnee. Als ich den höchsten Punkt des Scallafield erreiche, schmerzt mein Körper, doch die Aussicht macht die Unannehmlichkeiten wieder wett. Weit draußen im Atlantik hat sich die schneebedeckte Insel Foula in einen Eisberg verwandelt, ein kleines Stück Arktis, das abgetrieben wurde. Ein Schneeschauer fällt auf die graue Oberfläche des Atlantiks und lässt die Vee Skerries komplett verschwinden. Im Osten ist die Nordsee wolkenfrei und dehnt sich erstaunlich weit aus. Ein Öl- und Gasversorgungsschiff steuert auf die Ölfelder zu, die hinter dem Horizont liegen.

Im Süden ragt eine Ölplattform, die Ninian Northern, hinter einem Hügel hervor. Sie befindet sich in einer Werft in Dales Voe, wo sie stillgelegt wird. Wir haben sie einmal zu viert besichtigt, und mein Mann zeigte auf die Tür, durch die er ging, wenn er auf die Toilette musste. Die Plattform wurde 1978 in Betrieb genommen, jetzt wirkt sie verrostet und abgenutzt. Eine einsame Windkraftanlage, glänzend und nagelneu, blickt von einem niedrigen Hügel namens Luggie's Knowe auf die Ninian Northern herab. Etwas weiter südlich und von einem weiteren Hügel verdeckt liegt das Kraftwerk von Lerwick. Dort wird Strom durch die Verbrennung von Diesel erzeugt. Eigentlich sollte es bald stillgelegt werden, aber wegen des Windparks muss es nun weiterlaufen.

Die Energie, die der Viking-Windpark erzeugt, wird über ein neu verlegtes Seekabel exportiert. Über dasselbe Kabel wird Shetland seinen Strom vom schottischen Festland importieren. Als vor Kurzem das Kabel, das die Äußeren Hebriden mit dem schottischen Festland verbindet, unterbrochen wurde, möglicherweise durch einen Trawler, waren 18 000 Haushalte vorübergehend ohne Strom.

Das Dieselkraftwerk in Lerwick wird für den Fall einer solchen Unterbrechung nicht stillgelegt. Damit hat der Viking-Windpark dafür gesorgt, dass die Laufzeit dieses umweltschädlichen Kraftwerks verlängert wird.

Je mehr ich über das Für und Wider des Windparks nachdenke, desto mehr halte ich den Bau für einen Fehler, und das gleich in mehrfacher Hinsicht – in Hinblick auf die Umwelt, die Einwohner und die Sicherheit der Energieversorgung. Für mich ist das Verhältnis zwischen dem Energieunternehmen und Shetland keine Symbiose, sondern parasitär. In meinen Augen ist es keineswegs so, dass alle Seiten profitieren.

Eine Schneewolke zieht über dem Scallafield auf und löscht alles um mich herum aus, nur der Boden unter meinen Füßen ist noch zu erkennen. Die Temperatur sinkt deutlich. Ich krame in meinem Rucksack nach zusätzlicher Kleidung. Die Wolke zieht schnell wieder weiter, trotzdem sehne ich mich nach Wärme und nach meinem Zuhause. Auf meiner Regenkleidung rutsche ich den Abhang des Scallafield hinunter und mache mich auf den Heimweg. Als ich die Straße erreiche, fällt mir das Gehen darauf schwer, der harte Belag reizt meine irritierten Gelenke noch zusätzlich. Wenigstens wird das Wandern in den Hügeln aufgrund der vielen Wege, die zum Windpark führen, einfacher, vor allem für jemanden wie mich, der auf unebenem Untergrund seine Probleme hat.

Im ersten Corona-Winter verlagert sich mein Interesse, anstelle von Meerglas suche ich Tonscherben, die auf einer Seite blassgelb glasiert sind. Sie stammen von Krügen oder Schüsseln, in denen Sahne aufbewahrt wurde, bevor man Butter daraus machte. Wenn ich solche Scherben in der Hand halte, spüre ich eine stärkere Verbindung zur Vergangenheit als beim Meerglas. Sie erinnern mich an das Melken der *coo* im Kuhstall und die Sommerweide der *kye* auf dem *scattald* – und damit an die Arbeit der Frauen. Ich würde gern wissen, wie alt die Scherben sind. Vielleicht stammen

DIE STRANDSAMMLERIN

sie aus der Zeit der Zwangsumsiedlung und den Tagen von Chrissie Sandisons Großmutter Mergat.

Auf meinem Schreibtisch häufen sich die Keramikscherben. Ich weiß nicht so recht, was ich damit machen soll. Dann sehe ich ein Video der Shetland-Dichterin Jen Hadfield, in dem sie dazu anregt, ein persönliches politisches Manifest zu verfassen, eine kleine Geste des Widerstands, eine Möglichkeit, sich wieder auf das Wesentliche zu konzentrieren. Ich wage einen Versuch, zunächst ein bisschen gehemmt, doch bald verliere ich mich in meinen Gedanken und mein Stift bewegt sich wie von selbst über das Papier. Als ich fertig bin, nehme ich die Scherben und einen Bleistift und schreibe kleine Vorsätze auf die gelbe Glasur. Bei Ebbe gehe ich mit den Scherben an den Strand und wate ins Meer. Als ich die Hände ins Wasser tauche, nehmen die Wellen die Scherben mit.

Am Neujahrstag suche ich nach einem kleinen *hansel* oder Geschenk des Meeres, das Gutes für das anstehende Jahr verheißt, und finde die erste Scherbe, die an den Strand zurückgespült wurde. Man kann immer noch die verblasste Bleistiftschrift lesen, sie verkündet »voller Neugier«. Ich suche noch einmal, drei Tage vor Neumond, wenn sich das Meer bei Ebbe weiter zurückzieht als üblich. Neben einem kleinen Felsen, aus dem glänzend eine kleine tiefrote Anemone quillt und auf die Rückkehr des Meeres wartet, finde ich eine Scherbe, deren gelbe Glasur nach unten zeigt. Ich hebe sie auf und drehe sie um. Schwach, aber gut zu entziffern lese ich »Widerspruch«.

Haaf Fish – die Kegelrobbe

Als die Kinder nach den Herbstferien im Oktober 2020 wieder in die Schule zurückkehren, bin ich voller Sorge. Die ersten sechs Monate der Pandemie habe ich damit verbracht, sie möglichst nah bei mir zu behalten, und jetzt fällt es mir mit jedem Mal schwerer, sie wieder gehen zu lassen.

Ich warte, bis der Schulbus von unserer Auffahrt zurück auf die Straße gebogen ist, dann hole ich meine Wanderstiefel und den gepackten Rucksack und fahre mit dem Auto zu einem Küstenabschnitt, wo im Spätherbst die Kegelrobben an Land kommen und ihre Jungen zur Welt bringen. Jedes Jahr organisiert die schottische Naturschutzbehörde NatureScot eine Kegelrobbenzählung, an der sich viele Freiwillige wie ich beteiligen. Die Erfassung der angeschwemmten toten Seevögel während des Lockdowns hat mir gefehlt. Nicht nur der Strand – oder die Vögel selbst, tote wie lebende –, sondern auch der Vorgang an sich, bei dem ich den Strand abging und Daten sammelte. Es tut gut, wieder loszuziehen, auch wenn die Wanderung zu den Robben-Geos beschwerlich werden wird. Mein Körper kämpft immer noch mit den Nachwirkungen des rheumatischen Schubs, der durch Corona ausgelöst wurde. Aber immerhin bin ich allein und kann mein Tempo selbst bestimmen.

Es ist windstill und das Wasser im *voe* ist glatt und ruhig. Ich halte in einer Parkbucht und schaue nach Schweinswalen, sehe aber keine. Neben der Schule rennen meine beiden Kinder mit glücklichem Grinsen über den Spielplatz. Mir fällt ein kleiner Stein vom Herzen. Als ich an der Kreuzung Richtung Westen abbiege, hebt sich meine Laune bei der Aussicht auf eine Wanderung entlang der Klippen, auch wenn sich Angst unter die Vorfreude mischt. Die Klippen sind hoch. Die Robben halten sich an Stränden auf, die in die Tiefen der *geos* eingebettet sind, und bringen ihre Jungen zwischen Treibholz und jeder Menge Plastikmüll zur Welt.

Als die Klippen in Sicht kommen, muss ich zweimal hinschauen. Dichte Wolken salziger Gischt steigen wie Rauchsäulen in die Luft. Eigentlich ist heute ein windstiller, sonniger Tag, doch die Brandung ist enorm und wirkt ziemlich ölig. Das Meer brodelt und schäumt mächtig. Das Land scheint sich zusammenzukauern. Weit draußen auf dem Atlantik muss es einen Sturm gegeben haben. Auf den Felsvorsprüngen der Klippen hocken Eissturmvögel und haben den Kopf unter den Flügel gesteckt, als ob sie dem Donnern der Wellen entgehen wollten. Meine Haut

HAAF FISH – DIE KEGELROBBE

spannt von der salzigen Gischt. Weit draußen im Westen versteckt sich die Insel Foula hinter einer tief hängenden Wolke, als ob sie das sich anbahnende Drama nicht mitbekommen will.

Das erste der beiden Robben-Geos hat eine weite Öffnung zum Atlantik. Eigentlich ist gerade Ebbe, doch der Strand wird von schäumenden Wellen überspült. Die Robben sind nicht da. Die Strahlen der Sonne reichen nicht bis zum Grund. Alles wirkt dunkel und leblos.

Das zweite *geo* ist kleiner und besser geschützt. Felsen bewachen den Eingang und fangen die Wucht der Wellen ab. Der Großteil des Strandes scheint trocken. Ich zähle drei trächtige Robben mit dicken Bäuchen. Vier Jungtiere mit dichtem weißem Fell liegen neben ihren grausilbern glänzenden Müttern. Leuchtend rosa Nabelschnurstümpfe ragen aus ihren Bäuchen. Sie sind gerade erst geboren. Ihre Haut ist noch schlaff und faltig, die Augen groß und dunkel. Anders als Seehundjunge, die fast sofort schwimmen können, werden Kegelrobben ohne Speckschicht geboren und können der Kälte des Meeres nicht standhalten. Sie verlieren ihr weißes Fell nach etwa zwei Wochen, wenn sie dank der Muttermilch dick und rund geworden sind. Die Robbenmutter bleibt in den ersten Wochen meist bei ihrem Jungen an Land. Während ihr Junges immer dicker wird, wird sie immer dünner.

Alles scheint gut. Die Wellen reichen nicht bis zu den Robben. Ich liege auf dem Bauch, sie können mich nicht sehen. Es ist eine Freude, sie zu beobachten. Die Mütter niesen, gähnen oder kratzen sich. Die Kleinen wirken munter und blicken staunend in die Welt.

DIE STRANDSAMMLERIN

Plötzlich hebt eine Robbenmutter abrupt den Kopf. Ich höre nichts, sie schon. Sie stemmt sich mit ihren Flossen zu einer höher gelegenen Stelle hinauf. Aber zu spät, sie ist nicht schnell genug und wird von einer großen Welle erfasst, die ins *geo* brandet. Als die Welle abfließt, nimmt sie das Junge mit, das an der Seite der Mutter lag. Es wird rückwärts über den Strand ins Meer gezogen, in die schäumende Brandung. Das Junge breitet die Vorderflossen aus, als versuche es irgendwo Halt zu finden. Alles geschieht innerhalb weniger Sekunden. Die Robbenmutter verharrt reglos, mit gerecktem Hals starrt sie auf die Stelle, wo eben noch ihr Junges lag. Sie starrt immer noch, als eine weitere Welle hereinrauscht und das Junge zurück an ihre Seite spült. Sie stupst mit der Schnauze in sein nasses Fell, und das Junge heult wie ein Menschenbaby.

Der Wind lässt für einen Moment nach und es herrscht eine fast unheimliche Ruhe. Kleinere Wellen kommen herein, im *geo* wird es wieder still. Ein Strandpieper landet auf den Kieseln und sucht zwischen den Robben nach Futter. Ein großer Robbenbulle schwimmt heran und lässt sich von der Brandung auf den Kies heben. Sein schwerer Körper ist deutlich länger und dicker als bei den weiblichen Robben. Mit seinem faltigen massigen Nacken wirkt er, als könnte er es mit der Kraft des Meeres aufnehmen. Das nasse Junge heult weiter.

Im Augenwinkel bemerke ich eine Bewegung. Ein graues Weibchen schwimmt in der Brandung hinter einem Felsvorsprung, der eine Minibucht mit Strand verbirgt. Es wirkt so menschlich, wie es den Kopf und die Schultern aus dem schäumenden Wasser reckt und sich mit weit aufgerissenen Augen um-

HAAF FISH – DIE KEGELROBBE

blickt. Das Weibchen atmet schnell, die Nüstern sind geweitet. Hektisch dreht es den Kopf hin und her, schwimmt einen Kreis und taucht dann unter, um nur ein kleines Stück weiter wieder hochzukommen. Ein großes Stück Treibholz schwimmt wie ein Rammbock auf einer Welle und verfehlt nur knapp seinen Kopf. Die Robbe zuckt zusammen. Ich beobachte ihre gefährliche Suche, bis ich es nicht mehr aushalte. Ihr Junges ist verloren. Ich verlasse die Klippen und fahre nach Hause.

Die alten Namen für Kegelrobben auf Shetland verraten, wo man sie finden kann. Der Seehund wurde früher *tang fish* genannt, *tang* bedeutet wie im Deutschen Tang, etwa der Blasentang der Gattung Fucus, der in der Brandungszone wächst. Die Kegelrobbe war wiederum als *haaf fish* bekannt, *haaf* ist das tiefe oder offene Meer. Jenseits des Meeresarms bei unserem Haus fließt ein *burn* (Bach) durch Sumpf- und Grasland zum Meer. Er heißt Selkieburn, obwohl dort nur Seehunde auf den Felsen liegen. Um Kegelrobben zu sehen, muss ich der Küste bis zu der Stelle folgen, wo sich der Meeresarm zum Meer wendet und sich mit dem offeneren Wasser des *voe* verbindet. Es wirkt fast so, als ob Kegelrobben es nicht mögen, wenn sie von Land umgeben sind, während Seehunden der Schutz einer Einfriedung zu gefallen scheint.

Auf Shetland werden Seehunde und Kegelrobben immer noch *selkies* genannt. Dass sich der Name gehalten hat, macht es leichter, an das *selkie folk* zu glauben, übernatürliche Wesen, die ihre Robbenhaut ablegen und menschliche Gestalt annehmen. Ich habe einmal drei Shetländer schüchtern gefragt, ob sie irgendwelche *selkies* kennen würden oder von ihnen gehört hätten. Zwei verneinten so schroff, dass klar war, wie lächerlich sie diese Frage fanden. Doch die dritte Person, eine Frau, sagte ohne zu zögern Ja. Auf ihrer Heimatinsel gab es vor einigen Generationen ein Mädchen, von dem man glaubte, es würde von einem *selkie* abstammen. Wenn ich jetzt eine Selkie-Geschichte lese, muss ich jedes Mal daran denken und nehme sie ein bisschen ernster als früher.

Die berühmteste Selkie-Geschichte Shetlands spielt auf der Insel Papa Stour und den Vee Skerries, die 5,6 Kilometer von Papa Stour entfernt liegen. Papa Stour ist vom Westen Mainlands durch einen Sund mit einer gefährlichen Gezeitenströmung getrennt. Auf der Insel leben weniger als zehn Bewohner. Die Vee Skerries sind kleine Felseninseln, die schon einigen Schiffen zum Verhängnis wurden. Durch die Felsen unter Wasser ist es für die meisten Boote schwierig, zu den Inselchen zu gelangen, daher werden sie selten besucht. Selbst wenn man es schafft, hinzukommen, kann der Wellengang plötzlich so zunehmen, dass es schwierig wird, sie wieder zu verlassen. Ich halte nach den Vee Skerries von einem Weg oberhalb unseres Hauses Ausschau, der in die Hügel führt. Oder genauer gesagt, halte ich nach der weiß schäumenden Brandung Ausschau, die die Inseln an den meisten Tagen vor meinem Blick verbirgt. Mir scheint es unbegreiflich, doch die Kegelrobben schaffen es, auf den Skerries an Land zu gehen und dort ihre Jungen zur Welt zu bringen.

Ich war bisher nur im Winter auf Papa Stour, zum Strandgutsammeln. Bei einem Besuch an einem trüben Märztag stand ich oberhalb des sanft abfallenden Strandes von Aisha und beobachtete die Wellen, um abzuschätzen, ob es fürs Beachcombing zu

HAAF FISH – DIE KEGELROBBE

gefährlich wäre oder nicht. Am Tag zuvor hatte ein Sturm getobt. Die Wellen brausten heran, schienen aber nicht allzu weit den Strand hinaufzureichen, wo ein vielversprechender Spülsaum lockte. Eine Kegelrobbe in der Brandung beobachtete mich, als ich die niedrige Böschung hinunterkletterte.

Ich hob eine Eikapsel auf und ließ die zerfetzte Haut eines Seehasen liegen. Dann machte ich den Fehler, dem Meer den Rücken zuzukehren. Als ich die Welle hörte, war es schon zu spät. Das Wasser umspülte meine Beine, fast hätte ich den Halt verloren. Kurz war es ruhig, dann zog sich das Wasser zurück. Ich konnte mich auf den Beinen halten, doch es zog mich über den Strand ins Meer. Ich spürte wie damals bei meinem Radunfall, wie sich die Zeit verlangsamte und ich ganz ruhig und gelassen wurde. Der Sog des Meeres ließ nach, kurz bevor die Kiesbank in tieferes Wasser abfiel. Ich schleppte mich auf höheres Gelände und setzte mich ins Gras, um durchzuschnaufen, immer noch beobachtet von der Kegelrobbe.

Bei meinen späteren Besuchen gab es keine derartigen Zwischenfälle, doch ich bin hier gegenüber dem Meer stets auf der Hut. Das weiche Vulkangestein der Insel ist sichtlich von Stürmen gezeichnet. An diesem Ort kann man sich das Land als Körper vorstellen, empfindsam und verletzlich. Ich beneide die Robben, die sich mühelos in den Wellen bewegen, wenn ich an den Stränden von Papa Stour unterwegs bin.

༄

In den Vierzigerjahren bereiste David Thompson, ein britischer Schriftsteller, Journalist und Produzent von Radiosendungen, die

DIE STRANDSAMMLERIN

Küsten Irlands und Schottlands und sammelte Erzählungen über *selkies*. Seine Reisen und die dabei geführten Gespräche bilden die Grundlage für sein Buch *Seehundgesang*, eine Schatzkiste an Selkie-Mythen. Zuvor hatte ich immer wieder dieselbe alte Geschichte über einen Mann gehört, der die Robbenhaut einer schönen jungen Selkie-Frau stiehlt. Er hält sie in seinem Haus fest, bis sie eines Tages ihre Haut findet und zurück ins Meer flieht. Die Kinder, die sie ihm geboren hat, lässt sie zurück. Schockierend für die Zuhörer war früher nicht, dass die Selkie-Frau gefangen gehalten und vergewaltigt wurde, sondern dass sie sich für ihre Freiheit entschied, anstatt bei ihren Kindern zu bleiben.

Die Selkie-Sage, die Thomson auf Papa Stour festhielt, erzählt von einer Robbenjagd, die aus dem Ruder läuft, einer Selkie-Frau, die Erbarmen hat, und von der Läuterung eines Robbenjägers. Es gibt mehrere Versionen der Geschichte, hier meine eigene Nacherzählung:

Vor langer Zeit herrschte auf der Insel Papa Stour einen ganzen Sommer lang schlechtes Wetter. Die Männer konnten nicht zu den Vee Skerries hinausfahren, um dort auf Robbenjagd zu gehen. Als endlich gutes Wetter kam, warnten die älteren Männer, dass das Meer nicht lange so ruhig bleiben würde. Doch die jüngeren Männer lagen mit ihrer Pacht im Rückstand, und eine Bootsladung mit Robbenfellen würde bedeuten, dass die Frauen endlich Essen für die Kinder kaufen konnten. Also machten sie ein Boot fertig und ruderten in ihrer Verzweiflung hinaus, um auf Robbenjagd zu gehen.

Die beste Schäreninsel, um Robben an ihren Liegeplätzen zu überraschen, ist auch die, an der das Anlanden besonders schwierig ist. Doch die Männer schafften es, das Boot durch die Felsen zu navigieren und ohne Zwischenfall an Land zu gehen. Schweigend überquerten sie die tückischen Felsen. Es funktionierte, sie konnten sich anschleichen und viele Robben mit ihren Knüppeln erschlagen. Rasch schnitten sie die Haut vom Fleisch, bevor die Robben wieder zu sich kamen.

Eine plötzliche Windböe gemahnte die Männer an die Wolken, die sich über dem Atlantik zusammenzogen. Der Seegang hatte zugenommen und das Boot zerrte an der Vertäuung. Wenn es sich losriss, saßen sie auf der Schäre fest. Schnell rafften sie so viele Häute wie möglich zusammen und eilten zurück zum Boot. Einer der Männer stolperte, die Häute fielen ihm aus den Armen. Die anderen riefen ihm zu, die Häute liegen zu lassen. Aber er ignorierte sie. Als er alle eingesammelt hatte, waren die anderen schon im Boot und von den gefährlichen Felsen weggerudert. Dreimal versuchten sie, zu ihm zurückzukehren, doch jedes Mal wurde das Boot fast von einer Welle unter Wasser gedrückt. Also ließen sie den Mann zurück und machten sich auf den Heimweg.

Der Mann sank auf die Knie, denn er wusste nur zu gut, was geschah, wenn man auf diesen Felsen in einem Sturm festsaß. Schon bald würden ihn die Wellen wegreißen. Er weinte bei dem Gedanken daran, dass er seine Frau und seine Kinder nie wiedersehen würde. Doch dann riss ihn ein seltsames Geräusch aus seiner Verzweiflung; ein Klagelied, das über das Tosen der Wellen hinweg zu hören war. Er folgte ihm bis zu einer Wasserrinne, neben der eine Selkie-Frau saß und ihren Sohn beweinte, der in Menschengestalt dalag, verletzt durch Messerstiche und blutend, das Fleisch roh und rot.

DIE STRANDSAMMLERIN

Als sie den Mann sah, verstummte die Selkie-Frau. Sie starrten einander an, und er fürchtete schon, dass sie sich wütend auf ihn stürzen würde, doch sie blieb still. Der Ausdruck in ihren Augen wurde weicher und sie sagte: »Ich trage dich nach Hause zu deiner Familie, wenn du mir die gestohlene Haut meines Sohnes wiederbringst. Ohne sie muss er als Mensch an Land leben, und ich werde ihn nie wiedersehen.« Der Mann nickte. »Das werde ich«, sagte er, »aber die Wellen werden mich von deinem Rücken spülen. Darf ich in deine Haut schneiden, damit ich mich besser festhalten kann?« Die Selkie-Frau neigte zustimmend den Kopf und hielt still, als er mit seinem Messer tief in ihre Haut schnitt.

Sie schwamm mit dem Mann auf dem Rücken durch das tosende Meer. In den Tiefen von Ekkers Geo kamen sie an Land. Die Hände des Mannes waren taub vor Kälte, und er hatte Mühe, die steile Felswand hinaufzuklettern. Doch der Gedanke an Frau und Kinder trieb ihn an. Die Selkie-Frau musste nicht lange warten, bevor er wie versprochen wieder oben auf der Klippe auftauchte. Er warf die Haut ihres Sohnes zu ihr hinunter, und sie schwamm davon, zurück zu den Vee Skerries. Der Mann ging nie wieder auf Robbenjagd.

Nachdem David Thomson an den Klippen von Papa Stour entlanggewandert war, verfolgte ihn die Trostlosigkeit des kargen Ortes bis in seine Träume: »Auch an den Tod dachte ich dort, und nachts träumte ich einmal, ich wäre in die Akers Geo gestürzt.« Auch ich fürchte Ekkers Geo. Das Gelände neigt sich zum Klippenrand, und selbst wenn man sich hinlegt, scheint die Anziehungskraft des Abgrunds hier stark. Das Wilde, Raue des Ortes wird noch dadurch verstärkt, dass die Klippen des Geo

HAAF FISH – DIE KEGELROBBE

eine Art Rahmen für den Blick auf die Vee Skerries bilden, die schon sehr lange mit dem Verlust von Menschenleben in Verbindung gebracht werden. Thomson wollte während seines Aufenthalts auf Papa Stour zu den Vee Skerries hinausfahren, doch das Wetter war zu schlecht. Ich hätte auch nicht gedacht, dass ich diesen wilden Ort je besuchen würde, doch eines Tages war ich tatsächlich dort.

An einem schönen Tag im August 2017 ruft mich mein Nachbar John Anderson an und erklärt, er fahre eine kleine Gruppe mit dem Boot zu den Vee Skerries hinaus, ob ich nicht mitkommen wolle. Ich sage Ja, schlucke schnell ein paar Tabletten gegen Seekrankheit und nehme das Auto zum Jachthafen, wo John bereits die Motoren seiner *Mary Ann* laufen lässt. Er hilft mir an Bord und macht das Boot dann weiter fertig. Ich bin nervös, weil ich fürchte, mich vor den anderen übergeben zu müssen, aber auch, weil ich steife Gelenke habe. Die Leiter der *Mary Ann* hinunterzusteigen und in das kleine Metallboot zu klettern, mit dem wir das letzte Stück zu den Felsen zurücklegen werden, wird eine Herausforderung, und ich will kein Klotz am Bein sein. Andererseits weiß ich, dass sich John gut um mich kümmern wird. Er ist ein erfahrener Seemann und fährt an diesem Teil der Küste oft Leute hinaus, zum Sportangeln oder zum Sightseeing. Groß und kräftig und mit roten Haaren, wirkt er ein bisschen wie ein Wikinger.

John stellt mich Gibbie Fraser vor, der in seinem karierten Flanellhemd, Bluejeans und schicken Segel-Gummistiefeln eine gute Figur macht. Er schüttelt mir mit beträchtlicher Kraft und einem schelmischen Funkeln in den Augen die Hand, vielleicht hat er meine Nervosität bemerkt. Gibbie ist ein Hummerfischer im Ruhestand, der mit fünfzehn von der Schule abging, um als Walfänger in der Antarktis zu arbeiten. Ab November 1958 war er im britischen Überseegebiet Südgeorgien und vor den Sandwichinseln im Einsatz. Im Sommer, wenn der Himmel voller Küstenseeschwalben war, brach er von Shetland auf und traf im Südpolarmeer erneut auf die Schwalben, wo dann ebenfalls wieder Sommer war.

Als er nach Shetland zurückkehrte, gab es kaum Arbeit, daher ließ er sich ein Boot bauen, das er mit dem Geld aus dem Walfang bezahlte. Von da an lebte Gibbie vom Hummerfang, bis er in den Ruhestand ging. Die Hummerfallen brachte er manchmal auch bei den Vee Skerries aus. Er kennt die Vee Skerries besser als jeder andere und wird uns durch das Felsengewirr lotsen.

Im Ruderhaus bei Gibbie und John sind noch zwei Männer aus Lerwick, die übers Segeln und die Inseln reden, die sie besucht haben. Sie sehen beide deutlich älter aus als ich. Sie sind zwar keine alten Seebären, fühlen sich aber auf dem Meer wohl. Ich sitze draußen, um nicht seekrank zu werden, direkt neben Arthur, der gegenüber von uns, auf der anderen Seite des *voe*, wohnt. Er ist ebenfalls im Ruhestand und schon seit Jahrzehnten mit dem Boot im Meer um Shetland unterwegs. Arthur versichert mir zudem, dass der Wellengang heute viel zu sanft sei, um seekrank zu werden. Als wir ablegen, ist meine Vorfreude deshalb größer als die Angst. Wir verlassen den geschützten *voe* unter einer tiefen Wolkendecke und fahren Richtung Sonne. Die Wasseroberfläche ist gesprenkelt mit Gryllteisten und Papagei-

HAAF FISH – DIE KEGELROBBE

entauchern. John drosselt die Geschwindigkeit, als eine Gruppe Schweinswale in hohem Tempo unseren Weg kreuzt und eine Gischtspur hinterlässt.

Arthur und ich unterhalten uns über die keltischen Mönche, die auf Papa Stour lebten und der Insel ihren Namen gaben: »große Insel der Priester«. Sie kamen in einfachen Booten aus Ochsenhaut, die über einen Holzrahmen gespannt war, von Irland herüber. Wir sind uns einig, dass wir uns in einem solchen Gefährt nicht aufs Meer wagen würden. Doch dann erzählt mir Arthur, dass er die Shetland-Inseln in einem kleinen Boot umrudert hat. Auf meine Frage, was ihn zu diesem Abenteuer veranlasst hat, antwortet er, dass er die Tour zum Gedenken an seine Frau unternahm, die an Krebs gestorben war. Danach sitzen wir eine Weile schweigend nebeneinander.

Vom Meer aus besitzen die Klippen von Papa Stour eine düstere Faszination. Große Höhlen klaffen auf und verschlucken weite Teile des Meeres. Leera Skerry und Fugla Skerry, die Schären des Atlantiksturmtauchers und anderer Vögel, erheben sich schroff und unzugänglich aus dem Wasser. Dann sehen wir einen Felsen, dessen Form an einen Menschen erinnert. In *The Coastal Place Names of Papa Stour* beschreibt George P. S. Peterson den Snolda Stack als »stehenden Mönch in einer Kutte, den Körper den fernen Vee Skerries zugewandt, den Kopf gebeugt, als ob er für die Seelen der armen Seeleute beten würde, die hier ihr Leben verloren«. Weiter draußen bringt die Sonne das Weiß des Vee-Skerries-Leuchtturms zum Strahlen, während Foula im Süden ausgestreckt daliegt, als ob die Insel das Vorankommen unseres kleinen Boots mit geheucheltem Desinteresse verfolgen würde.

Mit dem Näherrücken der Vee Skerries kehrt meine Angst zurück. Sie liegen so flach im Meer. Der Wellengang ist sehr sanft, dennoch kann ich den Gedanken an Monsterwellen nicht abschütteln. Gibbie lotst John an eine Stelle, wo die *Mary Ann* sicher ankern kann. Meine Beine zittern, als ich die Leiter hinunter ins Ruderboot steige. Gibbie rudert immer zwei von uns zur Nort Skerry. Als wir näherkommen, lassen sich Eiderenten von den Felsen ins Wasser gleiten. Wir sehen viele Kegelrobben, einige aalen sich auf den Felsen, andere schwimmen im Wasser. Sie beobachten uns, scheinen von unserer Ankunft aber nicht weiter beunruhigt. Ich komme beim Zählen schnell auf über hundert. Der aufmerksame Blick aus so vielen Augenpaaren macht mich nervös. Gibbie macht das kleine Boot an einem Felsen fest, während wir an Land kraxeln, und verabschiedet sich mit einem letzten Scherz, bevor er zurück zur *Mary Ann* rudert. Als ich eine Stelle finde, an der meine Füße festen Halt haben, schaue ich nach oben und sehe Seepocken auf Augenhöhe. Wir sind bei Ebbe angelandet. Bei Flut wäre dieser Teil von Nort Skerry unter Wasser. Sooth Skerry, auch bekannt als »The Clubb«, liegt ein bisschen höher, wenn auch nicht sehr viel. Auf der Landkarte ist eine Höhe von acht Metern über dem Meeresspiegel eingetragen, doch es gibt Tage, an denen die vom Sturm aufgewühlte Brandung höher reicht. Wir sind alle still und konzentriert. Die Felsen zu überqueren ist herausfordernd. Ich bleibe stehen, wo ich bin, und warte auf Gibbie.

Bei seiner Rückkehr erzählt er uns hocherfreut, dass er und John mehrere Fische gefangen hätten. Darunter ist auch ein *waari*, ein Kabeljau mit prächtig orangefarbener Haut, wie sie bei den

HAAF FISH – DIE KEGELROBBE

Vee Skerries häufig vorkommen. Sie ernähren sich von Wirbellosen, die reich an Karotinoid-Pigmenten sind, weil sie den Seetang fressen, der das Wasser um die Felseninseln verdunkelt. Als wir Ormal erreichen, verlässt mich mein Mut. Der Leuchtturm und der kleine Kiesstrand sind von einem Ring aus zerklüfteten, scharfkantigen Felsen umgeben. Schon bald bleibe ich hinter den Männern zurück, selbst der Siebzigjährige aus Lerwick mit seinem kaputten Knie ist schneller. Ich bin wütend und frustriert. Ich will als Erste am Strand sein. Aller Wahrscheinlichkeit nach war über den Winter niemand hier, womöglich findet man dort jede Menge interessanter Dinge. Doch die Männer gehen direkt zum Leuchtturm, sodass ich in aller Ruhe am Strand mit seinen blassgrauen Kieseln herumstöbern kann. Er ist kreisförmig mit einer erhöhten Mitte und drei konzentrischen Spülsäumen. Ich stehe im kleinsten Kreis und stelle mir vor, wie die Flut kommt und das Wasser um mich herum steigt, aber nicht an meine Füße herankommt. Die glatte Kuppel eines Robbenschädels liegt zwischen vertrocknetem Seetang. Ich zähle acht Plastikflaschen, eine Dose Sprühsahne und einen Behälter mit spanischem Lösungsmittel. Ein v-förmiges Stück Metall, rot vom Rost, liegt eingekeilt zwischen zwei großen Kieseln.

Als Arthur vom Leuchtturm zurückkommt, zeige ich ihm das Metallstück. Es ist eine Luftklappe aus einem Schiffsmotor, vielleicht von der *Elinor Viking*, einem Trawler aus Aberdeen, der 1977 in einer dunklen, stürmischen Nacht vor den Vee Skerries Schiffbruch erlitt. Die Rettungsmannschaft konnte das havarierte Schiff nicht erreichen. Die Besatzung wurde schließlich von einem Hubschrauber in Sicherheit gebracht, kurz bevor der Trawler in Stücke brach. Von der Hubschrauberbesatzung war niemand für einen derartigen Einsatz ausgebildet, und der Mann, der die Winde bediente, kam nur knapp mit dem Leben davon, als ihn der Sturm gegen den Schiffsmast drückte. Der Leuchtturm auf Ormal wurde nach dieser Havarie gebaut, um die sichere Durchfahrt der Öltanker zu gewährleisten, die das neu errichtete Ölterminal von Sullom Voe anliefen.

Auch die anderen Männer gesellen sich zu uns an den Strand und suchen die Kiesel von Ormal nach Feuersteinen ab, Ballast aus jahrhundertealten Wracks. Sie sind leicht zu finden und riechen für mich stark nach Land. Vor dem Seefunk war der erste Hinweis auf ein gekentertes Schiff bei den Vee Skerries zersplittertes Holz, das noch nicht mit Salzwasser vollgesogen war und auf Papa Stour angespült wurde. Oder ein Kabeljau, der Getreide im Magen hatte. 1930 standen die Inselbewohner auf den Klippen von Papa Stour und beobachteten, wie die Männer, die am Mast eines havarierten Dampfschiffs, der *Ben Doran*, festgebunden waren, ins Meer gerissen wurden. Ein Sturm hatte die See so aufgewühlt, dass die Rettungsboote wieder abdrehen mussten.

Ormal wird im Shaetlan normalerweise als Plural verwendet und bedeutet »Bruchstücke« oder »Überreste«. Im Altnordischen kann *ørmul* auch »Ruinen« heißen. Ich fühle mich unbehaglich hier, zwischen dem Feuersteinballast, der von gekenterten Schiffen stammt, und den Bruchstücken von wahren und erfundenen Geschichten, auf Felsen, auf denen einst die reglosen Körper erschlagener Robben und ertrunkener Seeleute und Passagiere lagen. Die Fragmente schwirren durch meinen Kopf wie die

HAAF FISH – DIE KEGELROBBE

Schwärme der Watvögel, die die Felsen umkreisen und sich nie lange niederlassen, bevor sie wieder auffliegen.

Schon bald ist es Zeit zu gehen. Der Seegang hat zugelegt, und im Ruderboot zurück zur *Mary Ann* ist Gibbie schweigsam und macht ein ernstes Gesicht. Das einzige Geräusch sind die Ruder auf der Wasseroberfläche. Doch als wir wieder an Bord sind, entspannen sich alle und freuen sich daran, etwas Waghalsiges unternommen zu haben und nun, zurückgekehrt, davon erzählen zu können. Für den Rückweg übernimmt Gibbie das Steuer, während John uns Tee macht und ein Päckchen Vollkornkekse herumreicht.

Fünf Tage voller Anspannung vergehen, in denen mich das Wetter davon abhält, zu den Klippen zurückzukehren, um nachzusehen, ob die neugeborenen Robben überlebt haben. Ein heftiger Sturm folgt auf den anderen, und Orkanböen mit einer Windgeschwindigkeit von fast hundert Stundenkilometern rütteln an unserem Haus und sorgen dafür, dass wir drinnen bleiben. Der erste Stromausfall des Winters trifft uns unvorbereitet, wir müssen erst einmal nach Taschenlampen und neuen Batterien suchen. Der Sturm kommt von Westen und fällt mit dem Vollmond zusammen, was für eine besonders hohe Tide sorgt. Die Westwinde drücken das Wasser noch ein Stück weiter landeinwärts. Ich kann mir nicht vorstellen, dass die Kleinen überlebt haben.

Am sechsten Tag lässt der Wind nach. Kaum ist der Schulbus mit unseren Kindern weg, brechen mein Mann und ich zur atlantikseitigen Küste auf. Das Meer wirkt gefüllt bis oben hin, und die

Spülsäume liegen hoch oben im Gras, als wolle das Meer seine Macht verdeutlichen. Von den Klippen aus wirkt Foula sehr weit weg. Der Himmel ist grau, durch die Wolkenlücken fällt etwas Sonne und lässt einzelne Stellen im dunklen Meer aufleuchten. Schweigend gehen wir zum ersten Robben-Geo. Nur eine einzelne weibliche Robbe liegt am Strand; es sieht nicht so aus, als ob sie tragend wäre, ein Junges ist aber ebenso wenig zu sehen.

Bevor wir das zweite, geschützte *geo* erreichen, hören wir schon die Rufe der Robben durch den Lärm der Wellen. Wir beschleunigen unsere Schritte und verlangsamen sie erst wieder vor der Kliffkante. Der Wind bläst stetig zum Land hin, doch die gelegentlichen Böen machen uns vorsichtig. Wir legen uns auf den Bauch und kriechen mit der Unbeholfenheit einer Robbe an Land zur Abbruchkante.

Ein rundes weißes Junges treibt in den Wellen, lebt aber noch. Es hat auch die letzten Tage überstanden, offenbar sogar richtig gut, so wie es aussieht. Aber jetzt ist es nass und muss kämpfen, um sich über Wasser zu halten. Die Mutter schirmt es mit ihrem Körper ab, damit es nicht wegtreibt. Die hereinschwappenden Wellen überspülen beide. Bei jeder Welle gerät das Junge ins Schwimmen und wird vom Meer hin und her gerollt wie ein Fass. Fließt das Wasser ab, dreht es sich aus eigener Kraft wieder auf den Bauch und jammert.

Nach einigen Minuten beginnt die Mutter, den Strand hochzurobben, und das Junge folgt ihr langsam. Dann sehen wir, was sie davon abhält, das sichere Gelände zu erreichen: Eine andere Robbe blockiert den Weg und verteidigt die höher gelegene Stelle mit gefletschten Zähnen. Sie hat ebenfalls ein Junges. Es ist mollig

HAAF FISH – DIE KEGELROBBE

und rund, mit glänzendem, trockenem Fell. Die Robbe mit den gefletschten Zähnen hievt sich Richtung Meer und greift die in der Brandung feststeckende Robbe an. Das nasse Junge wird fast zwischen den beiden erwachsenen Tieren zerquetscht, doch dann krabbelt das trockene Junge seiner Mutter hinterher und wird von einer Welle erwischt. Derart abgelenkt, zieht die Mutter sich wieder auf trockenen Boden zurück, gefolgt von ihrem durchnässten Jungen. Die Robbe, die mit ihrem Jungen in der Brandungszone festsaß, nutzt die Gelegenheit und robbt ebenfalls auf trockenes Gelände.

Nachdem das Drama ausgestanden ist, lassen wir den Blick über das restliche *geo* schweifen und schieben uns langsam um den Klippenvorsprung herum, um die gesamte Bucht zu überblicken. Wir zählen insgesamt sieben Junge. Erst nach einiger Zeit fällt uns die Blutspur auf den Kieseln auf. Sie beginnt am Wasser und zieht sich hinauf bis zum trockenen Gelände am Fuß der Klippen. Dort liegt eine Robbe auf der Seite. Ihre Schwanzflossen sind mit frischem Blut überzogen. Ein winziges Junges mit sauberem Fell nuckelt Milch, es ist nur Haut und Knochen, scheint aber fit und lebendig. Als sich die Mutter bewegt, lässt das Junge die Zitze los, ein kleiner weißer Milchbart ziert das Fell um die Schnauze. Ich muss an die Kegelrobbe denken, die ihr Junges in den Wellen verloren hat. Ob ihre Milch noch ins Salzwasser des Meeres sickert?

Hexen

*»Das Meer«, sagte eine alte Frau, die als Autorität
für unsere okkulte Tradition gilt, »ist die größte Hexe
auf der ganzen Welt.«*

Karl Blind, Gentleman's Magazine, 1882

In einer wilden Winternacht 2017 spülten Sturmwellen einen jungen Orca an den Strand in der Nähe von Hamnavoe in Eshaness im Norden von Mainland. Bei der Autopsie fand man Prellungen und eine Schädigung der Lunge, die zu einer Lebendstrandung passten, doch ansonsten war der Orca gesund und hatte vor Kurzem gefressen; in seiner Speiseröhre wurden wieder hochgewürgte Robbenkrallen gefunden, in seinem Magen Robbenfell. Als ich von seinem Tod las, fragte ich mich, ob es derselbe junge Orca war, den ich im Winter zuvor gesehen hatte, als er an der Seite seiner Mutter unterhalb der hohen Klippen von West Burrafirth geschwommen war.

Der Tag war ungewöhnlich kalt, aber windstill gewesen, mit einem klaren blauen Himmel. An den Ufern eines Baches hingen Eiszapfen, und am Rande des Wassers ragten dicke Eisfinger in die Höhe, die jeweils einen einzelnen Grashalm umschlossen. Wulstige Eisplatten bedeckten einen Großteil des sumpfigen Bodens. Wasser sickerte über ihre Oberfläche und machte das Überqueren tückisch. Zuerst war ich bezaubert von der ungewohnt vereisten Landschaft, doch schon bald frustriert. Ich musste an zwei Beobachtungspunkten prüfen, ob sich dort überwinternde Küstenvögel aufhielten. Sie lagen in einiger Entfernung, und wenn ich das Eis umging, würde die Wanderung noch länger werden. Mein Körper schmerzte, die Entzündung flackerte immer wieder auf. Dennoch war ich in bester Laune aufgebrochen. Ich hoffte, einen kleinen überwinternden Schnepfenvogel zu sehen, den Meerstrandläufer.

Wenn die Suche nach Sturmwellenläufern auf Shetland ein Ritual im Sommer ist, dann ist es im Winter die Suche nach Meerstrandläufern. Auf den ersten Blick wirkt ein Meerstrandläufer eher unspektakulär. Nicht zu vergleichen mit deutlich charismatischeren Überwinterungsgästen wie den Eistauchern, die das Wasser so robust durchpflügen wie ein Boot mit breitem Rumpf, oder den Eisenten mit ihrem langen Schwanz und ihrem prächtigen Gefieder, das sie wie kleine Dandys wirken lässt. Meerstrandläufer sind klein und plump, ihr Schnabel weist leicht nach unten – und zumindest auf mich wirken sie immer ein bisschen griesgrämig. Doch sie sind außergewöhnlich, weil sie bei schlimmstem Wetter die felsigen Ränder unserer Inseln bewohnen, von schäumender Brandung umspülte Klippen, von denen man nicht glauben mag, dass ein Küstenvogel dort Nahrung findet. An unserem Hausstrand sehe ich sie nie, im weichen Schlamm, den die Ebbe zurückgelassen hat, sind nur Brachvögel und Rotschenkel auf Futtersuche. Um Meerstrandläufer zu finden, muss ich Orte aufsuchen, deren Felsen vom Meer zerfurcht sind, karge Küsten, die der vollen Wucht des Ozeans ausgesetzt sind.

Auch wenn Meerstrandläufer hier als Symbol des Winters gelten, liegt Shetland aus ihrer Sicht eigentlich im warmen Süden. Für mich ist es fast unvorstellbar, dass sie auch im arktischen Norwegen überwintern, wo sie zwei Monate lang in der Dunkelheit nach Futter suchen müssen. Ich frage mich, ob ich in der Lage wäre, so viele dunkle Stunden auszuhalten, und wie mein Körper und meine Psyche auf die intensive Kälte im hohen Norden reagieren würden. Würden sich meine Grenzen auflösen oder verfestigen?

Das Wintergefieder des Meerstrandläufers ist dunkelgrau mit malvenfarbenen Sprenkeln; die Farbgebung erinnert an das verblassende Licht bei Einbruch der Dämmerung. Als ich den jungen Orca mit seiner Mutter sah, war die Sonne gerade untergegangen, ich war weit gewandert und hatte keine Meerstrandläufer gesehen. Ich hatte eine Eisfläche falsch eingeschätzt und war bis zu den Oberschenkeln in einem sumpfigen Wasserloch eingesunken. Die nasse Haut an meinen Beinen brannte vor Kälte. Doch die Wanderung war auch unabhängig von meiner Enttäuschung und den körperlichen Strapazen seltsam. Der Ort hatte etwas Beunruhigendes. Ich blickte immer wieder über die Schulter nach hinten.

Auf dem Rückweg zum Auto blieb ich ein letztes Mal stehen, um aufs Meer zu schauen, bevor ich die hohen Klippen verließ. Es war fast Vollmond, die Landschaft lag im Dämmerlicht, doch weit draußen im Westen glühte das Meer noch im letzten Licht. Ganz plötzlich flogen Vögel vom Meer auf und bildeten einen chaotischen, panischen Schwarm. Die meisten waren Krähenscharben, die kleineren Verwandten des Kormorans, der Rest Möwen. Einige landeten auf den nadelspitzen Schären. In der Dämmerung hätte man meinen können, die Felsen würden sich aufrichten und durch die Vögel zum Leben erwachen. Ich brauchte eine Weile, bis mir die Rückenflossen auffielen: eine kleine Gruppe Orcas, die rasch Richtung Süden schwammen. Ein Weibchen hatte ein Junges bei sich, das sich dicht an ihrer Seite hielt. Vollkommen synchron tauchten sie auf und wieder ein. Viel weiter draußen zog die hoch aufragende Rückenflosse eines Männchens einen engen Kreis um einen Felsen im Meer.

Was ich damals noch nicht wusste: Der Felsen hatte nicht nur einen Namen, mit ihm verband sich auch eine Geschichte. Mein Nachbar John Anderson – der mich in seinem Boot, der *Mary Ann*, hinaus zu den Vee Skerries mitgenommen hatte – erzählte mir als Erster vom Black Stane. John zeigte auf einen winzigen Punkt auf der Landkarte. Eine Frau, die man für eine Hexe hielt, sei auf dem Black Stane ausgesetzt worden, erklärte er. Wenn sie es geschafft hatte, die Nacht zu überleben, war dies ein Beweis für ihre Schuld.

Er fuhr mit dem Finger über die hellblaue Wasserfläche auf der Karte zur Insel Vementry. An diesem kleinen Strand hätte ihr Leichnam angespült werden müssen.

Ich suche in den wichtigsten Büchern über schottische Folklore nach der Geschichte, doch ohne Erfolg. Auch Mark Smith, ein Archivar im Shetland Museum and Archives, sucht für mich, doch er findet ebenfalls keinen Hinweis auf die Frau oder den Black Stane. Trotzdem sei es möglich, dass die Geschichte ein Körnchen Wahrheit enthält, erklärt mir Mark. Urteile wie dieses wurden in Gebieten, die weitab von administrativen Zentren lagen, bisweilen eigenmächtig vollstreckt. Er drängt mich, vor Ort weiter nachzuforschen, was ich auch mache. Manche haben von der Geschichte noch nie gehört, andere nicken, erzählen mir dann aber eine andere Version. Bei einer handelt es sich um glatten Mord: Eine Frau wurde auf dem Felsen ausgesetzt, damit sie starb. Ich erfahre weiterhin, dass der Black Stane angeblich bei Vollmond glüht, und ich frage mich, ob ich nicht ein bisschen veräppelt werde – aber egal, ich habe ohnehin nicht den Mut, nachts an der Küste von West Burrafirth entlangzugehen. Mir ist es am Tag schon unheimlich genug.

Die Geschichte, auch wenn ich davon nur Bruchstücke kenne, beschäftigt mich sehr. Ich habe zwei außergewöhnlich lebhafte Träume. Den ersten, als ich allein auf Reisen bin und auf der Insel Papa Stour übernachte. Die Tür des Hauses lässt sich nicht abschließen, und ich weiß, dass ich nicht gut schlafen werde. Ich träume von dem Zimmer, in dem ich schlafe. Ein Mann steht über mir und umfasst mit den Händen meinen Hals. Ich weiß, dass er mich erwürgen will. Die intensive Angst, die ich im Traum empfinde, bleibt sogar noch nach dem Aufwachen. Der zweite Traum wirkt so real wie der erste, ist aber seltsam tröstlich. Ich sehe mir selbst beim Schlafen in meinem eigenen Bett zu. Eine Frau steht hinter mir. Ich kann ihr Gesicht nicht erkennen. Sie beugt sich vor und berührt meine Wirbelsäule, taucht mit den Fingern durch meine Haut, zieht das Fleisch an meinem Rücken auseinander und steigt hinein.

Bei einem Besuch in den Archiven der School of Scottish Studies in Edinburgh, einer Oase der Ruhe und Gelehrsamkeit, lese ich 2017 die Aufzeichnungen von Alan Bruford, ehemals leitender Archivar der Schule. Mitte der Siebzigerjahre reiste Dr. Bruford auf die Orkney- und Shetland-Inseln, um volkstümliche Erzählungen und Überlieferungen zu sammeln. Eigentlich suche ich in seinen Unterlagen nach Hinweisen auf Treibsamen-Amulette. Es lässt mir immer noch keine Ruhe, dass ich bisher keinen Beleg dafür ausgraben konnte, dass Seebohnen oder andere Treibsamen auf Shetland als Schutzzauber verwendet wurden. Wenn ich ein Archiv betrete, verspüre ich eine ähnlich freudige Erwartung wie bei der Strandgutsuche nach einem Sturm. Draußen in der Stadt ist es bitterkalt. Ich bin froh, im Warmen zu sitzen. Es ist ein schönes Gefühl, sich in einem hell erleuchteten Raum aufzuhalten, in dem so viele Bücher die Kälte fernhalten.

In diesen Archiven ist etwas zu spüren, kein Summen oder Vibrieren, sondern mehr so eine Art Glimmen, das davon herrührt, dass dieser Ort sich der Aufgabe verschrieben hat, Geschichten am Leben zu halten. Louise und Fiona, die beiden Archivarinnen, kümmern sich sehr nett um die Besucher. Louise stammt von Shetland und steht mir zur Seite, wenn ich Shaetlan lesen muss. Sie ist jünger als ich und trägt eine wunderschöne Wolljacke, die sie selbst gestrickt hat. Ich fühle mich in ihrer Gegenwart sofort wohl. Fiona wirkt genauso sympathisch; sie hört sich meine Ausführungen über Treibsamen aufmerksam an und nickt. Da sie von der Westküste Schottlands stammt, ist ihr das Brauchtum im Zusammenhang mit Treibsamen bekannt, doch sie muss sich um Maggie kümmern, die Ortsnamen und Flurbezeichnungen auf ihrer Heimatinsel Lewis erforscht. Sie unterhalten sich auf Gälisch. Das Archiv ist ein gastlicher, freundlicher Ort, an dem sich Inselbewohner und -bewohnerinnen nicht erklären müssen.

Ich mache mir mit dem Bleistift Notizen, doch meine steifen Finger sind nicht sehr kooperativ, daher komme ich nur langsam voran. Ich schreibe ein Rezept von den Orkneys für »Rheumatiker« ab, das Dr. Bruford von einem gewissen James Henderson von der Doppelinsel South Ronaldsay und Burray erfahren hat:

Man reibe Gänseschmalz, das im Magen eines Dornhais aufbewahrt wurde, auf die betroffenen Stellen.
Man bade die Gelenke in erhitztem Meerwasser, das »craa tang« enthält.

Wenn ich wieder daheim bin, werde ich am Strand unterhalb unseres Hauses nach *craa tang* oder »Krähentang« suchen. Er soll gelblich sein, mit einem einzelnen Stängel, von dem dichte Zweige abgehen; es dürfte nicht so schwierig sein, herauszufinden, um welche Art es sich handelt.

Fast fünfzig Jahre sind vergangen, seit Dr. Bruford auf Shetland unterwegs war. In dieser Zeit hat sich so viel verändert. Liza Tulloch von der Insel Yell erinnert sich, dass ihre Mutter Starensuppe zubereitete. Sie gab zwei oder drei Vögel in den Topf, damit ein bisschen Fleisch in der Suppe war. Heute füttere ich die Stare in meinem Garten mit Vogelfutter, das ich im Landhandel in Lerwick kaufe. Doch als ich die Rezepte zur Behandlung von Arthritis lese, fühlt sich der Abstand zu dieser Zeit nicht mehr so groß an. Ich werde den Seetang ausprobieren, und wenn ich in einer Zeit gelebt hätte, in der Schmerzmittel noch nicht so leicht verfügbar waren, hätte ich vermutlich auch die Dornhai-Gänseschmalz-Salbe getestet.

Die Medikamente, die ich am Morgen vor dem Aufbruch ins Archiv eingenommen habe, wirken nicht, stattdessen ist mir übel. Noch habe ich die Rheumatologin, die mir helfen wird, meine Krankheit in den Griff zu bekommen, nicht kennengelernt. Mir ist schwindlig und ich habe Probleme, mich zu konzentrieren. Die Schmerzen in meinen Fingern lenken mich ab. Werden sie stärker, muss ich aufhören, mir Notizen zu machen. Ich lese Liza und Tom Tullochs Erklärung für das Wort *snorr*, das den Stand der Gezeiten beschreibt, wenn man nicht weiß, ob Ebbe oder Flut ist. Ich lese weiter und bin schließlich so vertieft, dass ich es gar nicht merke, als die Schmerzen nachlassen.

In Brufords Aufzeichnungen finden sich immer wieder kurze Verweise auf Brauchtum in Zusammenhang mit den Gezeiten. Ich füge sie den Geschichten hinzu, die mir bereits im Kopf herumschwirren. *Dockens*, wie man den Ampfer auf Shetland nennt, muss bei Flut aus dem Boden gezogen werden, und Pflügen sollte man nicht bei ablaufendem Wasser. Sahne lässt sich bei Flut besser zu Butter stampfen. Wenn jemand bei Ebbe stirbt, ist das kein gutes Omen für die Familie, tritt der Tod jedoch bei einströmendem Wasser ein, verheißt das etwas Gutes.

Ich kann nachvollziehen, dass man die Kraft der Flut nutzen will oder dass die Flut gute Energie bringt und die Ebbe etwas abzieht. Trotzdem ist mir bei Ebbe wohler als bei Flut. Im Winter kann man bei kaltem Wetter manchmal beobachten, wie sich das Wasser bei Ebbe aus dem Meeresarm zurückzieht und dünne Eisplatten in den offenen *voe* trägt. Die Flut ist aus der Ferne schwieriger zu erkennen.

Bei einer Springtide nach einem Voll- oder Neumond lässt sich das Meer mitunter nicht einmal vom Land aufhalten. Es kriecht über die niedrigen Böschungen und beginnt, Wiesen und Felder zu verschlingen. An solchen Tagen bin ich unruhig; es gibt keine Küste mehr, nur Land und Meer. Ich bleibe wachsam, um mich zu vergewissern, dass die Tide auch wieder die Richtung wechselt und abfließt. Die Ebbe kann den Meeresarm so weit entwässern, dass man ihn zu Fuß durchqueren kann. Man sieht dann die astähnlichen Enden der Röhren des Bäumchenröhrenwurms aus dem Sand ragen. Kleine Wasserfontänen spritzen nach oben, wenn sich *spoots*, Scheidenmuscheln, bei der Begegnung mit Menschen tiefer in den Schlick graben. Es ist ein Geschenk, während einer solchen Spoot-Ebbe über den Meeresboden zu gehen, aber gleichzeitig auch eine Art Grenzüberschreitung.

HEXEN

In den überlieferten Erzählungen von Orkney und Shetland wird das Gebiet, das bei Ebbe freiliegt, manchmal als Bereich des Teufels beschrieben. Dort kann man einen Pakt mit dem Teufel eingehen – etwa den eigenen Körper im Tausch gegen Wissen anbieten. Es gibt Anleitungen dafür, hier ein Beispiel:

Geh um Mitternacht auf das von der Ebbe
freigelegte Gebiet.
Drehe dich dreimal um dich selbst, und zwar
widdergaets, gegen den Lauf der Sonne.
Lege dich auf den Rücken genau in der Mitte zwischen
dem Wasserstand bei Hochwasser und bei Niedrigwasser,
der Kopf muss nach Süden zeigen.
Suche sieben Steine, von denen zwei flach sein müssen.
Lege je einen Stein neben die ausgestreckten Hände
und Füße und einen neben den Kopf.
Lege die flachen Steine auf das Herz und die Brust.
Schließe die Augen und rezitiere die Anrufung, die du
auswendig gelernt hast und die mit den Worten beginnt:
»O, Mester King o' a' that's ill …«
Biete dich, mit Haut und Haaren, dem Teufel dar.
Bleib eine Weile still liegen.
Stehe über die linke Seite auf und wirf jeden Stein,
einen nach dem anderen, ins Meer und rufe dabei
Verwünschungen.

Ich habe in meinen eigenen Worten ein Ritual und eine Anrufung wiedergegeben, die zu Beginn des 19. Jahrhunderts von

DIE STRANDSAMMLERIN

Walter Traill Dennison, einem Volkskundler von den Orkneys, aufgezeichnet worden sind. Er hatte sie von einer alten Frau von der Insel Sanday, deren Großmutter eine bekannte Hexe gewesen sein soll. Ernest Marwick, ebenfalls ein Volkskundler von den Orkneys, der 1977 starb, hegte allerdings Zweifel am Wortlaut von Traill Dennisons Anrufung und vermutete, dass sie »überarbeitet« worden sei. Marwick beschrieb eine deutlich kürzere Version aus Shetland, die aufgrund ihrer Knappheit glaubhafter wirkt:

*Lege dich bei Nacht in das von der Ebbe
zurückgelassene Gebiet.
Lege eine Hand auf den Kopf und eine Hand an
deine Fußsohlen.
Sag drei- oder neunmal folgende Worte: »Nimm alles,
was zwischen meinen Händen ist.«*

Ich würde mich das niemals trauen.

Wenn die Verwendung von Treibsamen als Amulett im altnordischen Raum bis in vorchristliche Zeiten zurückverfolgt werden kann, verweist dieses Ritual vielleicht darauf, dass die Anrufung übernatürlicher Kräfte während der Ebbe ebenfalls eine längere Geschichte hat. Wie Marwick erklärte, kam der Teufel nur in Schilderungen ritueller Praktiken vor, wenn die Verhörten, meist Frauen, unter Folter gezwungen wurden, seine Präsenz zu gestehen.

Als Jakob Jakobsen Ende des 19. Jahrhunderts auf die Shetland-Inseln kam, notierte er, dass die Fischer in Lunnasting die

HEXEN

Midder o' de Sea, die Mutter der See, baten, sie vor dem Teufel zu behüten. Marwick beschrieb die turbulente Beziehung zwischen der *Mutter der See* und ihrem Widersacher Teran. Die *Mutter der See* regierte in den Sommermonaten. Unter ihrer Herrschaft war das Meer ruhig und es gab reichlich Fische, doch wenn der Herbst kam, stellte Teran ihre Herrschaft infrage, und die beiden rangen in wilden Kämpfen miteinander, bei denen sich gewaltige Stürme erhoben.

Aus diesen Herbstgefechten ging Teran stets als Sieger hervor, weil die *Mutter der See* von ihrer Herrschaft während des Sommers erschöpft war. Der Winter unter der Herrschaft von Teran war wild und fürchterlich. Doch im Frühjahr kehrte die *Mutter der See* mit neuer Kraft zurück und übernahm wieder die Macht. Die heftigen Kämpfe bei diesen Auseinandersetzungen erklären die Stürme der Frühlings-Tagundnachtgleiche. Den Sommer über lag Teran mit Seilen gefesselt am Meeresgrund. Jetzt, wenn die Stürme der Herbst-Tagundnachtgleiche auf sich warten lassen oder gar nicht kommen, stelle ich mir vor, wie ich nach Teran suche und seine Fesseln löse. Aber dann gibt es im Winter auch Zeiten, in denen ich ihn gerne wieder festbinden würde.

In der behaglichen Wärme des Archivs lese ich Auszüge aus Interviews, in denen von Hexen die Rede ist. Ich überfliege die Aufzeichnungen auf der Suche nach Hinweisen auf Amulette, finde aber keine. Mrs Stickle von der Insel Unst erinnert sich, wie die *sixareen* ihres Onkels, ein Holzboot nach altnordischem Vorbild, das für die Hochseefischerei verwendet wurde, einen Tag und eine Nacht lang durch einen »widrigen Wind« davon abgehalten wurde, an Land zu gelangen. Manche Leute glaubten, dass dieser Wind von einer »berüchtigten lokalen Hexe« heraufbeschworen worden sei.

Mrs Lizzie Priest und Mrs Jaikie Mouat, zwei Schwestern von der Insel Unst, berichten, dass ihr Vater den Kapitän einer *sixareen* gekannt habe, der behauptete, die Frau eines Nachbarn habe »ihn verhext, sodass er an einem schönen, milden Tag von schlechtem Wetter heimgesucht wurde, das kein anderes Boot traf«. Der Kapitän nahm die Frau in der Nähe der Mastspitze wahr. Ein Mitglied seiner Besatzung bestätigte, dass das Wetter schlecht gewesen sei, er habe jedoch nur eine Dreizehenmöwe auf dem Mast gesehen.

Als das Archiv am Abend schließt, habe ich keinen Hinweis auf Seebohnen im Volksglauben der Bewohner von Orkney oder Shetland gefunden. Doch bevor ich gehe, erzähle ich Louise noch von der Frau, die auf dem Black Stane ausgesetzt wurde. Sie schlägt vor, dass ich die Online-Datenbank zu schottischen Hexenprozessen durchsuchen könnte. Ich notiere mir den Tipp, muss dann aber schnell zum Flughafen und vergesse die Notiz. Nach der Ruhe im Archiv brauche ich ein bisschen, bis ich mich im Lärm und Trubel der Stadt wieder zurechtfinde.

Monate später, an einem warmen Junitag, muss ich plötzlich wieder an den Black Stane denken, während ich im Auto auf die Fähre zur Insel Whalsay warte. Aus irgendeinem Grund fällt mir Louises Vorschlag wieder ein. Ich schalte mein Tablet ein, gehe ins Internet und rufe die Online-Datenbank zu den schottischen

Hexenprozessen auf. Die Fähre ist bereits in Sicht, aber noch weit genug entfernt. Zu Shetland gibt es in der Datenbank mehrere Einträge. Als die Fähre anlegt, scrolle ich gerade durch die Liste der hingerichteten Frauen. Während die Fahrzeuge und Passagiere an Land strömen, stoße ich auf einen Eintrag über eine Frau namens Katherine Jonesdochter. Sie wurde 1616 hingerichtet. In der Beweisschrift lese ich den Begriff *sey nutte*. Es dauert eine Weile, bis ich begreife, dass es sich um einen Treibsamen handeln muss. Ein Mitarbeiter winkt dem ersten Auto in der Schlange; wir dürfen auf die Fähre. Ich starte den Motor und fahre an Bord. Als die Fähre ablegt, ist die Internetverbindung dahin. Auf Whalsay wandere ich unter einem blauen Sommerhimmel über die Klippen, kann aber an nichts anderes denken als an Katherine Jonesdochter und ihre »Seenuss«.

∞

In der Bibliothek leihe ich das *Court Book of Scotland, 1615–1629* aus, Gerichtsakten in einer modernen Ausgabe. Katherine wurde im Oktober 1616 auf Scalloway Castle der Prozess gemacht. Am gleichen Tag wurden noch zwei weitere Frauen wegen Hexerei verurteilt, Jonet Dynneis und Barbara Thomasdochter (auch bekannt als Barbara Scord).

Der Gerichtsschreiber hielt fest, dass Katherine bereits als junges Mädchen über vierzig Jahre zuvor dem Teufel beigelegen habe. Beim Prozess war sie nicht viel älter als ich, doch falls sie Kinder gehabt hat, werden sie nicht erwähnt. Der Schreiber bekräftigt, dass sie den Teufel jedes Jahr getroffen habe, vor allem an *Hallowevin* und am *Holy Crosday*:

DIE STRANDSAMMLERIN

*Und als er ihr das letzte Mal beiwohnte, hinterließ
er ihr ein Mal am privatesten Körperteil und ließ eine
Seenuss bei ihr und einen »cleik«, mit dem sie alles
tun konnte, was sie wünschte ...*

Ein *cleik* ist ein starker Haken, an dem man etwa einen großen Kessel übers Feuer hängen konnte.

Der Text über den Prozess liest sich wie ein Geständnis, allerdings ist unklar, wie dieses zustande kam – ob unter der Folter oder nicht. Gab sie zu, Sex mit dem Teufel gehabt zu haben, der ein Mal an ihren Genitalien hinterließ, oder wurde sie von den Hexenjägern der schottischen Kirche ausgezogen und ihr Körper von ihnen untersucht? Wie auch immer, der Übergriff und ihre Demütigung sind dokumentiert, sodass wir über 400 Jahre später darüber lesen und diskutieren können.

In den Gerichtsakten werden auch die besonderen Kräfte von Katherines *cleik* und dem Treibsamen beschrieben:

*Der cleik wird verwendet, wenn man den Ertrag der Milch
haben will; dabei muss man die Milch beim Melken durch
den Ring des cleik fließen lassen, und die Nuss, wenn man
sie bei sich trägt, ist dazu gut, vor Gefahr zu schützen ...*

Um den Milchertrag zu steigern, wurde laut Volksglauben ein Amulett oder Ritual genutzt, wodurch die Kuh des Nachbarn keine Milch mehr gab. Dafür lieferte die eigene Kuh dann umso mehr Milch. Katherine wird nicht beschuldigt, den Ertrag der Milch gestohlen zu haben. Stattdessen soll sie die Krankheit ihres

Mannes einem anderen Mann angehext haben, der daraufhin starb. Der Treibsamen und der Haken scheinen in dieser Anklage in keinem besonderen Zusammenhang zu stehen, doch dass Katherine beide Dinge besaß, ist für die Ankläger ein ausreichender Beweis für ihren sündhaften Pakt mit dem Teufel. Sie wurde zum Tode verurteilt und erdrosselt, ihr Leichnam anschließend verbrannt.

Man kann davon ausgehen, dass sich die Nachricht von ihrem Todesurteil schnell herumsprach. Frauen tasteten vermutlich nach dem Treibsamen in ihrer Tasche und fragten sich, ob sie ihn verstecken oder gleich ganz loswerden sollten. Die Amulette, die ihnen und auch schon ihren Müttern beim Kinderkriegen beigestanden hatten, wurden nun zur Gefahr. Vielleicht gab es auch Männer, die ihre Treibsamen von ihren Booten aus ins Wasser warfen und zusahen, wie sie wegtrieben, weil die Angst, zum Tode verurteilt zu werden, nun größer war als die Angst vor dem Ertrinken. Ich muss an Katherines Treibsamen denken. Hatte sie ihn am Strand gefunden, und wenn ja, wo? War es eine Seebohne oder eine andere Art? Wurde er zusammen mit ihrem Leichnam verbrannt?

In den Gerichtsakten lese ich, dass Katherine mit Thomas Kirknes aus Stenhous verheiratet war, einem Ort, der heute Stenness heißt. Ich bin oft auf Strandgutsuche in Stenness, der Strand auf der Halbinsel Eshaness strahlt eine dunkle Anziehungskraft aus. Er liegt zum Atlantik und ist nicht weit von der Stelle entfernt, wo der junge Orca von Winden in Orkanstärke Richtung Land getrieben wurde. Eshaness ist atemberaubend karg, die Klippen am Ende der Halbinsel bestehen aus Lavaschichten und pyroklastischen Sedimenten, Schlacken vulkanischen Ursprungs. Die Scheiben des Leuchtturms, der auf den hohen Klippen steht, haben Sprünge von Felsen, die das Meer gegen die Fenster geschleudert hat, und etwas weiter nördlich, beim Grind of the Navir, haben Sturmwellen Felsplatten abgerissen und an Land gespült, wo sie einen unglaublichen Sturmstrand gebildet haben. Als ich die Klippen aus schwarzem Gestein zum ersten Mal sah, erkannte ich in ihnen die Felsen aus meinen Träumen, die mich in den Wochen vor unserem Umzug nach Shetland wiederholt heimgesucht hatten. Und noch heute wirkt Eshaness auf mich unheimlich.

Wie bei den Klippen von West Burrafirth, wo ich den Orca-Bullen am Black Stane vorbeischwimmen sah, spürt man auch in Stenness die Geschichten, bevor man sie kennt. Das Strandgutsammeln kommt mir hier besonders intensiv vor, weil das Meer einen Großteil des Bodens abgetragen hat, sodass das schwarze Vulkangestein freiliegt. Wenn sich Stürme über dem Atlantik zusammenbrauen, brechen die Wellen über die vorgelagerten Inseln und Felsen herein, und der Wind treibt die Gischt in gewundenen Fontänen hoch in die Luft. Ganze Landzungen werden von der Brandung verschlungen. Hier kann man sich gut das Ende der Welt vorstellen. Im Winter gehe ich dorthin, um Meerstrandläufer zu beobachten, die in Reichweite der Wellen nach Futter suchen und erst in allerletzter Sekunde fliehen, bevor die Brandung sie erwischt. Ich bin dort immer sehr konzentriert; das Gefühl der Verwundbarkeit schärft meine Wahrnehmung, zudem erinnere ich mich besser an das, was ich gefunden habe. Doch ich gehe dort nur zum Strandgutsammeln, wenn ich mich stark genug fühle.

HEXEN

Im Sommer, wenn die Meerstrandläufer in der arktischen Tundra brüten und Teran gefesselt am Meeresgrund liegt, geht es an den Stränden von Stenness ruhiger zu, wenn auch nur ein kleines bisschen. Sandregenpfeifer locken Eindringlinge von ihrem Nest weg, indem sie so tun, als hätten sie sich den Flügel gebrochen, den sie nun beim Weghüpfen über den Sturmstrand mit seinen zerschmetterten Felsen kläglich hängen lassen. Helle Napfschneckenschalen liegen kreisförmig verstreut um die niedrigen Muldenränder der Austernfischernester. Knochen und Treibholz bleichen zwischen großen Felsbrocken in der Sonne vor sich hin. Ich kann mir Katherine hier im Sommer vorstellen, wie sie stehen bleibt und die weißen Glöckchen des Klippen-Leimkrauts betrachtet, die im Wind zittern. Ich stelle sie mir auch im Winter vor, wie der Wind an ihren Haaren zerrt, wenn sie sich beim Sammeln von *neverspel* und Treibholz bückt, die Hände rot und klamm von der Kälte.

In den Gerichtsakten heißt es, Katherine habe »gestanden«:

> *… sie habe gesehen, wie Trolle im kirkyard (Kirchhof) der Hildiswick und Holiecross Kirk von Eschenes getanzt hätten, fürderhin habe sie jene auf dem Hügel, genannt Grienfaill, zu vielen verschiedenen Zeiten gesehen, sie seien zu jedem Haus gekommen, wo es Festmahle gab oder voll Fröhlichkeit gefeiert wurde, vor allem an Yule …*

Die Holy Cross Kirk von Eshaness liegt nicht weit von Stenness entfernt und wurde 1660 von einem übereifrigen Pfarrer namens

DIE STRANDSAMMLERIN

Hercules Sinclair abgerissen, um abergläubische Praktiken auszumerzen.

Die Kirche war (und ist es vielleicht auch heute noch) eine der vier bekannten *aamos kirks* von Shetland. In die Mauerspalten einer *aamos kirk* wurden Opfergaben gesteckt, um jemanden vor Schaden zu bewahren oder Krankheiten oder Verletzungen zu heilen. Gefunden wurden die Opfergaben beim Abriss der Holy Cross Kirk, unter ihnen befanden sich silberne Gegenstände in Form eines Kopfs oder Körperteils sowie ein kleines Bronzepferdchen, ein Gewicht aus dem 14. Jahrhundert aus Norwegen. Das Pferdchen mit dem schön gebeugten Kopf weckt in mir den Wunsch, zu erfahren, was sich der Bittsteller erhoffte, als er es in die Mauerritze der Kirche steckte. Eine sichere Überfahrt nach Norwegen vielleicht, mitten im Winter? Ich muss an die Holzperlen denken, die ich um den Schaltknüppel meines Autos geschlungen hatte, als ich noch jeden Tag auf verkehrsreichen Straßen zur Arbeit fahren musste und in der Hoffnung auf eine unfallfreie Fahrt an den Perlen rieb.

Auf Shetland gibt es immer noch die Praxis und auch die Formulierung »*laying on an aamos*« (»ein *aamos* in Aussicht stellen«). Jenny Murray, Kuratorin am Shetland Museum and Archives, hat sich intensiv damit beschäftigt. Ihre Texte sind sehr detailreich, was nicht zuletzt daran liegt, dass sie selbst hin und wieder ein *aamos* verteilt. Das funktioniert so: Eine Freundin, nennen wir sie Inga, bewirbt sich um eine Stelle, die sie sehr gerne hätte. Ich möchte sie unterstützen, daher stelle ich ein *aamos* für einen anderen Freund in Aussicht, für Magnus. Wenn Inga den Job bekommt, muss ich Magnus etwas schenken. Allerdings darf ich keinem der beiden und auch niemand anderem von dem *aamos* erzählen. Wenn ich mich nicht an meinen Teil der Abmachung halte und Magnus sein Geschenk vorenthalte, kann ich nie wieder ein *aamos* nutzen, weil sich der Wunsch nicht erfüllen würde.

Im Prozess gegen Katherine Jonesdochter hätten ihr gute Wünsche nicht weitergeholfen. In den Shetland Archives vertiefe ich mich in ein Buch mit dem Titel *Witches of the North: Scotland and Finnmark* von der norwegischen Historikerin Liv Helene Willumsen. Als ich Willumsens Analyse des Hexenprozesses gegen eine weitere Frau von Shetland lese, Marion Pardoun, verstehe ich besser, was Katherine durchstehen musste.

Marion Pardoun lebte in Hillswick, wo Katherine *trows* im Kirchhof beim Tanz gesehen haben soll. In Hillswick mit seinem Strand aus feinem Kies habe ich gelernt, wie man Schweins- und Grindwale nach einer Lebendstrandung wieder ins Meer zurückschiebt. Marion wurde beschuldigt, sich in einen Wal zu verwandeln, um Männer zu ertränken. Bei ihrem Prozess 1644 war sie neununddreißig Jahre alt und verheiratet und stand in dem Ruf, »sich mit Hexerei und Heilkunst« auszukennen. Als Katherine Jonesdochter 1616 hingerichtet wurde, war sie noch ein Mädchen. Die beiden lebten im selben Teil von Shetland, womöglich kannten sie sich sogar. Der Schrecken der Hinrichtungen von 1616 muss sich durch Marions Kindheit gezogen haben.

Am 15. März 1644 unterzeichneten mehrere Amtsträger der Church of Scotland eine Anklageschrift gegen Marion, laut der sie in fünfzehn Fällen Leuten Krankheiten angehext oder beim

DIE STRANDSAMMLERIN

Vieh Seuchen und Todesfälle verursacht haben soll. Zu dem Zeitpunkt wurde ihr noch nicht vorgeworfen, auch Menschen getötet zu haben. Doch dann wurde sie gefoltert, bis sie, wie Willumsen erklärt, »völlig von Sinnen« war. Marion, so heißt es, habe ihren Geist in einen Schweinswal gekleidet und in dieser Gestalt ein Boot mit vier Männern zum Kentern gebracht, woraufhin alle ertrunken seien. Das Boot soll sich in Küstennähe befunden haben, weit weg von allen Gefahren, und auch das Wetter sei schön gewesen. Ob nun ein Wal das Boot umgeworfen hatte oder nicht, die Bootstragödie wurde zu Marions persönlicher Tragödie: Sie wurde zum Tode verurteilt und wie Katherine erdrosselt; der Leichnam wurde verbrannt. Willumsen liefert eine überzeugende Analyse des Prozesses:

Die Stimme des Schreibers tritt insbesondere aufgrund der sich wiederholenden dämonologischen Phrasen im Text hervor. Die Vorstellung, dass Marion Pardoun Zauberei ausgeübt habe, die in Verbindung mit dem Teufel steht, wodurch sie sich von Gott und dem christlichen Glauben abkehrte, wird ihr von den Männern übergestülpt, die sie verhörten; das geht eindeutig aus dem Dokument hervor. Es wird das Bild einer gefallenen Frau heraufbeschworen, die verurteilt werden muss, weil sie eine Feindin Gottes ist und sich dem Teufel hingegeben hat. Die Argumente für ihre Verurteilung kommen von den Hexenjägern. Sie interpretieren ihre Taten so, als hätte sie sich auf einen Pakt mit dem Teufel eingelassen – und urteilen entsprechend.

HEXEN

Wie Katherine hatte auch Marion nie eine Chance.

Dr. Willumsen listet alle Personen auf Shetland auf, deren Hinrichtung aufgrund von Hexerei in Quellen belegt ist. Es sind ausnahmslos Frauen:

Jonet Dynneis (1616)
Barbara Scord (1616)
Katherine Jonesdochter (1616)
Juenit Fraser (1644)
Marion Pardoun (1644)
Helen Stewart (1675)

Ich frage mich, wie viele Frauen getötet wurden, ohne dass man davon weiß. Die Geschichte vom Black Stane wirkt nach der Lektüre von Willumsens Buch umso plausibler. Auf Shetland waren die meisten Angeklagten in Hexenprozessen weiblich.

Das gilt auch für die Finnmark im äußersten Norden Norwegens, wo viele Menschen wegen Hexerei hingerichtet wurden, auch wenn Willumsen berichtet, dass die Männer der Sami häufiger angeklagt wurden als die Frauen, weil die christlichen Missionare als Männer kaum Zugang zu den Frauen der Gemeinschaft hatten.

Willumsen war maßgeblich an der Errichtung des Steilneset Memorial beteiligt, das sich auf der kleinen Insel Vardøya befindet, wo die meisten Hinrichtungen der Finnmark stattfanden. Über die Kunstinstallation des Mahnmals, einen von der französisch-US-amerikanischen Bildhauerin Louise Bourgeois entworfenen symbolischen Scheiterhaufen, schreibt Willumsen, er bringe »Leid und Emotionen auf eine starke, wilde Art« zum Ausdruck. Vardøya wird als Ort bezeichnet, wo man gut Meerstrandläufer beobachten kann. Ich würde das Mahnmal gern einmal besuchen, vielleicht im Winter, und vielleicht werden dann Meerstrandläufer bei Flut am Strand ausruhen, reglos und dunkel vor dem weißen Eis.

An einem milden Wintertag im November 2020 parke ich das Auto unter den hohen Bergahorn-Bäumen an der Hillside Road in Scalloway und klettere über den Zauntritt, der den Übergang vom Stadtrand zu den Hängen des Berry Hill markiert, dem Galgenberg, auf dem Katherine erdrosselt und verbrannt wurde. Ich komme an dem steilen Hang nur sehr langsam voran, ich verbringe mehr Zeit mit Pausen als mit Wandern. Falls mich jemand beobachtet, muss das sehr seltsam aussehen. Mein Körper hat immer noch mit den Folgen eines Corona-induzierten Entzündungsschubs zu kämpfen, und die Rheumakliniken sind vorübergehend geschlossen. Es fällt mir schwer, die Rückkehr der täglichen Schmerzen und die Erschöpfung zu akzeptieren. Mühsam gehe ich den Hügel hinauf, ich schleppe den Stress und Ballast des vergangenen Jahres mit. Die Pandemie hat einen tief verwurzelten strukturellen Rassismus offengelegt. Das Ausmaß der häuslichen und sexuellen Gewalt gegen Frauen ist sprunghaft angestiegen. Kinder, die durch die Sparmaßnahmen der Regierung und Kommunen ohnehin schon stark benachteiligt wurden, sind nun noch mehr beeinträchtigt. Die Diskriminierung von Behinderten hat einen abstoßenden Höchststand erreicht.

Doch es gibt auch kleine Hoffnungsschimmer. Im Juni nahmen über 2000 Menschen aus Shetland an einer Black-Lives-Matter-Demonstration teil, die von einer Gruppe Frauen organisiert worden war. Bei den Winterfeuerfesten wurde Blackfacing von allen Organisationen verboten – was weitgehend einer engagierten jungen Frau namens Ellie Ratter zu verdanken ist. Und im August organisierte Rhea Isbister, eine junge Aktivistin, die für Shetland Rape Crisis arbeitet, die Social-Media-Kampagne #WisToo, um das Schweigen im Zusammenhang mit sexualisierter Gewalt auf den Inseln zu brechen. Außerdem fand im Juli 2022 das allererste Shetland-Pride-Festival statt. In der Zeitung lese ich einen Artikel darüber, dass die Entbindungsstation des örtlichen Krankenhauses daran arbeitet, die Betreuung von Frauen nach Fehlgeburten zu verbessern. Shetland verändert sich, und zwar in eine positive Richtung.

Und ich kann mit Stolz sagen, dass ich ein kleines bisschen dazu beigetragen habe. 2018 engagierte ich mich zusammen mit anderen dafür, dass Frauen und Mädchen nicht länger vom größten Feuer-Festival ausgeschlossen sind, dem Up Helly Aa in Lerwick. Das war anstrengend, doch am Ende hatte unser hartnäckiger gemeinsamer Einsatz Erfolg: Im Juni 2022 hoben die Organisatoren das Teilnahmeverbot für Frauen und Mädchen auf.

Wenn man sich als Teil einer Inselgemeinschaft für ein feministisches Thema einsetzt, rückt man zwangsläufig ins Rampenlicht. Wenn es zu Konflikten kommt, was sich ja nicht vermeiden lässt, sitzt man auf der Insel fest und kann sich nicht so leicht aus der Affäre ziehen. Wenn ich definieren müsste, welche Eigenschaft man für das Inselleben mitbringen sollte, dann ist es meiner Meinung nach die Fähigkeit, einem sozialen Umfeld standzuhalten, das zuweilen starken Druck ausübt. Es erfordert Willensstärke, sich auch dann für Veränderungen einzusetzen, wenn Konsens besteht, sich einzufügen. Es geht darum, in einem räumlich beschränkten Umfeld eine Gemeinschaft aufzubauen, die von Fürsorge und Rücksicht geprägt ist. Das ist harte Arbeit, doch es ist möglich.

Durch mein Engagement lerne ich die vielen Frauen kennen, die sich um die Opfer sexueller und häuslicher Gewalt auf den Inseln kümmern. Ich erfahre, dass sie Seebohnen geschenkt bekommen als Symbol für ihre Stärke und als Anerkennung dafür, dass sie aus einer gewalttätigen Beziehung ausgebrochen sind.

Das berührt mich sehr. Endlich beanspruchen die Frauen von Shetland wieder die Treibsamen für sich, 400 Jahre nach der Hinrichtung von Katherine Jonesdochter. Treibsamen sind auf den Inseln nun ein Symbol für Resilienz gegenüber den Wunden, die das Patriarchat geschlagen hat. Mein Wunsch, selbst eine Seebohne zu finden, ist dadurch noch stärker geworden.

Eine dünne Schicht Schleierwolken verdeckt die Sonne, das Licht ist weich und sanft. Hinter den Dächern kommt das silbrig schimmernde Meer zum Vorschein. Ein Boot tuckert gerade aus dem Hafen. Im Westen liegen die kleinen Inseln Oxna und Papa, umgeben von einem dünnen Ring weißer Brandung. Im Süden verknüpfen Brücken die Inseln Trondra und Burra miteinander und mit Mainland. Die Ruinen von Scalloway Castle, wo das Todesurteil über Katherine gefällt wurde, ragen am Ostrand der Stadt auf. Das alles sieht aus wie immer, doch aufgrund der Pandemie herrscht in den Straßen von Scalloway gespenstische Ruhe.

Oben auf dem Hügel thront ein Sendemast wie ein verrücktes Metallungeheuer über der Stadt. Eine Nebelkrähe fliegt vom Boden auf und landet auf dem Sendemast; es kommt mir vor, als ob sie auf dem erhobenen Arm des Ungeheuers sitzen würde. Drei Brachvögel schwingen sich winterlich heiser krächzend in die Luft. Ein zerrupft aussehender Schwarm Rotdrosseln verschwindet hinter der Hügelkuppe. Es gibt Pläne, hier oben ein schlichtes steinernes Denkmal zu errichten, das an die Opfer der Hexenprozesse erinnern soll. Auf dem Gallow Ha in Kirkwall auf Orkney wurde 2019 bereits ein solches eingeweiht, auf dem die Worte »*They wur cheust folk*« (»Sie waren einfach nur Menschen«) eingemeißelt sind.

Ich suche den Boden in der Nähe des Sendemasts nach der Stelle ab, wo Kaninchen Löcher gegraben und Erde freigelegt haben, die angeblich noch schwarz von der Asche des Scheiterhaufens ist. Ich rechne jedoch nicht damit, tatsächlich etwas zu finden. Der Boden wurde vor einiger Zeit umgepflügt und neu eingesät. In jüngster Zeit wurden hier auch Lagerfeuer angezündet, sie könnten ein Grund für die geschwärzte Erde sein – deutlich wahrscheinlicher als die Überreste von Hexenverbrennungen vor Hunderten von Jahren. Ich gehe auf und ab, finde aber keine verkohlte Erde und bin froh darüber. Ich will ein kleines Andenken zurücklassen. Tief in einer Ecke meiner Tasche finde ich ein Stückchen klares Meerglas, das wie eine Träne geformt ist. Ich habe es an dem Strand gefunden, der den tiefen, dunklen *geos* am nächsten liegt, wo die Kegelrobben an Land kommen und ihre Jungen zur Welt bringen. Ich lege das Glasstück auf den Boden. Ich hoffe immer noch, eines Tages selbst eine Seebohne zu finden, und nun weiß ich, dass ich, falls ich sogar noch eine zweite finden werde, sie nach Stenness bringen und sie dort im Gedenken an Katherine Jonesdochter verstecken werde – vielleicht in einer Felsspalte, in der auch ein Sturmwellenläufer nisten würde.

Epilog

Einige Wochen nach meinem Besuch auf dem Berry Hill veranlasst eine Virusinfektion – ein gemeiner Schnupfen – mein Immunsystem zu einer Überreaktion und löst einen erneuten Rheumaschub aus. Als die Schmerzen nachlassen, setzt die Erschöpfung ein. Ich kann nicht einmal mehr zum Meerglasstrand bei unserem Haus laufen. Termine in einer Rheumaklinik sind seit Beginn der Pandemie nicht mehr möglich. Unser Hausarzt bricht zu neuen Ufern auf, und seine stetig wechselnden Nachfolger bieten keinen echten Ersatz für ihn, der mit seiner engagierten empathischen Art immer für seine Patienten da war. Mein Mann merkt, wie meine Stimmung in den Keller rutscht, und bietet an, mich zu einem Strand namens Sand zu fahren, neben dem man direkt parken kann. Wir warten, bis die Kinder in den Schulbus gestiegen sind, und fahren los. Noch ist die Sonne nicht über den Hügelkamm gekommen, doch der Himmel wird zusehends heller. Ein leichter Wind kräuselt das Meer.

In Sand parken wir unterhalb eines Herrenhauses, für dessen Bau auch Steine von Scalloway Castle verwendet wurden. Das hohe Gebäude mit seinen wenigen Fenstern thront über dem Strand. Auf einer Informationstafel kann man lesen, dass hier 1899 um die siebzig Grindwale abgeschlachtet wurden. Heute, so heißt es weiter, sei hier eine der besten Stellen von Shetland, um Schweinswale zu beobachten.

In der Bucht ist jedoch keine Rückenflosse zu sehen, obwohl der Wind nur schwach weht und die Wellen klein sind. Eine Schar Eisenten schwimmt in Landnähe auf dem Wasser, weiter draußen entdecke ich einen einzelnen Eistaucher. Die Sonne ist schon fast über die niedrige Halbinsel Foraness gestiegen. Auf den Zaunpfählen über dem Strand sitzt jeweils ein Rabe. Sie wachen über den Körper eines toten Mutterschafs, das auf dem Seetang liegt. Bei einem Sturm brach vor Kurzem ein Stück der Uferböschung weg, ein Teil des Zauns stürzte in die Tiefe und liegt nun in einem Durcheinander aus Draht und frischer Erde.

Der Neumond ließ die Flut hoch ansteigen. Gerade hat Ebbe eingesetzt. Der Spülsaum ist noch nass und liegt erhöht auf einem Kieshang. Er wirkt üppig und vielversprechend, der Knotentang hängt voll mit Entenmuscheln und Plastikteilen. Schon nach wenigen Minuten habe ich ein rotes Hummerfallen-Etikett aus Maine gefunden.

Ein Bach fließt über die Kieselsteine hinunter zum Meer. Wir folgen seinem Lauf stromaufwärts und stoßen auf niedrige Erdwälle, die mit Plastikfragmenten übersät sind. Mein Mann ent-

EPILOG

deckt eine winzige blaue Plastikblume, doch dann übertrumpfe ich ihn mit dem Fund einer Spielzeuggurke. Im Sumpfland hinterm Strand schwimmt ein Otter durch eine Wasserrinne, vorbei an einem Floß aus leeren Motorölkanistern.

Zurück am Strand lasse ich den Wirbel eines kleinen Wals zwischen den Kieseln liegen, nehme aber die glänzende Eikapsel eines Fleckenrochens und einige Stücke Meerglas in verschiedenen Kornblumen- und Kobaltblautönen mit. Ich bin mit meinen Funden sehr zufrieden. Die Sonne geht über Foraness auf, und wir bleiben stehen und schauen. Das reicht schon für mich – die Sonne und der Geruch des Meeres, mein Mann neben mir, meine Hand gewärmt von seiner Hand. Meine Melancholie löst sich auf, wie wenn die Sonne auf Nebel trifft und sich der *haar* langsam lichtet.

Es ist kalt, und wir kehren um, Richtung Auto. Aus reiner Gewohnheit werfe ich einen letzten Blick auf den Spülsaum. Und da ist sie, zwischen den Kieseln liegt eine Seebohne, noch nass und golden glänzend im Licht der Morgensonne. Meine Hände zittern ein bisschen, als ich mich hinunterbeuge und sie aufhebe. Ich halte sie hoch über meinen Kopf und drehe mich zum Meer. Ich danke dem Strand und dem Meer. Mein Mann führt einen kleinen Freudentanz auf. Ich muss lachen, als ich ihn so sehe.

Auf der Heimfahrt halte ich die Seebohne in der Hand und spüre, wie sie durch die Wärme meines Blutes langsam wärmer wird. Ich zeige sie den Kindern, als sie von der Schule kommen, und wir schütteln sie nacheinander und lauschen auf das Klappern, das zeigt, dass sie nicht mehr keimfähig ist. Sie würde nicht wachsen, selbst wenn wir sie gut pflegen und an einen warmen Ort stellen würden.

Ich lege meine Seebohne ins Regal, neben das Schulterblatt einer Robbe, einen Papageientaucherschädel, drei Feuerzeuge aus Grönland, eines aus Island und die Eikapsel eines Nagelrochens. Auf dem Brett darunter stehen große Gläser, in denen früher Kaffee war und in denen ich heute meine Strandfunde aufbewahre. Ein Glas für Nólsoy, ein Glas für Sanday, ein Glas für Foula, ein Glas für die Out Skerries und ein Glas für die Vee Skerries. Und dann noch ein ganz besonderer Schatz, ein Glas mit den schönsten Meerglasstücken und Tonscherben, die wir vier zusammen an unserem Heimatstrand gesammelt haben.

In meinem Bücherregal steht ein Gedichtband von Lydia Harris. Die Gedichte darin sind eine Hommage an ihre Heimat, die Orkney-Insel Westray. Das Buch trägt den Titel *Objects for Private Devotion*. Wenn ich von meinem Schreibtisch auf meine Sammlung mit Strandfunden blicke, einige natürlichen Ursprungs, andere aus Plastik, kommt mir häufig diese Formulierung in den Sinn. Manchmal denke ich, dass auch das Strandgutsammeln eine Art Andacht ist – eine Andacht an das Leben und alles, was es bedeuten kann.

Meine Seebohne liegt immer noch im Regal. Sie behält ihre Geheimnisse für sich. Ich werde nie erfahren, wo sie wuchs oder wie lange sie auf ihrer Reise zu den Shetland-Inseln unterwegs war. Zuerst bin ich ein bisschen enttäuscht, dass sie sich nicht sofort wie ein Amulett anfühlt. Es ist nicht so, dass sich etwas spürbar

EPILOG

verändert hätte. Ich spüre keine magische Kraft, wenn ich meine Seebohne in der Hand halte, es gibt auch keinen kleinen Stromschlag; weder Wärme oder Energie strömen durch meine Haut. Doch von Zeit zu Zeit nehme ich meine Seebohne in die Hand, um meine Ängste zu erden oder um Mut zu bitten, wenn meine Nerven mich im Stich lassen. Ich schaue zu ihr und denke an die Worte des verstorbenen Amos Wood, eines Strandgutsammlers von der US-amerikanischen Pazifikküste: »Beim Beachcombing geht es nicht um das, was man findet, sondern um das, was man zu finden hofft.«

Ich bin stets mit der Hoffnung aufgebrochen, eine Seebohne zu finden. Diese Hoffnung brachte mich dazu, bei jedem Wetter hinauszugehen, auch an Tagen, an denen ich nur mühsam vorankam. Ich musste viele Jahre lang suchen, bevor ich meine eigene Seebohne fand, doch in dieser Zeit fand ich wieder zu mir selbst zurück.

Ich schmiede bereits Pläne, an den Strand von West Sandwick mit seinem Glimmersand zurückzukehren, an einem sonnigen Sommertag. Dort werde ich zusammen mit meiner Familie im Meer schwimmen, und wenn ich aus dem Wasser komme, werden meine nassen Glieder golden glänzen.

Dank

Als ich nach Shetland zog, hatte ich keinen Kontakt zu den Inseln oder den dort lebenden Autorinnen und Autoren. Umso dankbarer bin ich für die vielfältige Unterstützung, die ich erhielt. Dadurch ist der Dank sehr lang, aber womöglich trotzdem nicht lang genug. Ich danke allen, die mir geholfen haben. Falls sich irgendwelche Fehler in den Text eingeschlichen haben, gehen sie auf mein Konto.

Mein aufrichtiger Dank richtet sich an Brian Smith, Angus Johnson, Mark Ryan Smith, Jenny Murray und Ian Tait vom Shetland Museum and Archives. Mark Ryan Smith hat meine Arbeit von Anfang an gelesen und unterstützt und war stets bereit, noch mehr zu lesen. Mein Dank geht auch an Jenny Murray, die für mich das Kapitel über Hexerei durchgelesen hat, und natürlich für ihren wundervollen Text, wie man ein *aamos* in Aussicht stellt. Ian Tait bin ich sehr dankbar für seine Artikel über *scran* und die freundliche Erlaubnis, daraus zu zitieren. Ich danke auch Laurie Goodlad, die es mir ermöglichte, die verschiedenen Treibsamen-Sammlungen in den Museen Shetlands zu erkunden, und mir viele Informationen über die Geschichte Shetlands lieferte. Dank an Charlotte Anderson für die Gelegenheit, sie zu den Out Skerries zu begleiten, die sie im Rahmen ihrer Arbeit zum maritimen Erbe besuchte.

Ich danke außerdem Louise Scollay von den School of Scottish Studies Archives, die mich durch eine Fülle von Material dirigierte und mir half, den Weg zu Katherine Jonesdochter und

DANK

ihrer Geschichte zu finden. Außerdem danke ich Ian Riches vom National Trust for Scotland und Sian Loftus, Heritage Consultant, für ihre Hilfe im Zusammenhang mit den Treibsamenfunden von Woodwick. Ein ganz herzliches Dankeschön geht an Liv Helene Willumsen, emeritierte Professorin für Geschichte an der Universität von Tromsø, die mir großzügig erlaubte, aus ihrem Buch *Witches of the North: Scotland and Finnmark* zu zitieren.

Auf Shetland möchte ich besonders Mary Balance danken, die meine Tätigkeit als Autorin von Anfang an unterstützte und mich auf das Wort *brimbortend* aufmerksam machte. Auch Sheila Gear von der Insel Foula bin ich zu Dank verpflichtet, sie erlaubte mir, Auszüge aus ihrem Buch *Foula: Island West of the Sun* zu zitieren, und führte mit mir interessante Gespräche über die Meeresvögel dieser erstaunlichen Insel. Hazel Tindall lotste mich aufmerksam durch den Text von *Slyde in the Right Direction* ihrer verstorbenen Mutter Chrissie Sandison, ein Buch, das mir mehr als jedes andere half, mich auf Shetland heimisch zu fühlen. Ich danke Hazel dafür, dass sie mich ermutigte, aus dem Buch zu zitieren, und für die vielen herzlichen Gespräche und Spaziergänge in der Kälte. Ich hatte das Vergnügen, mit Wendy Gear über den Prozess des Schreibens zu sprechen, und weiß ihre Ermutigung sehr zu schätzen, genauso wie ihre großzügige Erlaubnis, aus ihrem Buch *John Walker's Shetland* zu zitieren. Mein Dank gilt auch Andy Gear, der mir netterweise seine kuriosesten Strandfunde zeigte. Ich danke außerdem Alice Arthur, Anna Henderson von Houll und Chris Harris für ihre Hilfe und Kameradschaft auf den magischen Out Skerries. Dank an Jen Hadfield für all die wunderbaren Strandsammlererlebnisse und dafür, dass sie sich sehenden

Auges darauf einließ, eine frühe und dicht gepackte Version meines Manuskripts zu lesen, durch das sie sich hindurchkämpfte und auf der anderen Seite mit enthusiastischen und ermutigenden Worten wieder herauskam.

Ich danke dem Shetland Museum and Archives für die Erlaubnis, aus dem Gedicht »Bound is the Boatless Man« von Vagaland (T. A. Robertson) zu zitieren. Der vor Kurzem verstorbene George P. S. Peterson war so freundlich, mir das Zitieren aus seinem von mir so geschätzten Buch *The Coastal Place Names of Papa Stour* zu erlauben. Ich danke auch Helen Budge vom Shetland Islands Council für die Genehmigung, aus *Nordern Lights* zu zitieren, Beryl Graham für das Zitat aus *Shadowed Valley* von John Graham und Charlotte Black von der *Shetland Times* für die Erlaubnis, ein Zitat aus *Out Skerries: An Island Community* von Joan Dey zu verwenden. Und auch dem Verlag Birlinn bin ich zu Dank verpflichtet für die Erlaubnis, aus der schönen, 2001 erschienenen Ausgabe von *Night Falls on Ardnamurchan* von Alasdair Maclean zu zitieren.

Als ich nach Shetland zog, wusste ich nur sehr wenig über Meeresvögel, was sich dank Martin Heubeck und seine geduldige Unterstützung geändert hat. Besonders möchte ich Will Miles danken, der ebenfalls unglaublich hilfsbereit war und meine vielen Fragen zu Meeresvögeln beantwortet hat. Will hat außerdem frühe Versionen meines Buches gelesen, mir Zugang zu Forschungsarbeiten verschafft, die ich ansonsten nicht hätte verwenden können, und mir die Gelegenheit gegeben, an einem Lehrgang zum Sezieren von Eissturmvögeln teilzunehmen. Vielen Dank an Jenny Sturgeon, die einen Entwurf des Manuskripts ge-

DANK

lesen hat. Ein kurzes Gespräch mit Jenny, während sie und Will Gryllteisten auf den Klippen von Sumburgh Head beobachteten, half mir vor vielen Jahren, mich mehr dem Schreiben zu widmen; darüber hinaus hat ihre wunderschöne Musik mir während der Arbeit an meinem Buch Kraft gegeben.

Ich danke Jan Andries und Yvonne Franeker für den Lehrgang über das Sezieren von Eissturmvögeln und Jan und Susanne Kühn für das Durchlesen und Kommentieren des Maalie-Kapitels. Jenni Kakkonen möchte ich für die nette Gesellschaft und ihre Chauffeurdienste auf Orkney danken. Jens-Kjeld Jenson und Sjúrður Hammer teilten freundlicherweise ihr umfassendes Wissen über die Natur und Geschichte der Färöer mit mir. Auch für die herzliche Gastfreundschaft meiner Gastgeber auf Nólsoy bedanke ich mich. Auf Texel möchte ich Maarten und Belinda Brugge-Laan im wunderbaren Hotel De Waal für ihre Einblicke in die Strandgutsuche an der südlichen Nordseeküste danken.

Etwas näher an der Heimat geht mein aufrichtiger Dank an Oliver Cheyne, der mich so großzügig an seinem Wissen über Land und Küste teilhaben ließ und mich durchs Deckenmoor lotste. Und ich danke John Anderson für die Gelegenheit, sowohl die Vee Skerries als auch Papa Little zu besuchen, und dafür, dass er mir die Geschichte vom Black Stane erzählte. Ich bin als Strandsammlerin auf John (Tex) Taits Abschnitt unterwegs und weiß den netten Empfang und die Geschenke in Form »russischer« Kunststoffschwimmer zu schätzen. Als ich die Idee erwähnte, ein Exemplar meines fertigen Buchs in einem einfachen, selbst gebastelten Holzboot, einem St. Kilda Mailboat, dem Meer zu übergeben, baute Alan Moncrieff die *Sea Bean* für mich, ein kleines Modellboot. Ich bin ihm sehr dankbar, dass ich mein Buch so stilvoll vom Stapel lassen kann – und inzwischen konnte. Ein herzliches Dankeschön geht außerdem an Lynn Ritch-Bullough und Luke Bullough, die uns an jenem ersten stürmischen Weihnachten beherbergten und uns halfen, auf Shetland heimisch zu werden. Ich danke Louise Polson Farquhar und Peter Farquhar, die mir einen schönen Band über Folklore und Volksglauben auf Shetland ausliehen und anregende Unterhaltungen über die Vergangenheit, Gegenwart und Zukunft Shetlands mit mir führten.

Ein riesiges Dankeschön geht an Chloe Garrick-Tallack für die wertvollen Gespräche über das Verhältnis von Körper und Geist und das Leben auf einer Insel. Und an Sarah Laurenson, die mich bei meinen Gedankengängen darüber unterstützt hat, was es bedeutet, auf einer Insel zu leben und über Inseln zu schreiben. Ich danke auch Malachy Tallack und Jordon Ogg, die meine Arbeit im *Island Review* veröffentlichen und mir stets Mut machten.

Lydia Harris von Orkney hat mein Wissen über so viele Dinge vertieft, unter anderem auch über das Schreiben und das Inselleben damals und heute, und hat mich stets ermutigt. Auf Shetland schätze ich die Gespräche mit Shona Main sehr, deren Lebenseinstellung und kreative Arbeit mich weiterhin inspirieren und erden. Außerdem möchte ich Roxani Krystalli für die vielen bereichernden Gespräche über Schreiben, Feminismus und die Freude am Gärtnern danken. Danke an Roxani und Shona für ihren Rat und ihre Unterstützung für das Netukulimk-Kapitel.

Ich möchte Jaqueline Whitaker, der leitenden Hebamme des NHS Shetland, dafür danken, dass sie sich die Zeit genommen hat, mich über die verbesserte Betreuung nach Fehlgeburten zu

DANK

informieren und mir einen Überblick über Schwangerschaftsabbrüche auf Shetland zu geben. Vielen Dank an Clare Archibald, die das Eikapsel-Kapitel durchgelesen und kommentiert hat. Ein herzliches Dankeschön geht an Karen McKelvie für die Erläuterung der Symbolik der Seebohnen in Bezug auf Traumatherapien.

Ich danke Jane Matthews von der Organisation Shetland Arts für die Möglichkeit, im Rahmen der Artangel Natural Selection Exhibition einen Spülsaum in der Sporthalle der alten Anderson Highschool nachzubauen. Ich habe viel von den Schülerinnen und Schülern gelernt, die sich die Ausstellung ansahen und in diesem Spülsaum nach Strandgut suchten. Ein weiteres Dankeschön geht an Rachel Laurenson und Shona Anderson für ihre Begleitung bei der Strandgutsuche und beim Mülleinsammeln.

Kristi Taits warmherzige und aufbauende Kommentare zu meinen Druckgrafiken waren ein sanfter Schubs, damit weiterzumachen. Ein aufrichtiger Dank gebührt auch dem unglaublichen Team bei GAADA, Amy Gear, Vivian Ross-Smith und Daniel Clark, die mich während eines trostlosen Corona-Winters mit einem Stipendium für einen Workshop in darstellender Kunst unterstützt haben.

Das Neesick-Kapitel hätte ich nicht schreiben können ohne die unglaubliche Arbeit von Jan und Pete Bevington vom Hillswick Wildlife Sanctuary. James Mackenzie und Frank Hay erläuterten mir die komplizierten Verfahren bei der Planung des Viking-Windparks.

Viele Menschen haben mir geholfen, die Natur Shetlands zu verstehen. Ich danke Jill Slee Blackadder von der Shetland Field Studies Group, vor allem für die Gespräche über »Loki's Candles«

vor vielen Monden. Dank auch an Paul Harvey und Rory Tallack vom Shetland Biological Records Centre, die meine vielen Anfragen stets hilfsbereit beantwortet haben. Und an Cat Gordon vom Shark Trust, Jane Dodds von Natural Scotland und Dan Wise vom Orkney Skate Trust für die Informationen zu Eikapseln und Glattrochen. Howard Towll zeigte mir die Tricks bei der Beobachtung von Kegelrobben und gab mir Tipps für meine Druckgrafiken. Rachel und Richard Shucksmith teilen stets bereitwillig ihr umfangreiches Wissen über Meereskunde und trugen wesentlich dazu bei, mir die Augen für eine völlig neue Welt zu öffnen. Ein besonderer Dank geht an Lucy Gilbert für die Gelegenheit, nach Foula zu fahren und *Bonxie*-Gewölle zu sammeln, und für die lebhaften und anregenden Diskussionen über die Shetlands und ihre Ökologie. Stephen Rutt lebt zwar nicht auf Shetland, aber ich schicke ihm immer noch oft naturkundliche Fragen, und er teilt großzügig sein Wissen mit mir. Ich danke sowohl Steve als auch Miranda Cichy dafür, dass sie einen frühen Entwurf der ersten beiden Kapitel durchgelesen und mich beim Schreiben ermutigt haben.

Der mittlerweile verstorbene Davy Cooper, ein hoch angesehener Geschichtenerzähler, veranschaulichte mir die Geschichte vom »Tod und der Eikapsel« und ermutigte mich, sie in meinen eigenen Worten wiederzugeben. Roseanne Watt las das Hexen-Kapitel, außerdem inspiriert sie mich mit ihren Gedichten, vor allem *Lukkie Minnie's Foy* (veröffentlicht von GAADA in *We Axe For What We Want*). Tim Martin half mir, das Erntekonzept der Mi'kmaq von *netukulimk* zu verstehen, und Jim Muise, ein Hummerfischer im Ruhestand, gewährte mir freundlicherweise Einblick in die Hummerfischerei auf der anderen Seite des Atlantiks. Tony Soper teilte großzügig seine besten Strandgutfunde mit mir. Dr. Charles Nelson erlaubte mir, aus seinem bemerkenswerten Buch *Sea Beans and Nickar Nuts* zu zitieren. Inspiriert durch dieses Buch machte ich mich auf die Suche nach meiner eigenen Seebohne.

Ich schrieb zuerst übers Strandgutsammeln für die Zeitschrift *EarthLines* – und bin Sharon Blackie und David Knowles noch heute dankbar, dass sie mir einen so guten Start ermöglichten. Mein Artikel über Treibholz basierte auf den Gesprächen mit Martin Gray von den Orkney-Inseln, einem kenntnisreichen Beachcomber, der den Ursprung von *neverspel* ermittelte, der Birkenrinde, die einen langen Weg auf dem Meer zurückgelegt hat.

Ich danke Andrew McNeillie von Clutag Press, der eine frühe Version meines Hexen-Kapitels in *Archipelago* 12 veröffentlichte, und Nicholas Allen und Fiona Stafford, die diese frühe Version in Form eines Essays mit dem Titel »Black Stane« in *Archipelago: A Reader* aufnahmen.

Ich habe einen New Writers Award des Scottish Book Trust erhalten, der es mir ermöglichte, mit der Arbeit an *Die Strandsammlerin* zu beginnen. Ich danke dem SBT-Team für die Arbeit, die alle dort leisten, und ganz besonders Lynsey Rogers. Es war eine Freude, im Rahmen dieses Preises von Sara Maitland als Mentorin betreut zu werden, deren geschicktes Feedback mich sowohl zum Lachen brachte als auch dafür sorgte, dass ich in die Gänge kam. Vielen Dank an Jane Outram, die mir die unschätzbare Möglichkeit gab, eine Auszeit von daheim zu nehmen und zu schreiben, als die Kinder noch klein waren.

Ich danke meinen brillanten Lektorinnen Charlotte Cray und Helen Conford, die mich geduldig durch den Prozess des Schreibens bei meinem ersten Buch geführt haben, und allen beim Verlag Hutchinson Heinemann – Rose Waddilove, Linda Mohamed, Marie-Louise Patton und Sam Rees-Williams – für ihre große Sorgfalt. Ich danke Ceara Elliot dafür, dass sie alle erdenklichen Mühen auf sich genommen hat, um ein so schönes und aussagekräftiges Cover zu gestalten. Ich bin auch sehr dankbar für das Fachwissen und die Arbeit des Teams, das sich um Redaktion, Korrektur und Satz kümmerte. Ein herzliches Dankeschön geht an meinen Agenten James Macdonald Lockhart, der mich stets auf Kurs und mit Gesprächen über Meeresvögel bei Laune hielt.

Meiner Tochter, meinem Sohn und meinem Mann danke ich für ihre Liebe, ihre Ermutigung und ihre praktische Unterstützung. Das Buch ist für euch, mit all meiner Liebe.

Anmerkung der Autorin zu Shaetlan

Shaetlan (»Shetländisch«) wird meist als Dialekt von Scots beschrieben, stark beeinflusst von der verlorenen Sprache Norn, einer Form des Altnordischen. Doch Shaetlan ist auch eine eigenständige Sprache. Ab Seite 344 gibt es ein Glossar mit den von mir verwendeten Shaetlan-Begriffen. Ich spreche kein Shaetlan, allerdings kommt mir nach den vielen Jahren, die ich nun schon hier lebe, hin und wieder wie von selbst ein Shaetlan-Wort oder eine Formulierung über die Lippen.

Einige der unten aufgelisteten Wörter wie zum Beispiel *hekla* sind tabu, das heißt, sie wurden nur von den *Haaf-* oder Hochseefischern Shetlands verwendet. Die meisten Tabu-Wörter stammen aus dem Norn – einer nordgermanischen Sprache, die früher auf den Shetland- und Orkney-Inseln gesprochen wurde, bevor sie durch Scots verdrängt wurde. In der Einleitung zu einem Abschnitt über Tabu-Wörter in *Shetland Words: A Dictionary of the Shetland Dialect* schreiben die Autoren A. & A. Christie-Johnston, dass sie von abergläubischen Praktiken herrühren, die noch aus heidnischen Zeiten stammen. Mit ihnen wurden unter anderem die Meeresgottheiten besänftigt. Auf See waren Landwörter tabu, daher wurde etwa der Rochen zum *hekla*, was im Altnordischen »Mantel« bedeutet.

Glossar

aamos Geschenk, das man in der Hoffnung darbietet, dass dem oder der Schenkenden ein Wunsch erfüllt wird

alamootie Sturmwellenläufer (*Hydrobates pelagicus*)

atween Zwischen

böd Hütte oder Schuppen eines Fischers

bonxie Große Raubmöwe (*Stercorarius skua*)

brimbortend Je nach Kontext, hier im Text ein Fischgrund, in dem es kaum noch Fische gibt

bruck Müll, Krempel

caa Herde (Schafe, Rinder, auch Wale)

calloo Eisente (*Clangula hyemalis*)

coo Kuh

craa Nebelkrähe (*Corvus cornix*)

craws-siller »Krähensilber«, Glimmer

daggri Morgendämmerung

dagalien Abenddämmerung; einsetzendes Zwielicht

dockens Ampfer (*Rumex spp.*)

eela Angeln mit Rute oder Handleine von einem kleinen Boot; Wettkämpfe im Küstenfischen, die jeden Sommer stattfinden

flan Plötzliche Sturmbö oder Fallwind

geo Felsspalte; Schlucht in den Klippen

globeren Der Glotzende, Starrende; Tabu-Name für den Mond

haaf Hochsee, offenes Meer fern der Küstengewässer

haaf fish Kegelrobbe (*Halichoerus grypus*)

GLOSSAR

haar Kalter Seenebel; ein Begriff, der im Osten Schottlands und im Nordosten Englands verwendet wird
hansel Geschenk zum Andenken an einen Anlass
hekla Tabu-Name für Rochen
howdie Hebamme
kye Vieh
laeverek Feldlerche (*Alauda arvensis*)
leerie Atlantiksturmtaucher (*Puffinus puffinus*)
lightsome Aufheiternd; fröhlich
lintie Berghänfling (*Carduelis flavirostris*)
lukki lines Seetang, auch Meersaite genannt (*Chorda filum*)
maalie Eissturmvogel, auch Nordatlantischer Eissturmvogel genannt (*Fulmarus glacialis*)
mareel Meeresleuchten im Herbst
mön Mond
mootie Sehr klein; Kosewort
neesick Gewöhnlicher Schweinswal (*Phocoena phocoena*)
neverspel Eine von vielen Bezeichnungen für Birkenrindenstücke, die am Strand angespült werden
noost Mulde für Boote auf Strandhöhe
ormal Überreste; Teil; Fetzen
piltock Junger Köhler *(Pollachius virens)*, zwei bis vier Jahre alt
planticrub Kleines rundes Trockenmauerwerk für die Anzucht von Kohlsetzlingen
pund Pferch für Vieh
rain goose Sterntaucher (*Gavia stellata*)
scooty alan Schmarotzerraubmöwe (*Stercorarius parasiticus*)
scran Nützliches Strandgut

DIE STRANDSAMMLERIN

selkie (oder *sylkie*) Robbe oder Seehund
shalder Austernfischer (*Haematopus ostralegus*)
shoormal Flutmarke für Wellenhöchststand
sillock Köhler (*Pollachius virens*) im ersten Jahr
simmer dim Zeit zwischen Abend- und Morgendämmerung
sistie moose Shetland-Zaunkönig
sixareen Sechsriemen-Boot in Klinkerbauweise
skjogg Rudimentärer Unterstand aus Trockenmauern
snorr Gezeitenstand, bei dem man nicht weiß, ob das Wasser kommt oder geht
spoot Gerade Scheidenmuschel (*Ensis magnus*)
spoot ebb Niedrigwasser bei einer Springtide
sten-shakker Steinschmätzer (*Oenanthe*)
sungaets Drehung mit dem Lauf der Sonne
tang Seetang aus der Gattung der Braunalgen (*Fucus*)
tang fish Seehund (*Phoca vitulina*)
tirrick Bezeichnet meist Küstenseeschwalben (*Sterna paradisaea*), manchmal aber auch Flussseeschwalben
trow Troll
truss Abfall; nutzloser Kleinkram
tystie Gryllteiste (*Cepphus grylle*)
vaam Zauber; magischer Einfluss
voar Frühling
voe Sea Loch (Fjord), schmaler Meeresarm oder Bucht
waari Mit Seetang (Kelp) bedeckt
wadder Wetter
whaup Brachvogel (*Numenius arquata*)
widdergaets Drehung gegen den Lauf der Sonne

Zitatnachweise

Seite 36: aus »Bound is the Boatless Man« von Vagaland, verwendet mit der Genehmigung des Shetland Museum and Archives.

Seite 36: aus »Nordern Lichts«, mit Genehmigung des Shetland Islands Council.

Seite 52: aus »Sea Beans and Nickar Nuts« von E. Charles Nelson, mit Genehmigung des Autors.

Seite 56: aus den Aufzeichnungen von Joy Sandison, mit Genehmigung des National Trust for Scotland.

Seite 118: aus »Das Sommerbuch« von Tove Jansson, übersetzt von Birgitta Kicherer, Bergisch Gladbach, Lübbe, 2014, S. 88f.

Seite 163, 164 und 168f: aus »Flora of Foula and Foula: Island West of the Sun« von Sheila Gear, verwendet mit der Genehmigung der Autorin.

Seite 212 und 217f: aus »Mi'kmaq Fisheries, Netukulimk: Towards a Better Understanding«, mit der Genehmigung von Tim Martin von der Netukulimkewe'l Commission.

Seite 219 und 227f: aus »Night Falls on Ardnamurchan«, abgedruckt mit der Genehmigung des Lizenzgebers Birlinn Limited über PLSclear.

Seite 226 und 227: aus einem Artikel im New Shetlander von Ian Tait, verwendet mit der Genehmigung des Autors.

Seite 244: aus »Der Wanderfalke« von J.A. Baker, übersetzt von Andreas Jandl und Frank Sievers, Berlin, Matthes & Seitz, 2014, Seite 137.

Seite 258 und 263: aus »Slyde in the Right Direction« von Chrissie Sanderson, verwendet mit der Genehmigung von Hazel Tindall.

Seite 258: von James Mackenzie, verwendet mit der Genehmigung des Autors.

Seite 262: aus »John Walker's Shetland« von Wendy Gear, verwendet mit der Genehmigung der Autorin.

Seite 295: aus »The Coastal Place Names of Papa Stour« von George P. S. Peterson, verwendet mit der Genehmigung des Autors.

Seite 321, 322 und 323: aus »Witches of the North: Scotland and Finnmark« von Liv Helene Willumsen, verwendet mit der Genehmigung der Autorin.